《中国残疾人事业发展研究系列（二）》得到曾宪梓先生设立的助残研究基金资助，特此鸣谢！

《中国残疾人事业发展研究系列（二）》
编委会

一、顾问
邓朴方：全国政协副主席、中国残疾人联合会名誉主席
张海迪：全国政协常委、中国残疾人联合会主席
窦玉沛：民政部副部长
王新宪：中国残疾人联合会副主席，原党组书记、理事长
曾宪梓：原全国人大常委、香港金利来集团有限公司董事长

二、编委（以姓氏笔画为序）
郑功成：全国人大常委、中国人民大学教授（本编委会主任）
丁元竹：国家行政学院教授、决策咨询部副主任
申曙光：中山大学教授、社会保障研究中心主任
关信平：南开大学教授、社会管理研究院院长
孙树菡：中国人民大学教授、残疾人事业发展研究院副院长
吴文彦：北京市残疾人联合会理事长
杜　鹏：中国人民大学教授、残疾人事业发展研究院副院长
何文炯：浙江大学教授、社会科学研究院副院长
陈新民：中国残疾人联合会研究室主任
杨立雄：中国人民大学教授、中国社会保障研究中心副主任
林　义：西南财经大学教授、校长助理
贾俊玲：北京大学教授、中国社会法研究会名誉会长
程　凯：中国残疾人联合会副理事长、残疾人事业发展研究会会长
童　星：南京大学教授、原公共管理学院院长
赖德胜：北京师范大学教授、经济与工商管理学院院长
黎建飞：中国人民大学教授、残疾人事业发展研究院副院长

三、主编
郑功成：全国人大常委、中国人民大学教授、残疾人事业发展研究院院长
杜　鹏：中国人民大学教授、残疾人事业发展研究院副院长

中国残疾人事业发展研究系列（二）

郑功成 杜鹏 主编

中国老年残疾人口康复服务问题研究

张金峰 著

中国劳动社会保障出版社

图书在版编目(CIP)数据

中国老年残疾人口康复服务问题研究/张金峰著. —北京：中国劳动社会保障出版社，2014

（中国残疾人事业发展研究系列. 第2辑）

ISBN 978-7-5167-0710-4

Ⅰ.①中… Ⅱ.①张… Ⅲ.①老年人-残疾人-康复-服务-研究-中国 Ⅳ.①D669.6

中国版本图书馆 CIP 数据核字（2014）第 054235 号

中国劳动社会保障出版社出版发行

（北京市惠新东街1号　邮政编码：100029）

*

北京市艺辉印刷有限公司印刷装订　新华书店经销

787毫米×1092毫米　16开本　17.75印张　1插页　262千字
2014年2月第1版　2014年2月第1次印刷
定价：48.00元

读者服务部电话：(010) 64929211/64921644/84643933
发行部电话：(010) 64961894
出版社网址：http://www.class.com.cn

版权专有　　侵权必究

如有印装差错，请与本社联系调换：(010) 80497374
我社将与版权执法机关配合，大力打击盗印、销售和使用盗版图书活动，敬请广大读者协助举报，经查实将给予举报者奖励。
举报电话：(010) 64954652

总　　序

郑功成[*]

　　早在20世纪80年代，邓朴方同志就积极倡导并实践人道主义思想，对残疾人事业中的很多重大理论问题进行过深入思考。一些残疾人工作者和专家也从不同角度对残疾人事业发展中的问题进行了探索，但总体而言，上个世纪的残疾人事业发展研究仍然是苍白的，它始终局限于少数残疾人工作者范围。正是基于残疾人事业发展对理论研究的需要，2007年6月，中国人民大学残疾人事业发展研究院正式成立，这是我国高等院校成立的第一家跨院系、跨学科的综合性残疾人事业理论研究机构。随后，一批高校也相继成立专门的残疾人事业理论研究机构，越来越多的专家学者和残疾人工作者参与其中，残疾人事业理论研究呈现出日益繁荣的可喜发展态势。

　　中国人民大学残疾人事业发展研究院成立伊始，就将组织、编辑出版《中国残疾人事业发展研究系列》作为一项重要任务，目的是通过整合研究院内外力量，凝聚集体智慧，形成系列化的残疾人事业研究成果，以为我国残疾人事业的健康、快速发展提供应有的理论支撑。经过几年的努力，开始进入收获季节。《中国残疾人事业发展研究系列》（5部著作）于2010年起由人民出版社陆续出版。到2014年4月，《中国残疾人事业发展研究系列（二）》也已完成了研究、编辑工作。这套丛书包括6部专著，其作者都是对残疾人事业有热情并投入了相当时间与精力开展深入研究的青年专家学者，他们年轻但不失理性，理性却充满着深厚的人文关怀精神，既代表了我国青年学者群体研究残疾

---

[*] 郑功成，全国人大常委会委员、全国人大内务司法委员会委员、中国人民大学教授。

人事业的真实水平，也从一个侧面展示了我国残疾人事业发展研究的青年学者群体形象。

由郭春宁博士所著的《人权视角下的中国残疾人社会保障》一书，是在其博士后出站报告的基础上修改而成的。该书从人权视角考察了残疾人社会保障的发展历程，系统、全面地对残疾人社会保障的基础理论、目标、制度安排和发展路径等做出了分析和阐述，厘清了残疾人社会保障的理念、制度安排和发展路径。

由李莹博士、鲁全博士等合著的《中国罕见病群体生存状况调研报告》一书，则选择了一个很容易被人遗忘的残疾人弱势群体作为对象，通过深入的调查研究，对我国罕见病群体的总体生存状况、社会保障、治疗与就医、教育获得、就业情况、罕见病组织发展等进行专门分析，堪称这一领域具有开拓意义的著作。

由张金峰博士所著《中国老年残疾人口康复服务问题研究》一书，则总结归纳了我国老年残疾人口的康复服务需求特征，分析评估了老年残疾人口的康复服务利用状况，探究了影响老年残疾人口康复服务供给的相关因素，并对如何优化完善老年残疾人口康复服务的未来发展路径进行了系统性研究。

由何欣博士所著《中国残疾人自助组织发展的社会性影响因素》一书，对残疾人组织进行了实证调查，分析了中国残疾人自助组织发展的现状、存在的问题和改善的途径，探讨了影响残疾人自助组织发展的主要社会性因素。

由高圆圆博士所著《中国残疾儿童福利研究》一书，对我国残疾儿童福利制度的历史沿革进行了梳理，对残疾儿童养护福利、康复福利和教育福利建设进行了理论探讨，并对当前残疾儿童接受养护、康复和教育服务的现状进行了实证分析。

由陈昀博士所著《中国老年残疾人"精神养老"问题研究》一书，从"精神养老"的概念内涵入手，结合老年残疾人特殊性问题，研究了老年残疾人"精神养老"的现状、内容、特征、作用机制和体系构建，它在国内还缺乏专门研究老年残疾人"精神养老"专著的背景下，无疑具有填补空白的意义。

在此，应当对上述作者在残疾人事业发展研究领域取得的丰硕成果表示热

总　序

烈祝贺！

　　在本套丛书出版之际，还要特别感谢原全国人大常委、香港著名实业家曾宪梓先生。是曾先生的慷慨捐助，中国人民大学残疾人事业发展研究院才得以设置"曾宪梓助残研究基金"。正是在这一基金的支持下，包括"中国残疾人事业发展论坛"、"中国残疾人事业发展研究系列"等一批在全国有影响力的残疾人事业理论平台、园地才得以产生并得到持续发展。本套丛书的出版，就是"曾宪梓助残研究基金"资助的结果。

　　期待着有更多的青年学者关注残疾人事业，为残疾人事业理论研究的繁荣做出自己有益的贡献。

2014 年 2 月于北京

前　　言

　　残疾是人类发展进程中付出的社会代价。在人类的生命历程中，残疾已成为大众的普同性风险与经验。康复是帮助残疾人恢复或补偿功能，增强其参与社会生活和享受各种权利的重要手段。随着联合国《残疾人权利公约》的生效，康复权利成为残疾人权利的一项重要内容。2008年6月26日，中国十一届全国人大常委会第三次会议批准了《残疾人权利公约》，推动和促进残疾人充分享有康复服务保障成为中国政府的庄严承诺。全世界有超过10亿的人口带有某种残疾，而中国就有8 500多万。在人口老龄化和高龄化加速推进的背景下，中国残疾人康复事业的历史任务尤为繁重。第二次全国残疾人抽样调查数据显示，60岁及以上的老年残疾人口已成为中国残疾人口的主体，推算规模约为4 416万人，占残疾总人口的52.80%。到2050年，中国老年残疾人口预计将达到1.03亿人。老年残疾人口同时具有年龄与残疾两个弱势特征，属于双重弱势叠加群体，迫切需要残疾人康复服务来维持和改善其生活境遇。中国老年人口残疾化和残疾人口老龄化的现实与趋势，凸显了深入研究老年残疾人口康复服务问题的重要性与必要性。本研究从老龄化视角出发，针对老年残疾人口已成为残疾人口主体的现实，利用第二次全国残疾人抽样调查数据及相关资料，结合定性研究和定量研究方法，深入分析老年残疾人口康复需求、康复服务利用状况以及影响康复服务供给的相关因素，进而提出优化老年残疾人口康复服务的路径与对策。

自第二次全国残疾人抽样调查数据公布以来，残疾人理论政策研究日渐丰富，但专题探讨老年残疾人口康复服务的相关研究并不多见。有限的研究多注重于老年残疾人口整体的康复需求分析而忽视对其不同特征子群体康复需求的研究，同时已有研究多为定性描述式研究而定量研究相对不足。本研究对上述缺憾和不足进行了尝试性地探索，力求有所突破。因此，本研究具有一定的难度。限于作者学识所及，书中难免存在缺漏甚至是些许错误，诚挚地邀请各位专家学者批评斧正以利于后续研究的补充和完善。此书有幸得到中国人民大学残疾人事业发展研究院2012年度曾宪梓助残研究基金科研项目的资助，在此致以衷心的感谢！期望此书能为中国残疾人社会保障体系和服务体系建设的健康发展和残疾人康复服务政策的改革完善贡献绵薄之力，有助于政策制定者、理论研究者及投身残疾人事业的相关人士认知和重视老年残疾人口的康复服务问题。祝中国残疾人事业蓬勃发展，愿"人人享有康复服务"的时日尽早到来！谨以此书献给关心和帮助我的人们！

张金峰

2014年1月

目 录

1. 导论 ... 1
   1.1 研究背景与意义 ... 1
      1.1.1 研究背景 ... 1
      1.1.2 研究意义 ... 8
   1.2 概念界定 ... 9
      1.2.1 残疾 ... 9
      1.2.2 老年残疾人 ... 10
      1.2.3 康复服务 ... 11
   1.3 国内外研究现状 ... 13
      1.3.1 文献研究综述 ... 13
      1.3.2 简要评价 ... 20
   1.4 研究内容与方法 ... 21
      1.4.1 研究内容 ... 21
      1.4.2 研究方法 ... 22

2. 老年残疾人口群体状况 ... 24
   2.1 老年残疾人口数量规模 ... 24
      2.1.1 老年残疾人口的全国抽样调查规模 ... 24
      2.1.2 老年残疾人口的理论测算分析规模 ... 26

2.2 老年残疾人口不同特征子群体状况 ·············· 28
2.2.1 分年龄老年残疾人口 ·············· 28
2.2.2 分性别老年残疾人口 ·············· 29
2.2.3 分城乡老年残疾人口 ·············· 31
2.2.4 分地区老年残疾人口 ·············· 33
2.2.5 分残疾类别老年人口 ·············· 35
2.2.6 分残疾等级老年人口 ·············· 38

2.3 老年残疾人口的活动和参与障碍 ·············· 40
2.3.1 身体移动障碍 ·············· 40
2.3.2 理解与交流障碍 ·············· 41
2.3.3 与人相处障碍 ·············· 42
2.3.4 生活活动障碍 ·············· 44
2.3.5 社会参与障碍 ·············· 45
2.3.6 生活自理障碍 ·············· 46

2.4 小结 ·············· 49

3. 老年残疾人口康复服务需求分析 ·············· 51

3.1 老年残疾人口整体的康复服务需求分析 ·············· 51
3.1.1 康复服务需求概况 ·············· 51
3.1.2 康复服务需求特征 ·············· 53

3.2 老年残疾人口不同特征子群体的康复服务需求分析 ·············· 56
3.2.1 分年龄老年残疾人口的康复服务需求 ·············· 56
3.2.2 分性别老年残疾人口的康复服务需求 ·············· 61
3.2.3 分残疾类别老年人口的康复服务需求 ·············· 64
3.2.4 分城乡老年残疾人口的康复服务需求 ·············· 71
3.2.5 分地区老年残疾人口的康复服务需求 ·············· 74

3.3 小结 ·············· 77

4. 老年残疾人口的康复服务利用状况分析 ········· 79

4.1 老年残疾人口整体的康复服务利用状况 ········· 79
4.1.1 接受康复服务概况 ········· 79
4.1.2 对康复服务需求的满足状况 ········· 82

4.2 老年残疾人口不同特征子群体的康复服务利用状况 ········· 84
4.2.1 分年龄老年残疾人口的康复服务利用状况 ········· 84
4.2.2 分性别老年残疾人口的康复服务利用状况 ········· 92
4.2.3 分残疾类别老年人口的康复服务利用状况 ········· 97

4.3 小结 ········· 106

5. 影响老年残疾人口康复服务供给的相关因素分析 ········· 109

5.1 分析框架的确定 ········· 109

5.2 非制度性康复服务供给分析 ········· 111
5.2.1 来自老年残疾人家庭方面的供给分析 ········· 111
5.2.2 来自老年残疾人社区方面的供给分析 ········· 121

5.3 康复服务保障制度供给分析 ········· 132
5.3.1 康复服务政策支持不足 ········· 132
5.3.2 康复机构服务能力薄弱 ········· 155

5.4 小结 ········· 166

6. 优化老年残疾人口康复服务的路径与对策 ········· 168

6.1 明晰老年残疾人口康复服务的先进理念 ········· 168
6.1.1 国际残疾人康复服务理念的发展演进 ········· 168
6.1.2 以权利保障理念发展中国老年残疾人康复服务 ········· 176

6.2 确立符合国情的老年残疾人口康复服务模式体系 ········· 180
6.2.1 发达国家残疾人康复服务保障实践的有益经验 ········· 181
6.2.2 选择以需求满足为基础的全面康复保障模式 ········· 197

  6.2.3 形成多层次复合型的老年残疾人康复服务体系 …… 199

 6.3 完善老年残疾人口康复服务的相关支撑配套条件 …… 215

  6.3.1 完善残疾人康复法律法规体系 …… 215

  6.3.2 推动残疾人康复服务保障的社会化 …… 217

  6.3.3 加大社会宣传力度提升公众助残意识 …… 224

  6.3.4 积极开展残疾预防工作 …… 226

 6.4 小结 …… 229

7. 研究结论与研究展望 …… 231

 7.1 基本结论 …… 231

  7.1.1 关于老年残疾人口群体状况 …… 231

  7.1.2 关于老年残疾人口康复服务需求 …… 232

  7.1.3 关于老年残疾人口的康复服务利用状况 …… 233

  7.1.4 关于影响老年残疾人口康复服务供给的相关因素 …… 234

  7.1.5 关于优化老年残疾人口康复服务的路径与对策 …… 234

 7.2 研究创新与未来展望 …… 235

  7.2.1 创新之处 …… 235

  7.2.2 未来展望 …… 236

参考文献 …… 238

后记 …… 271

1. 导　　论

1.1　研究背景与意义

1.1.1　研究背景

首先，老年人口伴随老龄化进程高速增长。人口老龄化是老年学特有的研究对象，实践中常常是指生理上和心理上的衰老现象。[①] 这里的人口老龄化主要指总人口中老年人的比例上升。1999年在人类历史上是具有特殊意义的一年，这一年既是国际老年人年，同时也标志着人类进入长寿时代和人类社会进入全面老龄化的时代。[②] 根据联合国世界人口估计与预测[③]，世界人口于1999年达到60亿，在2011年、2025年和2042年将分别达到70亿、80亿和90亿。同时世界人口年龄结构清楚地表明，1950—1975年年轻人口、1975—2000年中年人口和2000—2025年老年人口的依次大规模增长反映了20世纪五六十年代的庞大出生队列随着时间推移逐渐进入老年年龄的过程[④]，而目前世界人口的年龄结构正处于由1950年向2050年的转变过程的中间[⑤]。1950年，全世界60岁以上的老年人口约有2亿，2002年达到6.06亿。据联合国

[①] 邬沧萍. 社会老年学. 北京：中国人民大学出版社，1999.

[②] 邬沧萍. 把"不分年龄、人人共享"的认识提高到理论的高度. 人口与发展论坛：构建中国特色的"不分年龄、人人共享"的社会. 人口研究，1999（1）：25—27.

[③] United Nations (1998). World Population Prospects：The 1996 Revision. Sales No. E. 98. XIII. 5.

[④] United Nations (1998). The Sex and Age Distribution of the World Populations：The 1996 Revision. Sales No. E. 98. XIII. 2.

[⑤] 黄小燕，陈卫. 世界人口老龄化：趋势与模式. 人口研究，1999（3）：55.

估计，2020年老年人口将达到10亿，2050年，全球将有近20亿的老年人。① 2000—2020年的20年内，老年人口将增加4个亿，在2020—2050年的30年内，世界老年人口将在10亿的基础上再次翻一番。在1950—2050年，全球人口将平均每年增长0.87个百分点，而老年人口将平均每年增长2.38个百分点。未来50年，老年人口的地区分布也将发生显著变化。2002年，62.55%的老年人口生活在发展中地区，到2050年，居住在这一地区的老年人口将接近八成（79.88%），半个世纪提高17个百分点。如果说20世纪的老龄化主要发生在发达国家，那么进入21世纪，将有越来越多的发展中国家享有老龄化的"奢侈"，而到21世纪中叶，世界上所有的国家都将进入老年型社会。②

按照国际通行标准，20世纪末中国60岁及以上老年人口占总人口的比例已经超过10%，中国人口年龄结构已开始进入老龄化阶段。根据2005年1%人口抽样调查，中国60岁及以上老年人口近1.44亿，占总人口的比例达11.03%。其中65岁及以上的人口为10 045万人，占总人口的7.69%。③ 同经济发达国家相比，中国人口老龄化特点最突出的就是老龄化速度快，老年人数量多，地区差别大。④ 按联合国统计，从1950年到20世纪90年代末，世界老年人数量增长了176%，中国的老年人数量增长了217%；而在本世纪未来的25年中，世界老年人口将增加90%，中国的老年人口则将增加111%。如果用65岁及以上人口占总人口的比例从7%上升到10%这个指标来衡量，法国用了75年，美国用了30年，日本用了15年，中国用了16年；如果用65岁及以上人口占总人口的比例从10%上升到14%这个指标来衡量，法国用了40年，美国用了35年，日本用了9年，中国用了11年；如果用65岁及以上人口占总人口的比例从7%上升至14%这个指标来衡量，法国需要用115年，美

---

① 联合国人口司经济社会事务部．人口老龄化（2002年）．中国人口信息网，2002年世界人口老龄化动态，http://www.cpirc.org.cn/yjwx/yjwx_detail.asp? id=3 618，2008年11月22日．

② United Nations (1998a). World Population Prospects: The 1996 Revision. Sales No. E. 98. XIII. 5.

③《中国老龄事业的发展》白皮书．人民网，http://politics.people.com.cn/GB/1026/5156909.html，2006年12月12日．

④ 蒋正华．中国人口老龄化现象及对策．求是，2005（6）：41—43．

国需要用65年，日本需要用26年，中国需要用27年。① 根据预测，在21世纪前50年中国老年人口总数将持续增加，到2010年中国60岁及以上老年人口总数为1.73亿，65岁及以上老年人口总数为1.15亿；到2050年，60岁及以上老年人口总数为4.3亿，65岁及以上老年人口总数为3.2亿。② 到2053年中国老年人数将会达到峰值，约为4.3亿。到2100年时中国仍将有3.5亿以上的老年人口，这意味着21世纪中国将长期保持世界上最庞大的老年人口。从老龄化速度上看，2010—2032年的22年时间里，中国老年人口比例将会增加1倍，达到25%以上，老年人口比例平均每两年就提高1个百分点。预计到2050年老年人口比例将达到31%。这意味着，每12~13年，60岁以上的老人就要增加1亿，相当于一个世界人口大国的总量。这样的老人增长速度在世界上少有，甚至超过了老龄化速度最快的日本。③ 中国的人口老龄化过程同时还伴随着老年人口高龄化。到2023年时，预计中国高龄老年人口将增长到3 000万人，到2053年前后达到最高峰值，超过1亿人，高龄老年人口占中国全部老年人口的比例也将达到2053年的23%和2100年的30%。④

中国人口老龄化百年发展趋势预测主要结果见表1—1。

表1—1　　　　　　中国人口老龄化百年发展趋势预测主要结果

年份	总人口	人数（亿人）			比例（%）			
		60+	65+	80+	0~14岁	15~59岁	60+	65+
2000	12.74	1.29	0.88	0.11	24.7	65.2	10.1	6.9
2005	13.18	1.47	1.03	0.16	20.6	68.3	11.1	7.8
2010	13.61	1.73	1.15	0.21	19	68.3	12.7	8.5
2015	14.04	2.13	1.36	0.25	18.9	66	15.2	9.7
2020	14.33	2.43	1.71	0.28	18.6	64.4	17	11.9
2025	14.45	2.91	1.95	0.31	17.6	62.3	20.2	13.5

---

① 于学军. 中国人口老化的经济学研究. 北京：中国人口出版社，1995：22.
②④ 杜鹏，翟振武，陈卫. 中国人口老龄化百年发展趋势. 人口研究，2005，29（6）：90—92.
③ 蒋正华. 中国人口老龄化现象及对策. 求是，2005（6）：41—43.

续表

年份	总人口	人数（亿人）			比例（%）			
		60+	65+	80+	0~14岁	15~59岁	60+	65+
2030	14.44	3.48	2.36	0.39	15.9	60	24.1	16.3
2035	14.39	3.87	2.83	0.53	15	58.1	26.9	19.7
2040	14.29	3.98	3.14	0.59	15.1	57	27.8	21.9
2045	14.08	4.08	3.16	0.75	15.5	55.5	29	22.5
2050	13.73	4.3	3.18	0.9	15.4	53.3	31.3	23.2
2060	13	4.19	3.39	0.93	14.4	53.4	32.2	26.1
2070	12.29	3.92	3.12	1.06	15.1	53.1	31.9	25.4
2080	11.63	3.91	3.12	1.01	14.7	51.7	33.6	26.9
2090	11.04	3.68	3.03	0.97	14.5	52.2	33.3	27.4
2100	10.51	3.6	2.89	1.09	14.7	51.1	34.3	27.5

资料来源：杜鹏，翟振武，陈卫.中国人口老龄化百年发展趋势.人口研究，2005（6）

其次，致残因素多样化放大老年人口残疾风险。在人口老龄化加速推进的背景下，越来越多的人口将步入老年期，同时老年人口的致残风险也将急剧增大。第二次全国残疾人抽样调查数据显示，老年期致残人数占整个生命周期致残总人数的37.56%，其所占比重远远高于儿童期、青年期相应水平，前者较后两者分别高出9.46和3.21个百分点。第二次全国残疾人抽样调查数据同时显示，残疾率随年龄增加而提高。全国60~64岁老年人的残疾率为12.35%，而85岁及以上老年人的残疾率超过52%，即半数以上的85岁老人身患残疾，其残疾率是60~64岁老年人的4倍以上。另外，在60~79岁年龄段，农村老年残疾率的提高速度快于城市，而到了80岁及以上，城市老年人残疾率的提高速度超过农村。[①]

全国残疾（含多重）人的残疾发现年龄见表1—2。

---

① 杜鹏，杨慧.中国老年残疾人口状况与康复服务需求.首都医科大学学报，2008（3）：262—265.

表 1—2　　　　　　全国残疾（含多重）人的残疾发现年龄

残疾发现年龄（岁）	人数（人）	比例（%）
0～14	54 392	28.1
15～59	66 489	34.35
60+	72 700	37.56
60～64	13 931	7.2
65～69	17 065	8.82
70～74	17 210	8.89
75～79	13 633	7.04
80～84	7 499	3.87
85+	3 362	1.74

数据来源：根据第二次全国残疾人抽样调查数据计算整理而得，数据已进行四舍五入。

老年人口属于高风险群体，既面临由于不可抗拒的衰老而导致的残疾风险，也面临着各种不确定因素而导致的残疾风险。就风险归因而言，老年人口残疾风险是个体因素和社会性因素共同作用下的致残风险。从社会角度来说，残疾风险主要表现为两种：一种是由于贫困、饥饿或者应对灾害、疾病的能力弱所产生的风险；另一种表现为国家在走向富裕、处于社会经济发展过程中产生的风险，例如工伤、交通事故、体育运动伤害、社会压力、药物等因素可能造成的残疾。① 中国老年人口生活在社会经济快速发展的现代社会中，且有相当比例的人群处于贫困、应对危机能力较弱的状态，因此极易遭遇上述多重残疾风险。从个体因素方面来看，不良生活方式也是加大老年期残疾风险的重要途径之一。此外，第二次全国残疾人抽样调查数据显示，绝大部分残疾是由疾病所致。即 66.27% 的老年残疾是由疾病所致，另有 13.44% 是由外伤或其他各种伤害所致。遗传或发育不良等先天致残比例为 6.54%，致残原因不明或者由其他不便分类的占 13.75%。② 在不同残疾类别的首位致残元凶中，白内障、老年性耳聋、脑梗死、脑血管病、脑疾病和精神分裂症分别是视力残疾、

---

① 梅运彬. 老年残疾人及其社会支持研究：以北京市为例. 中国人民大学，2008.
② 此处将第二次全国残疾人抽样调查涉及的 103 项致残原因按不同来源进行了合并，合并标准为：是否为先天因素所致、是否为疾病所致、是否为外伤所致。这里分别将各项致残原因合并为先天致残、疾病致残、各种伤害致残、原因不明及其他四大类。

听力残疾、言语残疾、肢体残疾、智力残疾和精神残疾的首要致残原因。[①] 以白内障、老年性痴呆、老年性耳聋、脑血管疾病等为代表的老年性疾病已成为残疾人口与老年残疾人口的主要致残原因。衰老是人类无法抗拒的自然风险，在人口老龄化继续推进的趋势下，老年人口的致残风险将会日益放大。

全体残疾人口与老年残疾人口致残原因见表1—3。

表1—3　　　　全体残疾人口与老年残疾人口致残原因

残疾类别	排位	残疾人口致因	比例（%）	老年残疾人致因	比例（%）
视力残疾	1	白内障	56.7	白内障	68.42
视力残疾	2	视网膜、色素膜病变	14.1	视网膜、色素膜病变	12.95
视力残疾	3	角膜病	10.3	角膜病	10.23
听力残疾	1	老年性耳聋	56.4	老年性耳聋	72.53
听力残疾	2	原因不明	14.7	原因不明	9.67
听力残疾	3	中耳炎	12.4	中耳炎	9.36
言语残疾	1	听力障碍	24.1	脑梗死	40.07
言语残疾	2	原因不明	15.4	听力障碍	17.95
言语残疾	3	其他	11.9	脑出血	11.89
肢体残疾	1	脑血管疾病	20.1	脑血管疾病	31.49
肢体残疾	2	骨关节病	18.5	骨关节病	27.03
肢体残疾	3	其他外伤	17.1	其他外伤	16.41
精神残疾	1	原因不明	30.3	脑疾病	57
精神残疾	2	脑疾病	28.9	原因不明	22.47
精神残疾	3	遗传	13.3	其他	7.32
智力残疾	1	精神分裂症	48.2	精神分裂症	34.95
智力残疾	2	痴呆	12.7	痴呆	34.46
智力残疾	3	癫痫	8.6	其他器质性精神障碍	8.32

数据来源：根据第二次全国残疾人抽样调查数据计算整理而得，数据已进行四舍五入。

第三，老年残疾人口康复权益问题受到关注。残疾是人类文明付出的代

[①] 杜鹏，杨慧. 中国老年残疾人口状况与康复服务需求. 首都医科大学学报，2008（3）：262—265.

价。老年残疾人同时具有老年和残疾两个弱势特征，是弱势群体中的弱势人群。随着人口老龄化的继续推进和不断加深，老年残疾人口康复权益保障问题受到国际社会的日益关注。1975年联合国大会发布了《残疾人权利宣言》[①]，1982年和1989年联合国先后通过了《关于残疾人的世界行动纲领》和《开发残疾人资源的塔林行动纲领》，号召各国政府采取切实措施，增强残疾人的自立能力，使残疾人与健全人一样享有"充分参与社会"的平等权利与机会。2002年世界卫生组织提出了《积极老龄化政策框架》，健康、参与、保障成为其三个支柱，确立了"降低人们在年老过程中的慢性病、残疾和过早死亡"作为健康支柱的目标。[②] 联合国《2002年马德里老龄问题国际行动计划》特别讨论了老年人与残疾问题，并把"终生维持最佳机能并促进有残疾的老年人充分参与"作为目标之一。2005年第58届世界卫生大会审议通过了《残疾，包括预防、管理和康复》的决议。决议要求各会员国加强执行联合国关于残疾人机会均等标准规则，促进残疾人在社会中享有完整的权利和尊严，促进和加强社区康复规划，在卫生政策和规划中纳入有关残疾的内容。2006年12月，历史上第一个旨在全面保护残疾人权利的公约《残疾人权利公约》在联合国大会获得通过。[③] 其中第25条健康条款指出，缔约国确认，残疾人有权享有可达到的最高健康标准，不受基于残疾的歧视；缔约国应当采取一切适当措施，确保残疾人获得考虑到性别因素的医疗卫生服务，包括与健康有关的康复服务。[④] 这些重要的国际行动计划和政策文件客观上为各国解决老年残疾人口康复服务保障问题提供了建设性的指导与科学参考。

中国政府于1990年颁布、1991年实施了《中华人民共和国残疾人保障法》（以下简称《残疾人保障法》），2008年进行了新的修订。2006—2010年《中国残疾人事业"十一五"发展纲要》，为进一步缩小残疾人生活状况与社会平均水平的差距、改善残疾人平等参与社会生活的物质条件和社会环境，提出

---

① United Nations. Human Rights and Disabled Persons. Human Rights Study Series. United Nations publication, Sales No. E. 92. XIV. 4 and corrigendum, n. d.
② 世界卫生组织. 积极老龄化政策框架. 中国老龄协会译. 北京：华龄出版社, 2003.
③ 中国残疾人联合会, http://www.cdpf.org.cn/zcfg/content/2007-11/29/content_74429.htm.
④ 邱卓英, 李智玲. 现代残疾康复理念与发展策略研究. 社会保障研究, 2008 (1).

了总目标和指导原则。2008年3月28日《中共中央国务院关于促进残疾人事业发展的意见》指出：健全残疾人康复服务保障措施。2008年6月26日，中国十一届全国人民代表大会常务委员会（以下简称人大常委会）第三次会议批准了《残疾人权利公约》。[①] 2010年3月，国务院下发《关于加快推进残疾人社会保障体系和服务体系建设的指导意见》，要求到2015年建立起残疾人社会保障体系和服务体系基本框架，到2020年做到"两个体系"更加完备，实现残疾人享有基本公共服务、基本生活保障、基本医疗保障和康复服务，文化教育水平显著提高，就业更加充分。[②] 2011—2015年《中国残疾人事业"十二五"发展纲要》明确要求：完善康复服务网络，通过实施重点康复工程帮助1 300万残疾人得到不同程度的康复，普遍开展社区康复服务，初步实现残疾人"人人享有康复服务"目标。《国家人权行动计划（2012—2015年）》提出全面开展社区康复服务。《国家基本公共服务体系"十二五"规划》第十一章"残疾人基本公共服务"中阐明，建立健全以专业康复和托养服务机构为骨干、社区为基础、家庭为依托的社会化残疾人康复、托养服务体系。这些新的任务和要求为老年残疾人口康复权益的维护和保障提供了合法依据与重要契机。

1.1.2 研究意义

第二次全国残疾人抽样调查数据显示，2006年中国60岁及以上的残疾人口为4 416万人，占53.24%，65岁及以上的残疾人口为3 755万人，占45.26%。与第一次全国残疾人抽样调查相比，60岁及以上的老年残疾人口增加了2 365万人，占新增加残疾人的75.5%。[③] 残疾人家庭收入较低，老年残疾人贫困问题相当突出，加之由于残疾他们的生活自理比较困难，社会参与等基本需要难以得到实现。中国现阶段正处于社会经济转型时期，制度化的康复服务体系尚不健全，老年残疾人口不仅面临着难以融入社会生活的严峻现实，

---

① 全国人大常委会第三次会议批准《残疾人权利公约》，中央政府门户网站，http://www.gov.cn/jrzg/2008-06/26/content_1028670.htm.

② 国务院办公厅转发中国残联等部门和单位关于加快推进残疾人社会保障体系和服务体系建设指导意见的通知，中央政府门户网站，http://www.gov.cn/zwgk/2010-03/12/content_1554425.htm.

③ 第二次全国残疾人抽样调查办公室. 第二次全国残疾人抽样调查主要数据手册. 北京：华夏出版社，2007.

而且存在巨大的未来风险。2030年前后，人口老龄化、高龄化的高峰将增大老年人口的残疾风险。同时家庭规模的核心化、人口流动的日益频繁、家庭居住方式的改变、空巢家庭的增加、青年一代竞争激烈的工作压力，都将严重冲击传统的家庭保障功能，老年残疾人的非正式康复服务支持逐渐弱化。老年人口残疾化和残疾人口老龄化的现实与趋势，迫切要求中国加快解决老年残疾人口康复服务问题。康复服务需求与康复服务利用状况是老年残疾人口康复服务问题的重要方面之一。客观把握老年残疾人口整体的康复服务需求和老年残疾人口不同特征子群体的康复服务需求，深入考察老年残疾人口整体的康复服务利用情况和老年残疾人口不同特征子群体的康复服务利用状况，分析影响老年残疾人口康复服务供给的相关因素，探究完善老年残疾人口康复服务的路径与对策以切实保障老年残疾人口的康复权益，具有重要的理论意义和现实意义。深入研究老年残疾人口康复服务问题，为推动中国残疾人康复服务保障的改革与完善提供理论参考和政策依据，将有助于老年残疾人口提升生活质量、增进社会融入和共享经济社会发展成果；有助于加快推进残疾人社会保障体系和服务体系建设、实现残疾人"人人享有康复服务"的战略目标。

1.2 概念界定

1.2.1 残疾

残疾现象是人类发展过程中的一种客观现象，反映了人类的多样性。在不同国家、不同文化背景和不同语境中，残疾与残疾人的定义，有着不同的内涵。在医疗模式残疾人观视角下，残疾是一种身体上、智力上或精神上偏离正常情况的状态。[①] 残疾在解剖学、心理学或者精神学方面是组织和功能受伤害或者偏离正常和违反常规的状态，是功能和能力的减退。[②] 社会模式视角下的定义则认为，残疾是一个演变中的概念，是伤残者和阻碍他们在与其他人平等

---

① 李杰. 浅谈中国残疾人福利立法现状及完善. 中国残疾人, 2004 (11)：60-61.
② 盛永彬. 残疾人权利及宪政保障. 湖北经济学院学报（人文社会科学版），2006, 3 (1)：120-124.

的基础上充分和切实地参与社会的各种态度和环境障碍相互作用所产生的结果。① 定藤丈弘等学者认为，在残疾人福利领域内的"残疾"一词，通常作为与人的身心的机能、构造的降低、异常、丧失的定义出现并最为频繁地被使用；残疾的定义有广义和狭义之分，作为广义的残疾的构成要素已经被认识，社会要素已经更多地渗入狭义的残疾这个词语中。②

联合国《关于残疾人的世界行动纲领》指出，残疾是指由于缺陷而缺乏作为正常人以正常方式从事某种正常活动的能力。③ 世界卫生组织根据不同的残疾影响人的生理功能和社会功能的不同状况，把残疾划分为三个层次，即"功能、形态缺损（impairment），是指心理上、生理上或人体结构上某种组织或功能发生缺陷或异常的情况；残疾（disability），是指由于缺陷而缺乏作为一个正常人以正常姿态从事某种正常活动的能力或具有任何限制；障碍（handicap），是指一个人由于身体的形态和功能的缺陷或残疾而处于某种不利地位，以至限制或阻碍该人发挥根据年龄、性别、社会与文化因素应该发挥的正常作用"。④

1.2.2 老年残疾人

联合国《残疾人宣言》中规定，"残疾人"一词的意义是指任何由于先天性或非先天性的身心缺陷而不能保证自己可以取得正常的个人生活和（或）社会生活上一切或部分必需品的人。⑤ 国际劳工组织在《残疾人职业康复和就业公约》中规定："本公约所称'残疾人'一词，是指因正式承认的身体或精神损伤在适当职业的获得、保持和提升方面的前景受到影响的人。"⑥《美国残疾人法》中残疾人的定义为：一个人有生理或心理异常，限制了其一种或几种主

---

① 《残疾人权利国际公约》，http://www.un.org/chinese/disabilities/convention/convention.htm，2008年11月2日。
② 定藤丈弘、佐藤久夫、北野诚一. 有斐阁，1996：30.
③ 王齐彦，谈志林. 残疾人社会保障研究. 中国民政，2006（7）：20—24.
④ The United Nations General, World progamme of action concerning disabled persons, 1982, p. 3.
⑤⑥ 联合国开发计划署驻华代表处，联合国人权事务高级专员办公室，中国残疾人联合会等. 残疾人权益保障——国际立法与实践. 北京：华夏出版社，2003.

要的活动能力；有这样一种障碍的记录，或被认为有这样一种障碍。① 芬兰在《残疾人服务与扶助条例》中关于残疾人的定义指出，残疾人是指由于身体的残疾或疾病，在维持日常生活的正常功能方面存在特殊的长期性困难的人。②

中国政府于1990年颁布实施了第一部全面保障残疾人权益的《残疾人保障法》，其中对残疾人的定义做了具体阐述。2008年4月24日第十一届全国人民代表大会常务委员会第二次会议对1990年《残疾人保障法》做了新的修订，③ 明确指出：残疾人是指在心理、生理、人体结构上，某种组织、功能丧失或者不正常，全部或者部分丧失以正常方式从事某种活动能力的人。残疾人包括视力残疾、听力残疾、言语残疾、肢体残疾、智力残疾、精神残疾、多重残疾和其他残疾的人。

本研究基于2008年新修订的《残疾人保障法》中的残疾人定义，同时结合中国人口年龄的划分习惯，将老年残疾人的概念界定为：60岁及以上且在心理、生理、人体结构上，某种组织、功能丧失或者不正常，全部或者部分丧失以正常方式从事某种活动能力的人。因此老年残疾人口包括两部分群体：一部分是在进入老年期之后因身体器官自然老化而致残的老年人口；另一部分是由于非自然衰老因素而致残的人口，既包含在60岁以前即已被认定为残疾而步入老年生命期的老年残疾人群，也包含60岁以后由于其他原因致残的老年残疾人群。衰老是人类无法抗拒的自然规律，前一部分人群正随着人口老龄化趋势而加速膨胀，老年残疾人口的自然属性正在日益凸显。

1.2.3 康复服务

残疾人康复本身是一个涉及范围十分广泛的复杂概念，从功能角度出发，有治疗与医疗康复、教育康复；从技能培训与扶助就业角度来看，有职业康复、职业训练；从融入社会的角度出发，有社会康复；从多样化服务手段的角

---

① ② 联合国开发计划署驻华代表处，联合国人权事务高级专员办公室，中国残疾人联合会等. 残疾人权益保障——国际立法与实践. 北京：华夏出版社，2003.
③ 中华人民共和国残疾人保障法. 中国劳动保障，2008（7）.

度来看,有艺术康复、农疗和工疗等。① 在德国,社会法典规定残疾人康复包括医疗康复、职业促进康复和社会康复三方面内容。②《关于残疾预防的利兹堡宣言》中指出,"康复包括旨在减轻残疾和残障的影响并使残疾人和残疾者能达到与社会相结合的所有措施"③。联合国《关于残疾人世界行动纲领》中对康复内涵的界定为:康复是指有既定目标并且时间有限的一段过程,这一过程旨在使有缺陷的人在心智上、身体上、参与社会生活的功能上都能达到最佳状态,这样就为其生活的改善提供了自身的条件。康复包括为补偿某一丧失或削弱的功能所采取的各种措施,也包括有助于使他们适应或重新适应社会生活的措施。④

  国际上目前提供康复服务的两种最基本的组织形式是专业机构康复(IBR)和社区康复(CBR)。专业机构康复主要是依靠综合医院的康复医学科(部、中心)、康复中心或康复医院。它们是康复医疗中的骨干力量,设备较完善,有经过较正规训练的康复医师和康复技师,康复专业技术水平较高,能提供较高质量的康复服务,而且还能够开展医疗、教学、科研工作,培养康复医学人才。⑤ 姚志贤认为,残疾人专门康复机构是针对各类残疾人,为其进行临床诊断、功能测评、制订康复计划、实施康复治疗和必要的临床治疗,提供医疗、教育、职业、社会等全面康复服务,使残疾人身心功能、职业能力和社会生活能力等得到补偿及改善,促进残疾人融入社会的场所。同时,康复机构还承担康复医学培训、社区康复技术指导、康复信息咨询、康复研究与残疾预防等工作,是所在地区残疾人康复工作的示范窗口和技术资源中心。⑥ 而社区康复主要利用本社区的资源,因地制宜地开展社区和家庭的康复,它主要提供病

---

  ① 中国社会科学院社会政策研究中心课题组. 民办残疾人康复机构发展状况报告. 学习与实践, 2008(5).
  ② 丛晓峰, 李沂靖, 唐斌尧. 国外社区康复的现状及启示. 理论学刊, 2002(6).
  ③ 杜华. 关于残疾预防的利兹堡宣言. 中国康复, 1988(4).
  ④ 联合国关于残疾人的世界行动纲领(摘要), http://www.cdpf.org.cn/zcfg/content/2007-11/29/content_84248.htm, 2007-11-29.
  ⑤ 孙树菡, 毛艾琳. 我国残疾人康复服务需求与供给研究. 湖南师范大学社会科学学报, 2009(1).
  ⑥ 姚志贤. 康复机构发展需整体规划. 中国残疾人, 2011(6).

伤恢复期及后期康复服务，开展残疾的预防工作，同时也提供教育、社会、职业康复。① 丛晓峰等认为，社区康复强调以社区为基础和依托，整合社区资源，并促进社会总体的介入和对残疾人物质环境、心理机制的调整，以利于残疾人融入社会和实现自我，从真正意义上实现残疾人在参与社会生活中的自尊、自信、自立、自强，从而把残疾人重返社会的责任扩展至整个社会，为残疾人康复的科学性及有效性提供充分保障。②

本研究对老年残疾人康复服务概念的界定主要是结合中国康复服务保障制度的具体内容和残疾人康复事业发展的既有现实来加以理解的。新修订的《残疾人保障法》围绕康复、教育、劳动就业、文化生活、社会保障、无障碍环境等保障内容进行了立法，并明确了特别扶助和特别保障的法律条文。③ 由于老年残疾人兼有年龄与残疾两大特征，在现实生活中既存在着与其他社会群体一样的普通需求，也存在着与之差异明显的特殊需求，因此对于老年残疾人康复服务的理解应更为宽广。老年残疾人康复服务体现的是最广义的康复服务概念，即康复包括旨在减轻残疾和残障的影响并使残疾人能达到与社会相结合的所有措施。④

1.3 国内外研究现状

1.3.1 文献研究综述

（一）老年残疾人口基本状况的相关研究

王瑞梓、姚引珠（1990）依据 1987 年第一次全国残疾人抽样调查数据，总结了全国残疾人口的基本状况和主要特点，指出残疾人口的地区分布不平衡，城乡现残率差异明显，性别比基本平衡但各类残疾人的性别比差异悬殊，

---

① 孙树菌，毛艾琳. 我国残疾人康复服务需求与供给研究. 湖南师范大学社会科学学报，2009 (1).
② 丛晓峰，李沂靖，唐斌尧. 国外社区康复的现状及启示. 理论学刊，2002 (6).
③ 中华人民共和国残疾人保障法. 中国劳动保障，2008 (7)：53—56.
④ 杜华. 关于残疾预防的利兹堡宣言. 中国康复，1988 (4).

残疾人口的年龄构成属于老年型。①

李荣时（1993）通过分析1987年第一次残疾人抽样调查数据发现，中国老年人口的现残率较高，老年残疾风险较高，70%以上的残疾人在60岁以后致残，其中以听力、言语残疾最多，农村老年残疾人口现残率高于城市，老年残疾人口的未婚、丧偶比例较高。家族遗传、近亲结婚、工伤、意外事故等共有致残原因和老年性疾病、某些常见性疾病等老年病残是老年残疾人口的主要致残原因。②

刘宏义（1990）根据1991年民政部发布的全国第一次残疾人抽样调查相关资料，系统分析了北京市老年残疾人口的状况，认为人口年龄结构的老龄化是人口总体残疾水平偏高的原因；老年残疾总量大，残疾类别集中，多数属于中轻度残疾；视力残疾中白内障致残占41.9%，听力语言残疾中老年性耳聋致残占46.5%，肢体残疾中血管性疾病致残是重要原因；60岁以上老年残疾人中多数有生活自理能力或部分自理能力。③ 北京老年病医疗研究中心的相关研究也表明，老年人残疾的最主要疾病是脑血管病。④

第二次全国残疾人抽样调查办公室与北京大学人口研究所（2008）发布的数据分析报告指出，与第一次全国残疾人抽样调查结果相比，2006年全国残疾人口呈现出结构性的变化，其基本特点为残疾现残率明显增加，残疾人口规模增长较快，尤其是老年残疾人口增长迅猛，同时老年人口的残疾现残率水平明显高于其他年龄段。⑤

丁志宏（2008）通过分析全国第二次残疾人抽样调查数据，指出中国老年残疾人呈现以下特点：老年残疾人口规模大，未来发展快，男性残疾老人低龄化趋势明显，高龄女性老人残疾比例高；残疾老人受教育程度低，丧偶比例

---

① 王瑞梓，姚引珠. 中国残疾人口的现状与对策. 南方人口，1990（2）：15—19.
② 李荣时. 中国老年残疾人口状况分析. 人口与计划生育，1993（2）：45—49.
③ 刘宏义. 老年残疾人的养护和康复//北京市老龄问题委员会. 北京老年人口论文集. 北京：北京燕山出版社，1990：251—257.
④ 北京老年病医疗研究中心. 北京市生活完全不能自理的老人状况及有关社会和医疗保障问题//北京市老龄问题委员会. 北京老年人口论文集. 北京：北京燕山出版社，1990：245—250.
⑤ 第二次全国残疾人抽样调查办公室，北京大学人口研究所. 第二次全国残疾人抽样调查数据分析报告. 北京：华夏出版社，2008.

高,生活来源非常集中,对家庭的依赖非常大;老年残疾主要集中在听力残疾、肢体残疾、视力和多重残疾方面;老年一级残疾比例比较高,多重残疾的一级残疾非常突出;女性残疾老人是弱势群体中的弱势人群。[1]

Ostchega(2000)[2]根据残疾人口数据对老年残疾人口的发展趋势进行了研究,指出老年残疾人口的发展趋势有所减缓,但人口增量仍处于上升的通道之中,且面临着较大的医疗与照料压力。戴卫东(2010)通过测算得出,中国重度老年残疾人达到1 244.42万人,并指出呈快速增长趋势的重度老年残疾人的经济贫困和生活长期护理问题应该引起和谐社会的高度关注,有必要构建面向包括此人群在内的老年社会保障体系。[3]

(二)人口老龄化对老年残疾人口的影响研究

陈功(2007)认为,在中国人口转变、健康转变、工作和生活方式转变的社会背景下,建设和谐社会必须处理好老龄化与残疾之间的关系,促进残疾人在和谐社会中的"共生、共建、共融、共享、共和"。[4]第二次全国残疾人抽样调查办公室认为,进入老年期之后病残化是老年残疾人口规模扩大的重要原因之一。[5]

Kay－Tee(1997)[6]对人口老龄化的流行病学特征进行了研究,认为老年残疾人口的大量出现是人口老龄化的新挑战之一。在对美国、英国、日本等国的人口老龄化进行研究之后,他认为社会支持及康复照料是应对人口残疾化的关键,老年残疾人口的流行病学特点在于具有年龄相关性的残疾风险过高、社会支持压力过大,因此应对策略应立足于个体的老龄化和群体老龄化的整体视

---

[1] 丁志宏. 中国老年残疾人口:现状与特征. 人口研究,2008,32(4):66—72.

[2] Ostchega Y, Harris T. B., Hirsch R., Parsons V. L., Kington R.. The prevalence of functional limintation and disability in older persons in the US: data from the National Health and Nutrition Examination Survey Ⅲ. Jam Geriarr Soc. 2000, 48:1132—1135.

[3] 戴卫东. 中国重度老年残疾人状况及其社会保障. 中国卫生事业管理,2010(3):165—168.

[4] 陈功. 残疾、人口老龄化和社会和谐//构建和谐的老龄社会——第二届中国老年学家前沿论坛的发言. 北京:北京大学人口研究所,2007.

[5] 第二次全国残疾人抽样调查办公室. 第二次全国残疾人抽样调查主要数据手册. 北京:华夏出版社,2007.

[6] Kay-Tee Khaw. Epidemiological Aspects of Ageing. Philosophical Transactions: Biological Science, Vol. 352, No. 1363, Ageing: Science, Medicine and Society. Dec. 29, 1997, 1829—1835.

野下的成功老龄化。

桂世勋（1999）[①] 利用 1987 年第一次残疾人抽样调查数据，探讨了老年残疾人的发展趋势及面临的康复服务需求与对策。他认为，随着 21 世纪上半叶中国人口老龄化和老龄人口高龄化趋势的进一步加剧，中国老年残疾人口数量的增加将有可能十分惊人。如果不采取有效的预防和康复措施，预测显示中国 60 岁及以上老年残疾人口将从 1990 年的 2 153 万迅速增加到 2050 年的 11 511 万，所占人口比重从 1.9% 迅速上升到 7.7%，不仅会给政府和社会增加巨大压力，而且也会给老年残疾人及其亲属带来很大的痛苦与负担，进而成为一个重大的社会问题。

邱红等（2010）[②] 在分析人口老龄化与老年残疾人增长之间关系的基础上得出，经济与社会发展在使人均预期寿命延长的同时，也使老年人面临更高的残疾风险，人体机能老化、老年病多发等都是致使老年人发生残疾的诱因；因此，人口老龄化在增加老年人口数量及比例的同时，也使老年残疾人的数量及比例不断增大。

（三）老年残疾人康复服务需求的相关研究

郑晓瑛、孙喜斌、刘民等（2008）[③] 对第二次全国残疾人抽样调查数据进行了分析，认为现在残疾水平是一个不断积累的过程，残疾现患率随着年龄的增长而不断增长，因此越到高年龄组，残疾人的比例越高，社会对残疾人的负担也相对越重，老年残疾人口对老年长期护理的需求要远高于无残疾人口。

杜鹏、杨慧（2008）[④] 分析了中国老年残疾人口的狭义康复服务需求，指出老年残疾人的康复服务需求存在性别、年龄和残疾类别差异；医疗服务与救助、辅助器具、康复训练是老年残疾人最主要的康复服务需求，但大部分康复服务需求未能得到满足；调整财政支出结构、加大公共财政支出力度、加强康复服务能力建设，对于满足老年残疾人的康复服务需求、解决老年残疾人问题

[①] 桂世勋. 中国老年残疾人发展趋势及残疾状况研究. 中国人口科学，1999（1）：27—31.
[②] 邱红，王晓峰，温丽娟等. 人口老龄化与老年残疾人状况分析. 医学与社会，2010（7）：1—3.
[③] 郑晓瑛，孙喜斌，刘民. 中国残疾预防对策研究. 北京：华夏出版社，2008.
[④] 杜鹏，杨慧. 中国老年残疾人口状况与康复服务需求. 首都医科大学学报，2008（3）：262—265.

具有重要意义。

姚远（2007）① 通过研究北京市老年残疾人的主要需求状况指出，老年残疾人对医疗与康复的需求成为该群体最主要的需求。而现实情况下，针对老年残疾人的医疗保障与康复服务的供给缺口较大，需要进一步提高老年残疾群体的医疗与康复服务的水平。孙树菡、毛艾琳（2009）② 以视力残疾人为例，指出当前中国的残疾人康复事业还处于起步阶段，康复内容以医疗康复为主，心理康复、教育康复、职业康复等较高层次的康复还跟不上需求。同时，人口老龄化对康复提出挑战。

张敏杰（2010）③ 通过在浙江省6县（市、区）22个村开展调查发现，农村高龄残疾妇女的需求尚停留在生活照料、医疗保健与经济物质供养层面，精神慰藉的需求并不突出。

Vicki（2002）④ 对美国1990—2002年的约800篇有关老年残疾人口的医学文献进行了系统性的综述，认为老年残疾人的相关调查与研究水平参差不齐，在对其中的16篇文献进行重复研究后发现，不同年龄段人口的残疾趋势呈现不同特点，老年残疾人口比重仍在增长，10年间老年残疾人的日常生活活动能力ADL得到一定程度的改善，但这种改善对医疗照料的需求较大。

（四）老年残疾人康复服务保障的相关研究

世界卫生组织与世界银行集团（2011）发布的《世界残疾报告》提出了解决康复方面障碍的政策建议：改革政策法律和服务系统，建立国家层面的康复计划；建立康复资助机制，为贫困残疾人提供定向资助；扩大康复的资源，包括扩大教育和培训、对现有卫生保健人员的康复训练、建立培训能力、改革培训内容、招募和培训康复人员；去中心化的服务提供体制，协调开展多学科康

---

① 姚远. 北京市老年残疾人问题与研究//赵春鸾. 北京市第二次全国残疾人抽样调查课题研究论文集. 北京：华夏出版社，2008：102－109.

② 孙树菡，毛艾琳. 我国残疾人康复服务需求与供给研究. 湖南师范大学社会科学学报，2009（1）.

③ 张敏杰. 农村高龄残疾女性生存状态调查. 中国残疾人，2010（6）：57.

④ Vicki A Freedman, Linda G Martin, Robert F Schoeni. Recent trends in disability and functioning among older adults in the United States: a systematic review. JAMA. 2002；288：3137－3146.

复，基于社区提供康复服务；增加使用适宜性技术，如辅助装置、远程康复；扩展研究和基于事实的实践，要提供成功做法的信息，开展数据和信息研究。①

梅运彬（2008）②对北京市老年残疾人的基本状况、社会支持状况及其影响因素进行了研究。研究认为，家庭是北京市老年残疾人社会支持的主要承担者；家庭支持和社区康复与服务的结合是老年残疾人社会支持的发展的必由之路。程凯（2006）③、郑功成（2007）④等认为残疾人服务保障是残疾人社会保障体系的重要内容之一。仇雨临、梁金刚（2011）⑤讨论了老年残疾人口的护理问题以及康复体系的建设问题。还有部分学者针对老年残疾人口中的一些特征群体的康复服务保障问题进行了研究。如陈振声（2008）论述了老年听力残疾人的社区康复，⑥冯朝柱（2009）就江苏省残疾老年女性探讨了社会支持机制问题，⑦等等。

在老年残疾人的机构照料方面，Lynch、Martin Anthony（1995）通过研究指出，美国卫生医疗政策的争论点主要集中在医疗保险和医疗救助中卫生医疗成本控制方面，在这种影响下，机构照料的老年残疾人面临着住院治疗与长期照料的经费受限问题。低收入的老年残疾人更希望居住在社区，采取家庭护理的照料方式而不是进入机构。⑧在老年残疾人的家庭照料方面，Lawrance、Frances Patricia（1996）在对从医疗机构流失回家的残疾老人的研究中发现，鉴于经费问题，卫生医疗部门拟订了鼓励残疾老人"回归家庭康复计划"（discharge planning services），使家庭成员越来越多地承担起本应由医务人员

---

① WHO, World Bank, world report on disability, Geneva, Switzerland, 2011.
② 梅运彬. 老年残疾人及其社会支持研究——以北京市为例. 中国人民大学，2008.
③ 程凯. 试析中国残疾人的社会保障问题. 红旗文稿，2006，7.
④ 郑功成. 中国残疾人社会保障的宏观思考. 河南师范大学学报，哲学社会科学版，2007（6）.
⑤ 仇雨临，梁金刚. 我国老年残疾人口生活护理及康复体系构建研究. 西北大学学报，哲学社会科学版，2011（6）.
⑥ 陈振声. 老年听力残疾人社区康复探讨. 中国听力语言康复科学杂志，2008（1）：10—12.
⑦ 冯朝柱. 江苏省残疾老年女性状况与社会支持机制研究. 人口与发展，2009（4）：82—88.
⑧ Lynch, Martin Anthony. The disabled elderly in managed care: Use and cost of medical, home and community care in the social health maintenance organization demonstration. Doctoral Dissertation, 1995.

执行的照料工作。其中，配偶和子女是家庭照料的主体。[①] 在照顾模式的研究方面，郑功成（2007）提倡探索适合中国国情的"医院—社区—家庭"全护理模式，提倡社区服务、老年人福利、长期护理保险机制结合起来，使患者得到长期有效的护理。[②]

在老年残疾人的精神康复方面，Johan（1990）指出，抑郁、康体与残障三者之间的作用机理并未得到很好的诠释，大多单向度的研究仅仅分析了心理作用于躯体功能或躯体健康状态作用于心理状态，而心理与残疾的交互作用却知之甚少，老年人的躯体功能的障碍与精神状态的抑郁是一个正反馈环路，外界的影响会对之产生显著影响，消极策略会导致健康恶化甚至死亡，积极的态度、治疗与康复则会起到缓解作用。[③] Vanessa Calderon-Rosado 和 Allison Morrill（2002）从残疾者与照顾者的关系入手，研究双方之间的文化传导、居住时间以及利用正式服务之间的联系，提出文化适应在照料者和被照料者之间互动及服务利用中的重要作用，并指出在文化传导的照料情境中，关系的互动、内心的体验以及居住时间都与被照顾者利用社会支持服务高度相关。[④]

残疾与贫困之间恶性循环的结果使得残疾人成为贫困群体中的最贫困者。[⑤] 一项全国调查显示，与正常老人相比，可观测的或严重失能老人处于贫困线及以下的比例更高。[⑥] Sophie Mitra1（2005）认为，具有减贫性质的安全网对残疾人福利发挥着重要作用，其中之一是以残疾目标定位为特征的安全网，但其对于残疾者享受现金转移支付的资格审查非常复杂且成本很高；另一种是以主流化为特征的安全网，它很可能是最适合广大发展中国家使残疾人获

---

① Lawrance, Frances Patricia. Disabled elderly patients with family caregivers: Is there discharge planning? Doctoral Dissertation, 1996.
② 郑功成. 中国残疾人社会保障的宏观思考. 河南师范大学学报. 哲学社会科学版, 2007 (6).
③ Johan Ormel, Mark Sullivan, etl. Disibility and Depressive Symptoms in Later Life. Quality of Life Resraech, Vol. 8, No. 7, Abstracts: 6th Annual Conference of the International Society for Quality of Life Resraech. Nov., 1999, 556.
④ Vanessa Calderon-Rosado, Allison Morrill, Bei Hung Chang, Sharon Tennstedt. Service utilization amonge disabled Puerto Rican elders and their caregivers: Does acculturation play a role? Journal of Ageing and Health. Thousand Oaks: Feb 2002. Vol. 14, Iss. 1; pg. 3, 21 pgs.
⑤ DFID. Disability, Poverty and Development, Department for International Development, 2000.
⑥ Townsend P., Elderly People with Disabilities, in Walker, A. and P. Townsend, eds., 1981.

得包容的方式。① 李迎生、厉才茂（2008）② 通过对第二次全国残疾人抽样调查数据研究发现，残疾人的社会保障水平明显低于健全人。在残疾人口内部，医疗保险的波峰出现在 64～84 岁的老年残疾人口年龄段，这部分人群均退休五年以上，他们参加医疗保险的比例在各年龄段残疾人口中比例最高。因此应加强老年残疾人口，尤其是 85 岁以上高龄老年残疾人的社会保障水平。

1.3.2 简要评价

本研究主要利用中国期刊全文数据库、优秀硕博学位论文全文数据库、PQDT（ProQuest Digital Dissertation & Theses）、OCLC（Online Computer Library Center）——Articlefirst、CALIS 联机公共书目查询系统等国内外重要数据库资源，对相关研究文献进行了系统的梳理与分析，以便相对全面地反映国内外有关老年残疾人康复服务方面的研究成果。从目前研究文献的基本情况来看，可以总结出如下特点：

首先，从研究文献的数量上看，有关老年残疾人问题的研究相对不多，而关于老年残疾人康复服务方面的研究成果更少。在上述中文数据库中，以"老年残疾""残疾老人"为主题词进行检索，得到的检索结果切实与老年残疾人康复服务相关的只有 16 个记录。在英文数据库中，键入关键词"Disability and Older people"和"Disability and Aging"，得到的检索结果超过百条记录，但切实与老年残疾人康复服务相关的只有十余条记录。老年残疾人康复服务属于老年人福利服务和残疾人福利服务两个范畴的交集，以往相关的专项系统性深入研究不多的主要原因在于，国外针对老年人福利服务相关问题的探讨已经比较丰富，以残疾人福利服务为对象的研究起步较早，业已奠定了一定的理论基础，但关于老年残疾人康复服务的专项研究被淹没在老年人福利服务和残疾人福利服务的整体研究之中没有得到突出，而国内残疾人福利服务研究的开展相对较晚，受到理论界的关注程度相对有限，因此目前关于老年残疾人康复服务方面的研究尚处于初步探索阶段。

---

① Sophie Mitra1. Disability and Social Safety Nets in Developing Countries，Social Protection Discussion Paper Series, Social Protection Unit, Human Development Network, The World Bank, 2005.

② 李迎生，厉才茂. 残疾人社会保障理论与实践研究. 北京：华夏出版社，2008.

其次，从相关研究的内容分布上看，缺乏全面系统反映老年残疾人康复服务方面的研究，有限的研究多以单项分散研究的形式出现。国内老年残疾人口的康复服务方面的相关研究没有得到重点突出，而是与该群体的人口基本状况、人口老龄化的相关影响研究等一同构成国内老年残疾人问题研究的主要组成部分。同时关于老年残疾人康复服务方面的研究，大多散见于残疾人社会保障、照料护理与社会支持的研究之中。国外有关老年残疾人康复服务问题的研究涉及广泛，主要集中在老年残疾人口对康复照料的影响、经济保障、生活照顾，以及精神慰藉方面的单项研究。而在生活照料和医疗保健方面，相关研究相对集中在老年残疾人口的医疗照顾、家庭照料与机构照料领域；在精神康复方面，国外研究一般从老年残疾人对生活的体验以及与各种社会关系的互动中的精神慰藉或幸福感、生活满意度来探寻老年残疾人的心理变化。

最后，相关文献的研究深度仍有待提高。老年残疾人康复服务方面的专题性研究数量较少且具有代表性的高质量重要研究比较有限。老年残疾人康复服务方面的相关研究总体上缺乏具体的理论分析与理论应用。在康复服务需求研究方面，大多数现有研究集中在老年残疾人口整体的康复服务需求分析，忽视了对不同特征子群体康复服务需求的分析与探索。国外文献的研究视野相对广泛，已经深入精神慰藉或幸福感等精神保障的层次。由于数据缺乏等原因，国内研究方法多使用定性分析而缺乏定量分析，这与国外研究水平相比仍有较大差距。

1.4 研究内容与方法

1.4.1 研究内容

本研究利用全国第二次残疾人抽样调查数据、小康进程监测报告、残疾人事业发展统计报告等相关资料，从中国老年残疾人口的群体状况出发，总结归纳老年残疾人口的康复服务需求特征，分析评估老年残疾人口的康复服务利用状况，探究影响老年残疾人口康复服务供给的相关因素，并对如何优化完善中国老年残疾人口康复服务的未来发展路径进行系统性研究。本研究包括以下七个部分。

第一部分为导论。本部分阐明研究的背景及意义、相关概念的界定、国内外研究现状、研究内容及研究方法。

第二部分，利用全国第二次残疾人抽样调查数据等相关文献资料，系统阐述中国老年残疾人口的数量规模、不同特征（分年龄、分性别、分城乡、分地区、分残疾类别与残疾等级）子群体构成、面临的活动和参与障碍等基本群体状况，为后文的开展做基础铺垫。

第三部分，为老年残疾人口康复服务需求分析。主要利用第二次全国残疾人抽样调查等相关数据通过定性与定量分析相结合的方法，对老年残疾人口整体的康复服务需求以及不同特征子群体（分年龄、分性别、分城乡、分地区、分残疾类别）的康复服务需求进行分析。

第四部分，为老年残疾人口康复服务利用状况分析。主要利用第二次全国残疾人抽样调查等相关数据，分析考察老年残疾人口整体和不同特征子群体（分年龄、分性别、分残疾类别）接受康复服务的主要内容与特征以及对康复服务需求的满足状况。

第五部分，为影响老年残疾人口康复服务供给的相关因素分析。结合第二次全国残疾人抽样调查数据及相关资料，通过演绎应用新的理论分析框架，从以家庭和社区为代表的非制度性康复服务供给与康复服务保障制度供给两个方面探讨影响老年残疾人口康复服务供给的相关因素。

第六部分，通过总结归纳发达国家的有益经验，从发展理念、模式体系、配套支撑条件等角度，提出优化完善老年残疾人口康复服务的基本路径与发展对策。

第七部分，对基本研究结论、研究创新与不足之处进行总结，展望有待进一步研究探索的相关方面。

1.4.2 研究方法

根据研究的实际需要，本研究主要采用文献研究法和定性与定量相结合的研究方法。老年残疾人群体具有年龄和残疾两大特征，研究中必然既涉及老年视角，又涉及残疾视角，老年残疾人口不同特征子群体的异质性明显，这就涉及性别、残疾类型、城乡差异等特殊视角，所以分析中涵盖了社会福利学、社会政策学、老年学和人口学等学科内容，因此实际上这是一项基于多学科交叉的综合研究。

其一，文献研究法。本研究参考了大量的相关文献研究资料，特别是国内外重要研究机构和学者的新近研究成果和优秀成果。主要文献来源包括：政府及相关机构的文件与文献，其中涉及政府发布的年度报告、统计报告，政府工作报告，国家发展规划，相关政策法规，人力资源和社会保障部、民政部、中国残疾人联合会内部文件资料汇编以及各年统计年鉴等，学术刊物具体包括相关的系列研究报告，学理性及调研性文章、专著、重点核心期刊文章，一般出版物具体包括杂志、报纸、电子出版物等，特别是联合国、世界卫生组织、经济合作与发展组织以及世界银行相关机构等重要权威门户网站的新近研究成果及文献。

其二，定量分析与定性分析相结合，适当运用定量方法。在老年残疾人口康复服务需求与老年残疾人口的康复服务利用状况分析中，本研究主要利用第二次全国残疾人抽样调查、小康进程监测报告等相关数据，客观反映老年残疾人口整体的康复服务需求和老年残疾人口不同特征子群体的康复服务需求，定量分析老年残疾人口整体的康复服务利用状况和老年残疾人口不同特征子群体的康复服务利用状况，以此总结归纳老年残疾人口的康复服务需求与康复服务利用的基本特征。以上分析均涉及指标的选取、衡量及比较，此处主要利用第二次全国残疾人抽样调查数据和相关统计资料，在定量分析的基础上结合定性分析，力求以翔实的综合指标有效地阐明问题，从而为分析论证提供有力支撑。

2. 老年残疾人口群体状况

老年残疾人口是残疾人康复服务的重要保障对象之一。老年残疾人口群体状况构成老年残疾人口康复服务问题研究的基础内容。本章利用全国第二次残疾人抽样调查数据等相关文献资料，系统阐述中国老年残疾人口的数量规模、老年残疾人口不同特征子群体构成，以及老年残疾人口的活动和参与障碍等基本群体状况，为后文的开展做铺垫。

2.1 老年残疾人口数量规模

2.1.1 老年残疾人口的全国抽样调查规模

2006年经国务院批准，中国政府进行了第二次全国残疾人抽样调查。这次调查的标准时间为2006年4月1日零时，入户调查时间自2006年4月1日起至5月31日结束。调查采取分层、分阶段、整群概率比例抽样方法，在31个省、自治区、直辖市抽取734个县（市、区），2 980个乡（镇、街道），共5 964个调查小区，平均每个调查小区420人左右。[①] 全国共调查了771 797户，2 526 145人，调查的抽样比为1.93‰；根据调查初步汇总，被调查户中有残疾人的家庭共142 112户，确定视力、听力、言语、肢体、智力、精神和多重残疾共161 479人。综合评估认为此次调查成功、数据真实可信。[②] 根据调查数据推算，全国各类残疾人总数为8 296万人，2006年4月1日残疾现患

[①] 第二次全国残疾人抽样调查办公室. 第二次全国残疾人抽样调查主要数据手册. 北京：华夏出版社，2007.

[②] 郑晓瑛，孙喜斌，刘民. 中国残疾预防对策研究. 北京：华夏出版社，2008.

率即残疾人占全国总人口的比例为 6.34%，较 1987 年第一次全国残疾人抽样调查时的绝对人口数量 5 164 万增长了 3 132 万，残疾现患率提高了 1.44%。

根据第二次全国残疾人抽样调查数据分析，60 岁及以上老年残疾人口调查数为 85 260 人，占残疾总人口的 52.80%，推算老年残疾人口为 4 416 万人。老年残疾人占老年人口的 24.43%[1]，老年残疾率是总人口残疾率的 3.85 倍。与 1987 年第一次全国残疾人抽样调查相比，2006 年全国老年残疾人口不仅总量增加、残疾人比例上升，而且其在残疾人口年龄结构中的地位也发生了重大变化。

1987 年与 2006 年两次全国残疾人抽样调查人口概况见表 2—1。

表 2—1　　1987 年与 2006 年两次全国残疾人抽样调查人口概况

年份	调查户（户）	调查人口（人）	调查残疾人口（人）	推算残疾人口（万人）	现患率（%）
1987	369 448	1 579 316	77 345	5 164	4.90
2006	771 797	2 526 145	161 479	8 296	6.34

数据来源：依据 1987 年和 2006 年全国残疾人抽样调查数据计算而得，数据已进行四舍五入。

根据两次调查数据的推算，1987 年 60 岁以上老年残疾人口数量约为 2 051 万，占残疾人总数 39.72%[2]，2006 年老年残疾人口绝对量增加 2 365 万，较 1987 年所占比重增长 13.08 个百分点，老年残疾人口增长率超过 115%，远远高于残疾总人口的增长率 60.65%，前者几乎为后者的两倍。

1987 年与 2006 年两次全国残疾人抽样调查的人口年龄构成情况见表 2—2。

从残疾人口年龄结构方面来看，中、低龄人口占残疾总人口的比重出现下降，而 60 岁及以上老年残疾人口比重明显升高。0~14 岁残疾人口比重由 1987 年的 15.83% 剧降到 2006 年的 4.69%，下降了 11.4 个百分点；15~59 岁劳动年龄段残疾人口由 44.45% 下降到 42.51%，降低约 2 个百分点；而老

---

[1] 郑晓英，孙喜斌，刘民.中国残疾预防对策研究.北京：华夏出版社，2008.
[2] "1987 年全国残疾人抽样调查研究资料——中国老年残疾人状况"，中国残疾人联合会网站，http://www.cdpf.org.cn/sytj/content/2008-04/07/content_84171.htm.

年残疾人口则由 1987 年的 39.72% 上升到 52.80%，超过残疾总人口的一半，成为残疾人口的主体。

表 2—2　　1987 年与 2006 年全国残疾人抽样调查的人口年龄构成

年龄	1987 年			2006 年		
	调查人口（人）	比例（%）	推算人口（万人）	调查人口（人）	比例（%）	推算人口（万人）
0~14 岁	12 242	15.83	817	7 569	4.69	387
15~59 岁	34 382	44.45	2 296	68 650	42.51	3 493
60 岁及以上	30 721	39.72	2 051	85 260	52.80	4 416
合计	77 345	100	5 164	161 479	100	8 296

数据来源：依据 1987 年和 2006 年全国残疾人抽样调查数据计算而得，数据已进行四舍五入，其中 2006 年推算残疾人口数据为公报数据。

2.1.2　老年残疾人口的理论测算分析规模

随着中国人口老龄化加剧，慢性病与意外伤害发病率增加，中国的残疾人规模将会持续增大。[1] 老年残疾率随老年人增龄而提高。[2] 这既与累积残疾率有关（随着年龄增长，原来处于青壮年阶段的残疾人步入老年会直接增加老年残疾人规模并提高老年残疾人比例），又与老年人随着增龄和健康状况下降，疾病或外伤等致残率较高有关。[3] 随着中国人口老龄化和老年人口高龄化态势的进一步发展，未来残疾人口的数量及增长速度都将十分惊人，尤其是高龄老年残疾人，值得高度重视。

根据预测，中国残疾人规模增长将进入快速发展时期：2007—2014 年，残疾人口平均年增长量约为 161 万人；2015—2024 年，残疾人口平均年增长量约为 173 万人；2025—2034 年，残疾人口平均年增长量约为 213 万人；2035 年，残疾人口年增量达到峰值，约为 230 万人；之后逐年呈现下降趋势；

---

[1] 张蕾. 中国残疾人口变化趋势预测研究. 北京大学，2007.
[2] 郑晓瑛，孙喜斌，刘民. 中国残疾预防对策研究. 北京：华夏出版社，2008.
[3] 杜鹏，杨慧. 中国老年残疾人口状况与康复服务需求. 首都医科大学学报，2008（3）：262—265.

到 2050 年中国残疾人总数将达到 1.65 亿人。① 庞大的残疾人口规模必将对中国的康复服务及社会福利体系形成严峻挑战。

从 60 岁及以上老年残疾人口的预测结果来看，在 2035 年以前，残疾老人每 5 年的增加量都在 700 万以上，尤其是 2020—2030 年，每 5 年的增加量都在 1 000 万以上，到 2050 年，残疾老人的规模将达到 1.03 亿人，是 2010 年的 2.5 倍。随着人口寿命的不断延长，残疾老人中高龄残疾老人的比例也在不断上升，2030 年高龄残疾老人约占整个老年残疾人口的 23.2%，到 2040 年将上升到 30.7%，2050 年达到 43.3%，高龄残疾老人的规模约为 4 473 万，是 2010 年的 4.3 倍。在平均增长量上，60 岁、65 岁和 80 岁及以上的老年残疾人平均每年分别增长 154.4 万、146.5 万和 85.7 万人。其中，2030 年以前，60 岁及以上的老年残疾人增加较快，2030 年以后，高龄残疾老人的增加较快。②

中国老年残疾人口发展预测见表 2—3。

表 2—3　　　　　　　中国老年残疾人口发展预测

年份	60⁺人口（亿人）	60⁺残疾人口		65⁺残疾人口		80⁺残疾人口	
		（万人）	占总人口（%）	（万人）	占总人口（%）	（万人）	占总人口（%）
2010	1.73	4 157	3.1	3 320	2.4	1 044	0.8
2015	2.13	5 118	3.6	3 926	2.8	1 243	0.9
2020	2.43	5 839	4.1	4 937	3.4	1 392	1.0
2025	2.91	6 993	4.8	5 630	3.9	1 541	1.1
2030	3.48	8 362	5.8	6 813	4.7	1 938	1.3
2035	3.87	9 300	6.5	8 170	5.7	2 634	1.8
2040	3.98	9 564	6.7	9 065	6.3	2 932	2.1
2045	4.08	9 804	7.0	9 123	6.3	3 728	2.6
2050	4.3	10 333	7.5	9 181	6.7	4 473	3.3

资料来源：丁志宏. 我国老年残疾人口：现状与特征. 人口研究，2008（4）.

---

① 第二次全国残疾人抽样调查办公室、北京大学人口研究所. 第二次全国残疾人抽样调查数据分析报告. 北京：华夏出版社，2007.
② 丁志宏. 中国老年残疾人口：现状与特征. 人口研究，2008，32（4）：66—72.

2.2 老年残疾人口不同特征子群体状况

2.2.1 分年龄老年残疾人口

依据惯例按年龄区分，60~69 岁为进入老年的青年期，70~79 岁为老年的中年期，80 岁以上为超老年期（或称老老年期）。根据 2006 年调查数据，在老年残疾人群体内部，处于中年期的中龄老年残疾人所占比重最高，为 43.72％；处于青年期的低龄老年残疾人所占比重次之，为 33.93％；根据调查数据推算，2006 年全国低龄老年残疾人口数量约 1 498 万人，中龄老年残疾人达 1931 万人。从总体上看，低龄老年残疾人口与中龄老年残疾人口比重均超过 1/3，二者比重之和为 77.65％，超过老年残疾人口总量的 3/4，老年残疾人口呈现出集中于中、低龄群体的特征。

全国 60 岁及以上老年残疾人口年龄分布见表 2—4。

表 2—4   全国 60 岁及以上老年残疾人口年龄分布

年龄段	调查人口（人）	比例（％）	推算人口（万人）
低龄（60~69 岁）	28 925	33.93	1 498
中龄（70~79 岁）	37 279	43.72	1 931
高龄（80 岁及以上）	19 056	22.35	987
合计	85 260	100	4 416

数据来源：依据 2006 年全国残疾人抽样调查数据计算而得，数据已进行四舍五入。

高龄老年残疾人口比重不低且增长速度较快。依据调查数据分析，处于超老年期的高龄老年残疾人所占比重为 22.35％，同时高龄老年残疾人口的规模依然较大，推算人口为 987 万，接近千万人口。从纵向数据来看，1987 年 60 岁及以上老年残疾人口中，低龄老年残疾人口数量约 841.59 万人，中龄老年残疾人达 864.66 万人，高龄老年残疾人为 363.05 万人。[①] 2006 年老年残疾人群体内部各年龄段人口绝对数量较 1987 年均有所增长，低龄老年残疾人口由

---

① "1987 年全国残疾人抽样调查研究资料——中国老年残疾人状况"，中国残疾人联合会网站，http://www.cdpf.org.cn/sytj/content/2008—04/07/content_84171.htm.

大约842万上升至1 498万,增加人口约656万;中龄老年残疾人口增长最多,由865万增长至1 931万,增加约1 066万;高龄老年残疾人口由363万增加到987万,约增长624万。从各年龄段人口比重变化来看,低龄老年残疾人口比重出现下降,由40.67%下降至33.93%,降幅达6.74个百分点;中龄老年残疾人口比重呈现出小幅增长,由41.79%增长至43.72%;高龄老年残疾人口增长幅度最大,由17.54%增加到22.35%,增长近5个百分点,这表明未来高龄老年残疾人口的增长潜力与趋势已有所显现,高龄老年残疾人口在老年残疾人口整体中的角色应及早给予关注。

1987年与2006年全国老年残疾人口年龄构成情况见表2—5。

表2—5　　1987年与2006年全国老年残疾人口年龄构成情况

年龄段（岁）	1987年		2006年	
	推算人口（万人）	比重（%）	推算人口（万人）	比重（%）
低龄（60～69）	841.59	40.67	1 498	33.93
中龄（70～79）	864.66	41.79	1 931	43.72
高龄（80+）	363.05	17.54	987	22.35

数据来源:依据1987年和2006年全国残疾人抽样调查数据计算而得,数据已进行四舍五入,其中1987年推算残疾人口数据为中国残疾人联合会网站公布数据。

2.2.2　分性别老年残疾人口

从性别角度分析,根据2006年调查数据,老年残疾人群体中的男性占47.29%,女性占52.71%,性别比例为89.72,老年女性残疾人口较男性高出5.42个百分点,老年男性残疾人口推算数为2 088万人,老年女性残疾人口为2 328万人,老年女性残疾人口数量及比重明显高于男性,老年残疾人口的女性化特征比较突出。

2006年全国老年残疾人口性别构成状况见表2—6。

从横截面数据来看,全国残疾人口中的男性人口占51.61%,女性人口占48.39%,0～14岁男性残疾人口所占比重为58.81%,女性残疾人口比例为41.19%,15～59岁男、女残疾人口相应比重分别为56.18%和43.82%,各类男性残疾人口均高于女性残疾人口水平。与此相比,老年残疾人口的性别构成则出现相反情况，老年残疾人口中的女性人口超过男性人口，其性别比不仅明显低于全国残疾人口的相应水平，而且低于0~14岁与15~59岁年龄组残疾人口的相应水平。

表2—6　　　　　　2006年全国老年残疾人口性别构成状况

性别	调查人口（人）	比重（%）	推算人口（万人）
男性	40 321	47.29	2 088
女性	44 939	52.71	2 328
合计	85 260	100	4 416
性别比（以女性为100）	89.72		

数据来源：依据2006年全国残疾人抽样调查数据计算而得，数据已进行四舍五入。

2006年全国分年龄残疾人口性别构成状况见表2—7。

表2—7　　　　　　2006年全国分年龄残疾人口性别构成状况

年龄	男性		女性		男女合计调查人口（人）	性别比
	调查人口（人）	比例（%）	调查人口（人）	比例（%）		
0~14岁	4 451	58.81	3 118	41.19	7 569	142.75
15~59岁	38 570	56.18	30 080	43.82	68 650	128.22
60岁及以上	40 321	47.29	44 939	52.71	85 260	89.72
总计	83 342	51.61	78 137	48.39	161 479	106.66

数据来源：依据2006年全国残疾人抽样调查数据计算而得，数据已进行四舍五入。

不论在城市还是农村，均呈现出女性老年残疾人多于男性的特点。[①] 同时，低龄男性老年残疾人比例较高，但随着年龄的增加，女性老年残疾人比例逐渐超过男性（在城市，60~64岁女性残疾人比例已超过男性），而且超出幅度越来越大，这一变化在农村尤为突出。女性老年残疾人数多于男性，可能与男女平均预期寿命差异及年龄别残疾率有关。

从纵向数据来看，1987年60岁及以上老年残疾人口约2 051万人，其中

---

① 杜鹏，杨慧.中国老年残疾人口状况与康复服务需求.首都医科大学学报，2008（3）：262—265.

男性占44.33%,女性占55.67%,推算老年男性残疾人口为909.35万人,老年女性残疾人口为1 141.77万人,性别比为79.64。与之相比,2006年老年残疾人口性别比有所上升,女性老年残疾人口比重下降近3个百分点,但仍超过老年残疾人总人口的一半,同时女性老年残疾人口绝对数量的增长超过一倍,增加到2 328万人,女性老年残疾人口依然构成整个老年残疾人口的主体。

1987年和2006年全国老年残疾人口性别构成状况见表2—8。

表2—8　　　　1987年和2006年全国老年残疾人口性别构成状况

性别	1987年老年残疾人		2006年老年残疾人	
	推算人口（万人）	比例（%）	推算人口（万人）	比例（%）
男性	909.35	44.33	2 088	47.29
女性	1 141.77	55.67	2 328	52.71
合计	2 051.12	100	4 416	100
性别比（以女性为100）	79.64		89.72	

数据来源:依据1987年和2006年全国残疾人抽样调查数据计算而得,数据已进行四舍五入,其中1987年推算残疾人口数据为中国残疾人联合会网站公布数据,2006年全国残疾人口数据为公报数据。

2.2.3　分城乡老年残疾人口

从城乡角度分析,根据2006年调查数据,老年残疾人群体中的城镇人口占29.58%,农村人口所占比重超过2/3,约为70.42%,城镇残疾老年推算人口为1 306万人,农村老年残疾人口为3 110万人,农村老年残疾人口数量及比重明显高于城镇水平。这充分表明中国老年残疾人口大部分生活在农村,农村老年残疾人是残疾老年群体的主体。

2006年全国老年残疾人口城乡分布状况见表2—9。

表2—9　　　　2006年全国老年残疾人口城乡分布状况

类别	调查人口（人）	比重（%）	推算人口（万人）
农村	60 038	70.42	3 110
城镇	25 222	29.58	1 306
合计	85 260	100	4 416

数据来源:依据2006年全国残疾人抽样调查数据计算而得,数据已进行四舍五入。

但随着年龄的增加,生活在农村的老年残疾人比例逐渐下降。① 这可能与以下几种原因有关:其一,农村老年人残疾率高于城市。第二次全国残疾人抽样调查显示,农村老年残疾率为 25.88%,城市老年人残疾率为 20.52%,农村老年残疾率高于城市 5 个百分点以上。其二,受城乡人口老龄化、老年人口分布的影响,农村老年人口规模大于城市。其三,农村人口的平均预期寿命低于城市,农村老人的平均预期余寿也相应低于城市。因此,在农村老年人残疾率偏高、老年人口规模较大和平均预期余寿较短等因素影响下,中国绝大部分老年残疾人生活在农村,而且生活在农村的男性老年残疾人比例高于女性。但随着年龄的增加,生活在农村的老年残疾人比例有下降的趋势。

从横截面数据比较来看,全国残疾人口中,城镇残疾调查人口为 44 783 人,约占 27.73%,农村残疾调查人口为 116 696 人,占 72.27%。就残疾人口城乡分布情况而言,老年残疾人口中的城市人口比重略高于全国残疾人口相应水平,老年残疾人口中的农村人口比重略低于全国残疾人口相应水平,但总体上老年残疾人口的城乡分布结构与全国残疾人的情况非常近似。

2006 年全国分城乡残疾人口情况见表 2—10。

表 2—10　　　　　　　　2006 年全国分城乡残疾人口情况

类别	老年残疾人		全体残疾人	
	人数（人）	比例（%）	人数（人）	比例（%）
城镇	25 222	29.58	44 783	27.73
农村	60 038	70.42	116 696	72.27
合计	85 260	100	161 479	100

数据来源:依据 2006 年全国残疾人抽样调查数据计算而得,数据已进行四舍五入。

随着中国城镇化进程加快,城镇人口增加,农村人口却在持续减少。根据国家统计局《2005 年全国 1% 人口抽样调查主要数据公报》:全国人口中,居住在城镇的人口占总人口的 42.99%,居住在农村的人口占总人口的

---

① 杜鹏,杨慧. 中国老年残疾人口状况与康复服务需求. 首都医科大学学报,2008（3）:262—265.

57.01%。[1] 2010年第六次全国人口普查主要数据公报进一步显示：大陆31个省、自治区、直辖市和现役军人的人口中，居住在城镇的人口为665 575 306人，占49.68%；居住在乡村的人口为674 149 546人，占50.32%。同2000年第五次全国人口普查相比，城镇人口增加207 137 093人，乡村人口减少133 237 289人，城镇人口比重上升13.46个百分点。[2] 近年来大批农村青壮年流向城市，由此引发的农村人口老龄化和农村残疾人口老年化问题逐渐凸显。从分年龄农村残疾人口状况来看，60岁及以上的残疾人占农村残疾人的比重超过一半，为51.45%，老年人已构成农村残疾人的主体。

2006年全国农村残疾人口的年龄构成情况见表2—11。

表2—11　　　2006年全国农村残疾人口的年龄构成情况

年龄段	人数（人）	比重（%）
0~14岁	6 117	5.24
15~59岁	50 541	43.31
60+	60 038	51.45
总计	116 696	100

数据来源：依据2006年全国残疾人抽样调查数据计算而得，数据已进行四舍五入。

2.2.4　分地区老年残疾人口

从全国各地区残疾人口规模来看，排在前六位的省（区、市）依次为：河南省、四川省、山东省、广东省、江苏省和河北省。从老年残疾人口规模来看，排在全国前六位的省（区、市）同样包括上述省份，但排序有所差异，它们依次为：河南省（365.6万人）、山东省（341.26万人）、四川省（325.86万人）、广东省（309.99万人）、江苏省（287.64万人）和河北省（259.11万人），可见老年残疾人口规模与整体残疾人口规模关联密切。

从全国31个省（区、市）残疾人口老龄化状况来看，各省（区、市）老年残疾人口占残疾人口比重在34%~64%，共有17个省（区、市）的相应比

---

[1] 第二次全国残疾人抽样调查办公室. 第二次全国残疾人抽样调查主要数据手册. 北京：华夏出版社，2007.

[2] 中华人民共和国国家统计局，2010年第六次全国人口普查主要数据公报（第1号）。

重超过50％，残疾人口老龄化状况总体上不容乐观。具体来看，上海市、广西壮族自治区、北京市、浙江省、江苏省残疾人口老龄化程度最为严重，依次排在第一位至第五位，各地区老年残疾人口占残疾人口比重分别为63.71％、62.79％、61.81％、61.27％和60.01％；山东省、海南省、福建省、广东省、天津市、安徽省、河南省、四川省、河北省、贵州省、云南省和陕西省12个省（区、市）次之，其老年残疾人口占残疾人口比重在51％～60％；黑龙江省、宁夏回族自治区和新疆维吾尔自治区的残疾人口老龄化程度相对最轻，其老年残疾人口占残疾人口比重均在40％以下，分别为39.6％、38.11％和34.81％；其余11个省（区、市）的老年残疾人口占残疾人口比重为41％～50％。

全国分省（区、市）残疾人口状况见表2—12。

表2—12　　　　　　全国分省（区、市）残疾人口状况

地区别	残疾人口（万人）	残疾人口比例（％）	老年残疾人调查数（人）	残疾人口调查数（人）	残疾老人比例（％）	残疾老年推算人口（万人）
北京市	99.9	6.49	2 999	4 852	61.81	61.75
天津市	57	5.47	2 253	3 958	56.92	32.45
河北省	495.9	7.23	3 934	7 529	52.25	259.11
山西省	202.9	6.04	2 211	4 528	48.83	99.08
内蒙古	152.5	6.39	1 824	4 172	43.72	66.67
辽宁省	224.2	5.31	2 167	4 453	48.66	109.1
吉林省	190.9	7.03	2 560	5 370	47.67	91.01
黑龙江省	218.9	5.72	1 595	4 028	39.6	86.68
上海市	94.2	5.29	2 491	3 910	63.71	60.01
江苏省	479.3	6.4	4 076	6 792	60.01	287.64
浙江省	311.8	6.36	3 715	6 063	61.27	191.05
安徽省	358.6	5.85	3 422	6 157	55.58	199.31
福建省	221.1	6.25	2 655	4 467	59.44	131.41
江西省	276.1	6.39	2 543	5 310	47.89	132.23
山东省	569.5	6.15	4 701	7 845	59.92	341.26

续表

地区别	残疾人口（万人）	残疾人口比例（%）	老年残疾人调查数（人）	残疾人口调查数（人）	残疾老人比例（%）	残疾老年推算人口（万人）
河南省	676.3	7.2	5 075	9 388	54.06	365.6
湖北省	379.4	6.64	3 108	6 749	46.05	174.72
湖南省	408	6.44	3 340	6 744	49.53	202.06
广东省	539.9	5.86	4 223	7 355	57.42	309.99
广西	337.5	7.23	3 665	5 837	62.79	211.91
海南省	49.4	5.95	1 460	2 451	59.57	29.43
重庆市	169.4	6.05	2 352	4 990	47.13	79.85
四川省	622.3	7.57	4 983	9 516	52.36	325.86
贵州省	239.2	6.4	2 525	4 840	52.17	124.79
云南省	288.3	6.46	2 899	5 559	52.15	150.35
西藏	19.4	7	653	1 581	41.3	8.01
陕西省	249	6.69	2 539	4 913	51.68	128.68
甘肃省	187.1	7.2	2 073	4 557	45.49	85.11
青海省	30	5.54	837	1 683	49.73	14.92
宁夏	40.8	6.83	1 194	3 133	38.11	15.55
新疆	106.9	5.31	957	2 749	34.81	37.21

数据来源：根据第二次全国残疾人抽样调查数据计算整理，数据已进行四舍五入。

根据调查数据推算，全国共有60岁及以上老年残疾人口4 416万，约占残疾总人口的52.80%。与之相比，共有上海市、广西壮族自治区、北京市、浙江省、江苏省、山东省、海南省、福建省、广东省、天津市、安徽省和河南省12个省（区、市）的老年残疾人口占残疾人口比重超过全国水平，各省（区、市）的超出比例在1个百分点到11个百分点之间，其中上海市和广西壮族自治区的相应水平超出全国10个百分点左右，北京市、浙江省、江苏省、山东省、海南省和福建省6个省（区、市）的相应水平均超过全国6个百分点以上，广东省、天津市、安徽省、河南省4个省（区、市）的相应水平均超过全国1~5个百分点。

2.2.5 分残疾类别老年人口

根据第二次全国残疾人抽样调查数据分析，在老年残疾人口各残疾类别中，听力残疾人口所占比例最高，为34.59%，超过1/3；其次是肢体残疾人口，所占比例为25.18%；前两者的比重均超过老年残疾人总人口的1/4；视力残疾人和多重残疾人所占比例也较高，分别为19.28%和16.36%，两者均在15%以上；精神残疾人、智力残疾人和言语残疾人所占比例较低，均在3%以下；而言语残疾人所占比例最低，仅为0.60%。根据调查数据推算，各类别老年残疾人口数量分别为：视力残疾851.55万人，听力残疾1 527.68万人，言语残疾26.57万人，肢体残疾1 112.03万人，智力残疾56.30万人，精神残疾119.59万人，多重残疾722.27万人。以上数据分析表明，老年残疾人群体的残疾类别主要集中在听力残疾、肢体残疾、视力残疾和多重残疾；上述四类残疾人口总和占老年残疾人口的95.42%，其中听力残疾与肢体残疾两类人口占到老年残疾人口的近60%，而精神残疾、智力残疾和言语残疾等其余三种类型人口之和仅占4.58%。由此可见，有效预防听力残疾、肢体残疾和视力残疾，对于降低老年残疾率将起到决定性作用。

全国老年残疾人口的残疾类别构成见表2—13。

表2—13　　　　　全国老年残疾人口的残疾类别构成

残疾类别	调查人口（人）	比例（%）	推算人口（万人）
视力残疾	16 441	19.28	851.55
听力残疾	29 495	34.59	1 527.68
肢体残疾	21 470	25.18	1 112.03
多重残疾	13 945	16.36	722.27
言语残疾	513	0.60	26.57
智力残疾	1 087	1.27	56.30
精神残疾	2 309	2.71	119.59
合计	85 260	100	4 416

数据来源：依据2006年全国残疾人抽样调查数据计算而得，数据已进行四舍五入。

从残疾类别结构上看，老年残疾人与残疾人总体的类别情况较为相似，两者中的听力残疾、肢体残疾、视力残疾和多重残疾类别的比重均列在前四位。但有所差异的是，老年残疾人的听力残疾、视力残疾和多重残疾类别比重均高于残疾人总体中的相应各类别，前者相应比重依次高出后者10.43个百分点、

4.42个百分点和0.06个百分点,而肢体残疾、言语残疾、智力残疾与精神残疾类别则出现相反情况,老年残疾人中的相应比重低于残疾人总体的水平。

2006年残疾类别残疾人口状况见表2—14。

表2—14　　　　　　2006年残疾类别残疾人口状况

残疾类别	全体残疾人口		老年残疾人口	
	推算人口(万人)	比例(%)	推算人口(万人)	比例(%)
视力残疾	1 233	14.86	851.55	19.28
听力残疾	2 004	24.16	1 527.68	34.59
多重残疾	1 352	16.3	722.27	16.36
肢体残疾	2 412	29.07	1 112.03	25.18
言语残疾	127	1.53	26.57	0.60
智力残疾	554	6.68	56.3	1.27
精神残疾	614	7.4	119.59	2.71
合计	8 296	100	4 416	100

数据来源:依据2006年全国残疾人抽样调查数据计算而得,数据已进行四舍五入,其中残疾人口数据为公报数据。

从各类别残疾中的老年残疾人口比重情况来看,听力残疾比重最高,为76.87%;其次是视力残疾和多重残疾,所占比重分别为68.96%和53.47%;前三者比重均超过50%;肢体残疾比重也较高,超过40%;精神残疾、智力残疾、言语残疾比重较低,精神残疾与言语残疾比重在20%左右,而智力残疾比重相对最低,仅为10.02%。

全国不同残疾类别残疾人口的年龄构成见表2—15。

表2—15　　　　　　全国不同残疾类别残疾人口的年龄构成　　　　　　%

	视力残疾	听力残疾	言语残疾	肢体残疾	智力残疾	精神残疾	多重残疾
0~14岁	1.56	0.76	25.22	2.44	25.19	1.37	8.47
15~59岁	29.47	22.37	54.34	52.88	64.78	79.05	38.06
60+	68.96	76.87	20.44	44.69	10.02	19.58	53.47
合计	100	100	100	100	100	100	100

数据来源:依据2006年全国残疾人抽样调查数据计算而得,数据已进行四舍五入,其中残疾人口数据为公报数据。

从纵向数据来看，1987 年 60 岁及以上老年残疾人口约 2 051 万人，其中视力残疾 464.17 万人，占老年残疾人总数的 22.64%；听力言语残疾 949.06 万人，占老年残疾人总数的 46.28%；肢体残疾 222.34 万人，占老年残疾人总数的 10.84%；智力残疾 30.76 万人，占老年残疾人总数的 1.49%；精神残疾 26.46 万人，占老年残疾人总数的 1.29%；多重残疾 357.71 万人，占老年残疾人总数的 17.45%。2006 年老年残疾人各类别人口数量较 1987 年均有所上升，其中老年肢体残疾类别人口数量增加最多，达 889.69 万，其比重上升幅度也最大，增长了 14.34 个百分点。

1987 年和 2006 年全国老年残疾人口的残疾类别构成见表 2—16。

表 2—16　　　1987 年和 2006 年全国老年残疾人口的残疾类别构成

残疾类别	1987 年老年残疾人		2006 年老年残疾人	
	推算人口（万人）	比例（%）	推算人口（万人）	比例（%）
视力残疾	464.17	22.64	851.55	19.28
听力言语残疾	949.06	46.28	1 554.25	35.20
肢体残疾	222.34	10.84	1 112.03	25.18
智力残疾	30.76	1.49	56.3	1.27
精神残疾	26.46	1.29	119.59	2.71
多重残疾	357.71	17.45	722.27	16.36
合计	2 050.5	100	4 416	100

数据来源：依据 1987 年和 2006 年全国残疾人抽样调查数据计算而得，数据已进行四舍五入，其中 1987 年推算残疾人口数据为中国残疾人联合会网站公布数据。2006 年将听力言语残疾独立划分为听力残疾和言语残疾两类，1987 年则划分为听力言语残疾一类，为方便数据分析比较，此处将上述两类残疾统一归为一类。

2.2.6　分残疾等级老年人口

残疾等级是依据残疾人功能障碍的程度和社会适应能力等因素划分的，按照极重度、重度、中度和轻度依次分为一级、二级、三级、四级，这与国际上的划分口径也是基本一致的。[①] 根据 2006 年抽样调查数据，在老年残疾人口中，轻度残疾人口所占比例最高，为 41.64%；中度残疾人口次之，所占比例

---

① 第二次全国残疾人抽样调查办公室. 第二次全国残疾人抽样调查主要数据手册. 北京：华夏出版社，2007.

为30.08%；同时极重度残疾和重度残疾人口所占比例不低，分别达到15.74%和12.54%。

2006年全国老年残疾人口的残疾等级构成见表2—17。

表2—17　　　　2006年全国老年残疾人口的残疾等级构成

	一级	二级	三级	四级	合计
调查人口（人）	13 420	10 692	25 649	35 499	85 260
比例（%）	15.74	12.54	30.08	41.64	100
推算人口（万人）	695	554	1 328	1 839	4 416

数据来源：依据2006年全国残疾人抽样调查数据计算而得，数据已进行四舍五入。

根据第二次残疾人抽样调查数据推算，各残疾等级的老年残疾人口数量分别为：一级老年残疾人口695.0784万人，二级老年残疾人口553.7664万人，三级老年残疾人口1 328.3328万人，四级老年残疾人1 838.8224万人。从总体上看，老年残疾人以中、轻度残疾为主：三、四级老年残疾人口比重均在30%以上，二者比重之和为71.72%，一、二级老年残疾人口占全部老年残疾人口的比重接近30%。

2006年全国残疾人口与老年残疾人口的残疾等级构成比较见表2—18。

表2—18　　　2006年全国残疾人口与老年残疾人口的残疾等级构成比较

残疾等级	全体残疾人口		老年残疾人口	
	推算人口（万人）	比例（%）	推算人口（万人）	比例（%）
一级残疾	1 437	17.3	695	15.74
二级残疾	1 020	12.3	554	12.54
三级残疾	2 232	26.9	1 328	30.08
四级残疾	3 607	43.5	1 839	41.64
合计	8 296	100	4 416	100

数据来源：依据2006年全国残疾人抽样调查数据计算而得，数据已进行四舍五入，其中残疾人口数据为公报数据。

从残疾等级的分布结构看，老年残疾人与残疾人总体的相应情况较为类似，各残疾等级所占比重相差不大，两者中的三、四级残疾比重之和均高于一、二级比重之和，即均以中轻度残疾为主；但有所差异的是，老年残疾人的二级残疾与三级残疾比重均高于全部残疾人口的相应水平,虽然前者的一级与四级残疾比重均低于后者相应水平,但前者的一级至三级残疾比重总和约为58.36%,高于残疾人口整体水平1.86个百分点,可见在某种程度上,老年残疾人口的残疾等级高于残疾人总体的水平。

2.3 老年残疾人口的活动和参与障碍

2.3.1 身体移动障碍

在身体移动方面,无障碍者比例较低,肢体残疾、智力残疾、精神残疾、多重老年残疾人口存在轻度障碍、中度障碍、重度障碍与极重度障碍,其中轻度障碍所占比例最高,中度障碍比例次之,总体上以中轻度障碍为主。

全国分残疾类别老年残疾人口的身体移动障碍程度见表2—19。

表2—19　　全国分残疾类别老年残疾人口的身体移动障碍程度

		无障碍/无适用	轻度障碍	中度障碍	重度障碍	极重度障碍/不能完成
肢体残疾	人数(人)	2 624	6 806	6 325	3 307	2 409
	比例(%)	12.22	31.70	29.46	15.40	11.22
智力残疾	人数(人)	735	202	71	50	29
	比例(%)	67.62	18.58	6.53	4.60	2.67
精神残疾	人数(人)	1 282	600	276	104	47
	比例(%)	55.52	25.99	11.95	4.50	2.04
多重残疾	人数(人)	5 609	2 551	2 532	1 664	1 589
	比例(%)	40.22	18.29	18.16	11.93	11.39

数据来源:依据2006年全国残疾人抽样调查数据计算而得,数据已进行四舍五入。

各残疾类型残疾人口存在障碍的比例较高,均在30%以上。其中肢体残疾人口受到的影响最大,所占比例为87.78%。各残疾类型人口存在轻度障碍的比例,处于18%~31%。存在中度及以上障碍的各残疾类型人口的比例较高,在13%~57%,其中肢体残疾与多重残疾人口比例相对最高,分别超过50%和40%。存在重度及以上障碍的肢体残疾人口比例为26.62%,多重残疾人口比例占 23.32%，其他类型残疾人口所占比例均在 8% 以下。各残疾类型人口中轻度障碍的比例之和，为 25%~60%。

全国分残疾类别老年残疾人口的身体移动障碍状况如图 2—1 所示。

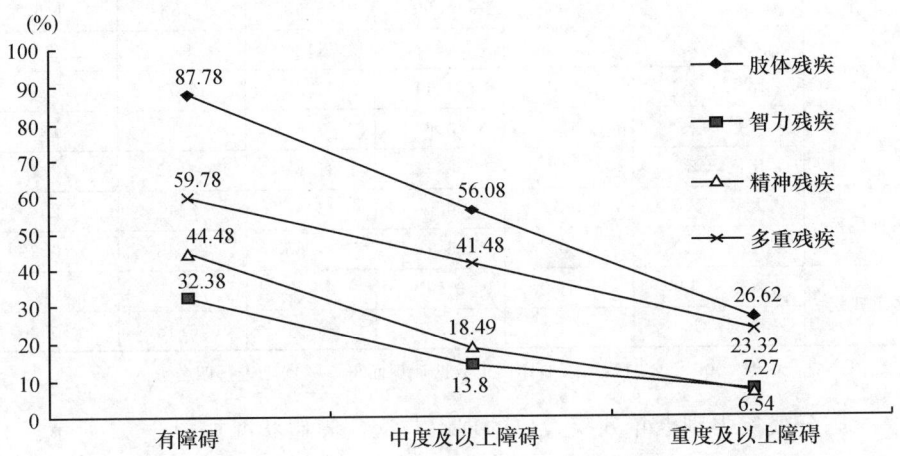

图 2—1　全国分残疾类别老年残疾人口的身体移动障碍状况

2.3.2　理解与交流障碍

在理解与交流方面，听力残疾、言语残疾、智力残疾、精神残疾与多重老年残疾人口存在轻度障碍、中度障碍、重度障碍与极重度障碍，总体上以中轻度障碍为主。

各残疾类型老年残疾人口存在障碍的比例均很高，处于 75% 以上，其中智力残疾、精神残疾残疾人口受到的影响最大，分别为 95.58% 和 94.67%。存在中度及以上障碍的各残疾类型人口比例也较高，均超过 1/3，其中智力残疾、精神残疾与多重残疾人口所占比例超过 50%，而智力残疾与精神残疾人口比例更超过 2/3。存在重度及以上障碍的各残疾类型人口比例不低，除听力残疾人口比例占 9.42% 以外，其余均在 20% 以上，其中智力残疾与精神残疾人口所占比例均超过 1/3。各残疾类型人口中轻度障碍的比例之和，为 50%~70%。

全国分残疾类别老年残疾人口的理解与交流障碍程度见表 2—20。

表 2—20　全国分残疾类别老年残疾人口的理解与交流障碍程度

		无障碍/无适用	轻度障碍	中度障碍	重度障碍	极重度障碍/不能完成
听力残疾	人数（人）	5 489	13 271	7 958	2 306	471
	比例（%）	18.61	44.99	26.98	7.82	1.60
言语残疾	人数（人）	97	175	113	91	37
	比例（%）	18.91	34.11	22.03	17.74	7.21
智力残疾	人数（人）	48	306	346	248	139
	比例（%）	4.42	28.15	31.83	22.82	12.79
精神残疾	人数（人）	123	604	805	541	236
	比例（%）	5.33	26.16	34.86	23.43	10.22
多重残疾	人数（人）	3 107	3 591	3 530	2 295	1 422
	比例（%）	22.28	25.75	25.31	16.46	10.20

数据来源：依据 2006 年全国残疾人抽样调查数据计算而得，数据已进行四舍五入。

全国分残疾类别老年残疾人口的理解与交流障碍状况如图 2—2 所示。

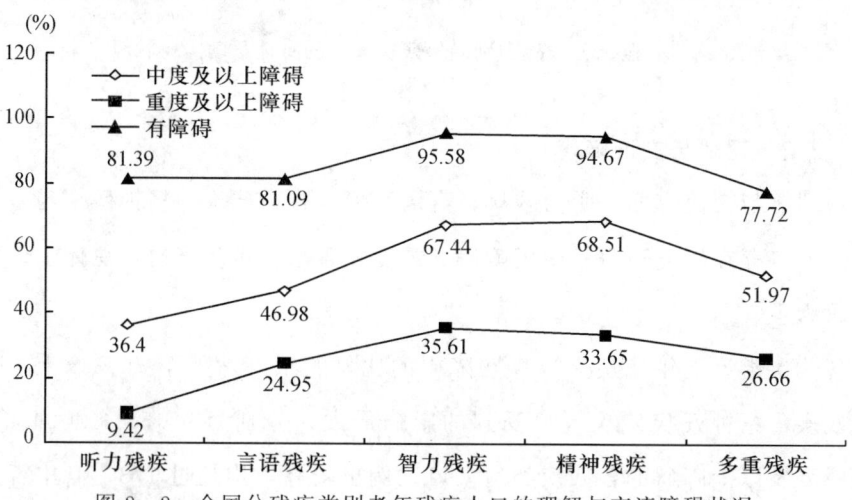

图 2—2　全国分残疾类别老年残疾人口的理解与交流障碍状况

2.3.3　与人相处障碍

在与人相处方面，听力残疾、言语残疾、智力残疾、精神残疾与多重老年残疾人口存在轻度障碍、中度障碍、重度障碍与极重度障碍，其中精神老年残疾人口以中、重度障碍为主，其他残疾类型老年人口以中轻度障碍为主。

全国分残疾类别老年残疾人口的与人相处障碍程度见表 2—21。

表 2—21　　全国分残疾类别老年残疾人口的与人相处障碍程度　　　　　　　　%

	无障碍/无适用	轻度障碍	中度障碍	重度障碍	极重度障碍/不能完成
听力残疾	27.78	42.88	21.66	6.25	1.43
言语残疾	16.57	36.26	21.44	16.76	8.97
智力残疾	6.99	31.00	27.69	21.34	12.97
精神残疾	3.90	22.00	35.04	27.46	11.61
多重残疾	28.81	25.36	21.59	14.79	9.45

数据来源：依据2006年全国残疾人抽样调查数据计算而得，数据已进行四舍五入。

各残疾类型残疾人口存在障碍的比例很高，均在70%以上，其中智力残疾、精神老年残疾人口受到的影响最大，分别为93.01%和96.1%。各残疾类型人口存在轻度障碍的比例，处于22%～43%。存在中度及以上障碍的各残疾类型人口比例也较高，听力残疾人口比例为29.34%，其余残疾类型人口所占比例均在45%以上，精神残疾人口比例最高，达74.11%。存在重度及以上障碍的各残疾类型人口比例不低，除听力残疾人口比重占7.68%以外，其余均在20%以上，其中智力残疾与精神残疾人口所占比例均超过1/3。听力残疾、言语残疾、智力残疾、多重老年残疾人口中轻度障碍的比例之和，为46%～60%。

全国分残疾类别老年残疾人口的与人相处障碍状况如图2—3所示。

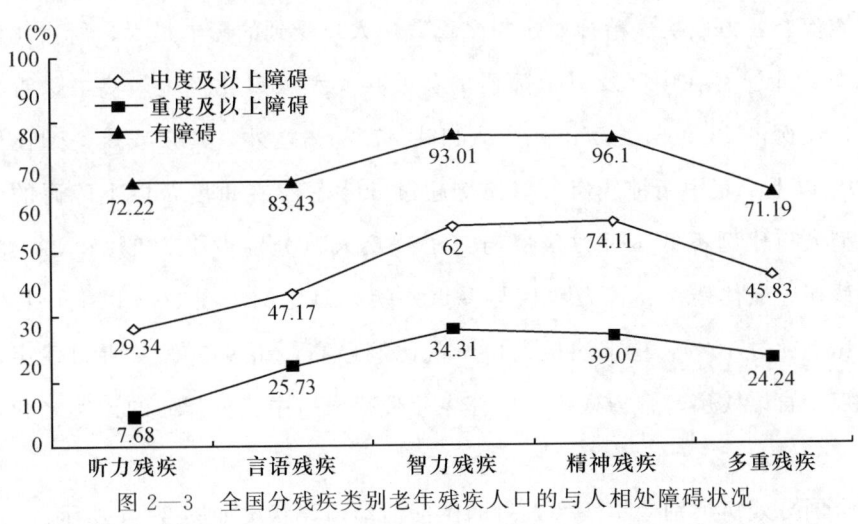

图 2—3　全国分残疾类别老年残疾人口的与人相处障碍状况

2.3.4 生活活动障碍

在生活活动方面,视力残疾、听力残疾、言语残疾、肢体残疾、智力残疾、精神残疾与多重老年残疾人口存在轻度障碍、中度障碍、重度障碍与极重度障碍,其中精神残疾、多重老年残疾人口以中度及以上障碍为主,其他残疾类型老年人口以中轻度障碍为主。

全国分残疾类别老年残疾人口的生活活动障碍程度见表2—22。

表2—22　　全国分残疾类别老年残疾人口的生活活动障碍程度　　　　%

	无障碍/无适用	轻度障碍	中度障碍	重度障碍	极重度障碍/不能完成
视力残疾	7.48	32.47	27.38	17.91	14.76
听力残疾	24.36	36.68	24.74	10.43	3.79
言语残疾	23.20	29.04	18.32	15.01	14.42
肢体残疾	2.32	28.23	31.93	19.73	17.78
智力残疾	3.86	25.02	25.21	21.90	24.01
精神残疾	1.73	14.55	28.28	30.14	25.29
多重残疾	5.11	18.97	27.88	21.84	26.20

数据来源:依据2006年全国残疾人抽样调查数据计算而得,数据已进行四舍五入。

各残疾类型残疾人口存在障碍的比例很高,均超过3/4,其中视力残疾、肢体残疾、智力残疾、精神残疾与多重残疾人口受到的影响最大,所占比例均在90%以上。存在中度及以上障碍的各残疾类型人口比例也较高,除听力残疾人口比例占38.96%、言语残疾人口占47.75%之外,其余残疾类型比例均在60%以上,其中精神残疾人口比例超过80%。存在重度及以上障碍的各残疾类型人口比例不低,听力残疾与言语残疾人口分别占14.22%和29.43%,视力残疾、肢体残疾、智力残疾与多重残疾人口比例均在30%以上,其中后两项比例超过40%,精神残疾人口所占比例最高,超过50%。听力残疾、视力残疾、言语残疾、智力残疾、肢体老年残疾人口中轻度障碍的比例之和,为47%~59%。

全国分残疾类别老年残疾人口的生活活动障碍状况如图2—4所示。

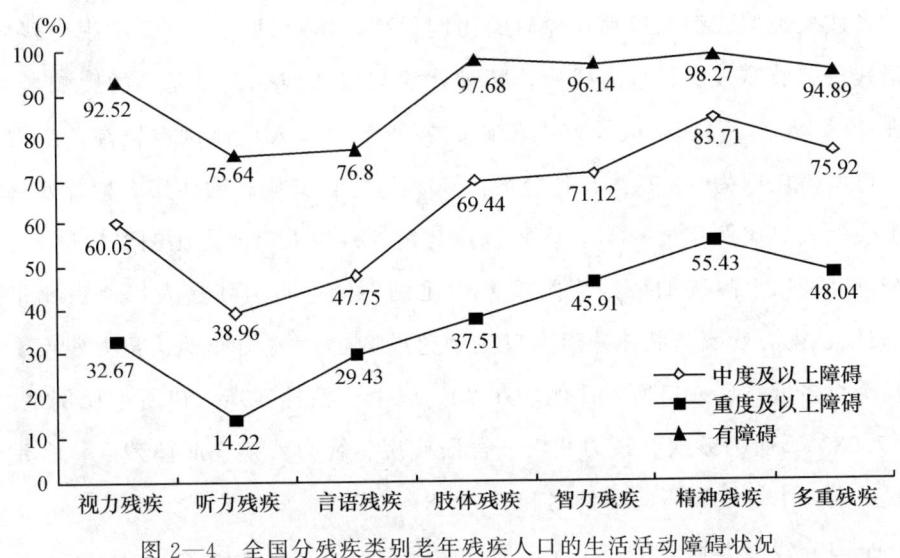

图 2—4 全国分残疾类别老年残疾人口的生活活动障碍状况

2.3.5 社会参与障碍

在社会参与方面，视力残疾、听力残疾、言语残疾、肢体残疾、智力残疾、精神残疾与多重老年残疾人口存在轻度障碍、中度障碍、重度障碍与极重度障碍，其中精神老年残疾人口以中、重度障碍为主，其他残疾类型老年人口以中轻度障碍为主。

全国分残疾类别老年残疾人口的社会参与障碍程度见表 2—23。

表 2—23　　全国分残疾类别老年残疾人口的社会参与障碍程度　　　　%

	无障碍/无适用	轻度障碍	中度障碍	重度障碍	极重度障碍/不能完成
视力残疾	9.68	39.68	27.77	15.55	7.32
听力残疾	17.34	45.66	26.36	8.60	2.03
言语残疾	8.77	31.58	29.24	19.49	10.92
肢体残疾	6.58	37.50	33.56	16.02	6.34
智力残疾	4.05	31.65	32.75	21.44	10.12
精神残疾	1.00	19.06	42.92	28.28	8.75
多重残疾	4.41	25.26	33.64	24.27	12.42

数据来源：依据 2006 年全国残疾人抽样调查数据计算而得，数据已进行四舍五入。

各残疾类型残疾人口存在障碍的比例很高,均超过80%,其中视力残疾、言语残疾、肢体残疾、智力残疾、精神残疾与多重残疾人口受到的影响最大,均在90%以上。存在中度及以上障碍的各残疾类型人口比例也较高,听力残疾人口所占比例为36.99%,其余均在50%以上,其中智力残疾、精神残疾与多重残疾人口比例超过60%,多重残疾与精神残疾人口所占比例更超过70%。存在重度及以上障碍的各残疾类型人口比例不低,听力残疾人口所占比重为10.63%,视力残疾与肢体残疾人口比例超过20%,言语残疾、智力残疾、精神残疾与多重残疾人口所占比例均在30%以上,精神残疾人口所占比例最高,达37.03%。听力残疾、视力残疾、言语残疾、智力残疾、肢体残疾、多重老年残疾人口中轻度障碍的比例之和,为58%~72%。

全国分残疾类别老年残疾人口的社会参与障碍状况如图2—5所示。

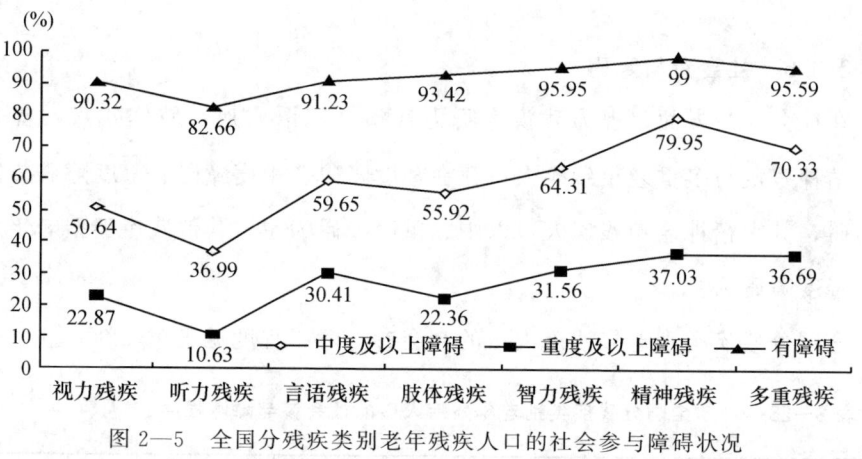

图2—5　全国分残疾类别老年残疾人口的社会参与障碍状况

2.3.6 生活自理障碍

残疾人由于身体的缺陷,存在着各种各样的自理问题。2006年的第二次残疾人抽样调查将生活不能自理的残疾人按照轻重等级分为四等,即无障碍/无适用、轻度障碍、中度障碍、重度障碍、极重度障碍/不能完成。结果显示52%的老年残疾人在生活自理方面存在障碍,比较不同年龄组中不能自理人群所占的比例可以发现,60岁及以上的老年残疾人群体存在生活自理障碍的程度较高,而随着年龄的增大,重度与极重度的比例在不断上升。青年残疾人群体中不能自理者所占的比例较低,这说明老年残疾人群是生活上的照顾重点,尤其对于中高龄老人来说,重度以上残疾将严重影响他们的生活质量,他们成为存在重度及以上生活障碍群体的主要构成人群。[①]

在生活自理方面,视力残疾、听力残疾、言语残疾、肢体残疾、智力残疾、精神残疾与多重老年残疾人口存在轻度障碍、中度障碍、重度障碍与极重度障碍,其中轻度障碍所占比例最高,中度障碍比例次之,总体上以中轻度障碍为主。

全国分残疾类别老年残疾人生活自理障碍程度见表2—24。

表2—24　　　全国分残疾类别老年残疾人生活自理障碍程度　　　　　　　%

	无障碍/无适用	轻度障碍	中度障碍	重度障碍	极重度障碍/不能完成
视力残疾	49.51	28.14	12.67	6.78	2.90
听力残疾	76.38	17.69	4.55	1.10	0.28
言语残疾	60.23	16.76	11.50	7.02	4.48
肢体残疾	20.84	38.67	21.85	12.34	6.30
智力残疾	38.73	31.19	15.00	10.03	5.06
精神残疾	28.45	39.45	19.92	8.75	3.42
多重残疾	29.60	28.63	19.13	13.22	9.42

数据来源:依据2006年全国残疾人抽样调查数据计算而得,数据已进行四舍五入。

各残疾类型残疾人口中存在障碍的比例均较高,听力残疾和言语残疾人口的相应比例分别为23.62%和39.77%,其余残疾类型人口比例均在50%以上。其中精神残疾与多重残疾人口比例超过70%,肢体残疾人口受到障碍的影响最大,其比例接近80%。各残疾类型人口存在轻度障碍的比例,处于16%~40%。存在中度及以上障碍的各残疾类型人口比例也较高,除听力残疾人口相应比例为5.93%以外,其余残疾类型人口比例均在20%以上,其中肢体残疾和多重残疾人口比例更在40%以上。存在重度及以上障碍的各残疾类型人口中,视力残疾与听力老年残疾人口比例较低,其余人口比例均在11%

---

① 杜鹏,尹尚菁.中国老年人残疾与生活不能自理状况比较研究.残疾人研究,2011(2).

以上，其中多重残疾人口所占比例较高，达到 22.64%。各残疾类型人口中轻度障碍的比例之和，为 22%~60%。

全国分残疾类别老年残疾人生活自理障碍状况如图 2—6 所示。

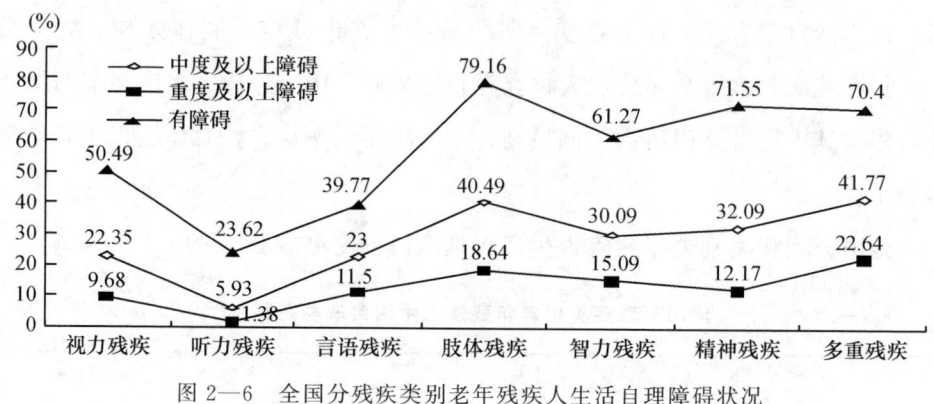

图 2—6 全国分残疾类别老年残疾人生活自理障碍状况

不同类型的残疾对生活自理状态的影响程度不同，且随年龄的增加障碍也会有所变化。[①] 随着年龄的增加，视力残疾老人各种程度的自理障碍基本上处于一个上升的趋势，特别是极重度障碍的增幅很大，从 60~64 岁组的 2.1%，升高至 85 岁及以上组的 6.2%，只有轻度障碍在 85 岁之后比例有所回落。到高龄阶段，大多数视力残疾的老人在生活自理方面处于不同程度的障碍状态。在视力残疾的老人中，轻度自理障碍的比例最大，其次是中度和重度，极重度障碍的比例最小。听力残疾的老年人中，不同程度的自理障碍均随年龄组的增加而增大，在 80~85 岁组至 85 岁及以上组增幅最大。各年龄组中轻度自理障碍的比例最大，重度与极重度障碍的比例较小。到 85 岁及以上组，重度与极重度障碍的比例也达到近 8%。言语残疾老人轻度自理障碍的比例，呈现出一个先升后降再升的趋势，中度障碍是先升后降，而重度障碍则基本上处在上升中。总的来说，85 岁及以上组言语残疾老人不同程度自理障碍的比例最大，且轻度、重度、极重度的比例均达到 25%。肢体老年残疾人中，不同程度自理障碍比例均高于视力、听力、言语残疾。重度及以上障碍的比例，明显有一

---

① 杜鹏，尹尚菁. 中国老年人残疾与生活不能自理状况比较研究. 残疾人研究，2011（2）.

个上升的过程,到85岁及以上组,超过30%的肢体残疾老人有重度及以上障碍,近60%的肢体残疾老人有轻中度障碍,可以看出,肢体残疾对生活自理能力的影响较大。总体上看,还是轻度障碍的比例最大,极重度障碍的比例最小。智力残疾的老人重度及以上自理障碍的比例基本上是随年龄的上升而增长。特别是在80~84岁组和85岁及以上组,重度与极重度障碍的比例升幅巨大。极重度障碍甚至从8%升至22%。特别是极重度障碍,在高龄组增幅显著,85岁及以上组升高至22%。轻中度自理障碍以80~84岁组为最多。精神老年残疾人中,轻度生活不能自理的比例最大,在低龄组超过40%。且轻度障碍的比例随年龄增长不断下降,而中度及以上障碍,比例均有所升高,特别是极重度障碍,由60~64岁组的1.9%升至85岁及以上组的12.7%。85岁及以上的精神残疾老人,绝大多数处于生活不能自理的状态。通常人们的直观感受是多重残疾对生活自理能力的影响应该最大,而实际情况是,多重老年残疾人轻度自理障碍的比例并不比其他残疾类型高,但程度高的障碍,如极重度障碍,多重老年残疾人的比例明显高于其他各类。非常明显的是,受到多种残疾困扰的老人,生活自理障碍最为严重。而重度及以上障碍比例最高的,却不是年龄最高的85岁及以上组,而是集中在80~84岁组。不同程度残疾在各年龄组之间的变化并不明显,也就是说,多重残疾对老人生活自理的影响是持久而稳定的。总而言之,除了多重残疾,对生活自理影响最大的当属肢体残疾和智力残疾,特别是肢体残疾,造成老人重度及以上自理障碍的比例大。2008年残疾人状况监测调查数据也显示了与此一致的结果,无论城乡,肢体残疾与智力残疾的老年人生活自理状况均最差,其中肢体残疾人是残疾人群体中最主要的构成部分,其生活护理及康复服务需要得到政府和社会更多的关注。

2.4 小 结

从数量方面而言,中国残疾老年群体的人口规模十分庞大。就老年残疾人口的当期规模来看,根据第二次全国残疾人抽样调查数据推算,60岁及以上的老年残疾人口约有4 416万人,占残疾总人口的52.80%。就理论预测规模来看，随着人口老龄化和老年人口高龄化态势的进一步加剧，未来老年残疾人口的数量也将非常可观。预测表明，到 2050 年中国老年残疾人口规模将达到 1.03 亿人，其中高龄老年残疾人口的规模约为 4 473 万人。

从老年残疾人口不同特征子群体状况来看，分年龄、分性别、分残疾类别、分残疾等级、分城乡、分地区老年残疾人口的异质性比较明显。从年龄角度分析，老年残疾人口集中于中、低龄群体，中龄老年残疾人口所占比重最高，同时高龄老年残疾人口比重不低且增长速度较快。从性别角度分析，女性老年残疾人口的数量及比重明显高于男性，老年残疾人口的女性化特征比较突出。从城乡角度分析，老年残疾人口大部分生活在农村，农村老年残疾人口是残疾老年群体的主体。从地区角度分析，全国老年残疾人口规模较大的前六位省（区、市）份包括河南省、山东省、四川省、广东省、江苏省和河北省。共有 12 个省（区、市）的老年残疾人口占残疾总人口的比例超过全国水平，其中上海、广西、北京的相应比例依次列于前三位。从残疾等级角度分析，老年残疾人口以中、轻度残疾为主，其中轻度残疾人口所占比重最高。从残疾类别角度分析，老年残疾人口的残疾类别主要集中在听力残疾、肢体残疾、视力残疾和多重残疾，其中听力老年残疾人口比重最高。

受自身的客观情况影响，老年残疾人口主要存在身体移动障碍、理解与交流障碍、与人相处障碍、生活活动障碍、社会参与障碍及生活自理障碍。从分残疾类别人群来看，肢体残疾、智力残疾、精神残疾、多重老年残疾人口存在身体移动障碍；视力残疾、听力残疾、言语残疾、肢体残疾、智力残疾、精神残疾与多重老年残疾人口存在生活活动障碍；听力残疾、言语残疾、智力残疾、精神残疾与多重老年残疾人口存在与人相处障碍；视力残疾、听力残疾、言语残疾、肢体残疾、智力残疾、精神残疾与多重老年残疾人口存在社会参与障碍；听力残疾、言语残疾、智力残疾、精神残疾与多重老年残疾人口存在理解与交流障碍；视力残疾、听力残疾、言语残疾、肢体残疾、智力残疾、精神残疾与多重老年残疾人口存在生活自理障碍。由于活动和参与障碍，老年残疾人口往往难以融入社会生活，迫切需要康复服务的支持与扶助。

3. 老年残疾人口康复服务需求分析

老年残疾人口的康复服务需求状况是关系到老年残疾人口康复服务利用状况分析和优化老年残疾人口康复服务路径对策的重要前提。本章主要利用第二次全国残疾人抽样调查等相关数据，通过定性与定量分析相结合的方法，对老年残疾人口整体的康复服务需求和老年残疾人口不同特征子群体的康复服务需求状况进行分析。

3.1 老年残疾人口整体的康复服务需求分析

康复服务需求具有类别化的特征，表现为群体具有某些相同指向的需求。本小节主要利用第二次全国残疾人抽样调查相关数据，从主要康复服务需求内容、需求偏好及康复服务需求特征方面，对老年残疾人口整体的康复服务需求状况进行分析。

3.1.1 康复服务需求概况

第二次全国残疾人抽样调查数据显示，老年残疾人口的基本需求涵盖了13个项目，这些项目大多与康复服务内容相关。其中医疗服务与救助、贫困救助与扶持、康复训练与服务、辅助器具、生活服务、无障碍设施、信息无障碍、文化服务、教育费用补助或减免、就业安置或扶持、职业教育与培训等项目与康复服务的联系更为紧密。数据分析表明，老年残疾人口在医疗服务与救助、贫困救助与扶持、康复训练与服务、辅助器具、生活服务方面的需求相对较高，相应比例分别在20%~75%，而其余项目的需求很小，比例均在4%以下。具体而言，老年残疾人口中，有医疗服务与救助需求的占74.68%，接近

3/4；有贫困救助与扶持需求的超过60%；有辅助器具需求的接近1/2；有生活服务、康复训练与服务需求的相应比例分别为20.55%和23.19%；无障碍设施、文化服务、信息无障碍三项需求所占比例不高，处于1%~4%。教育费用补助或减免、就业安置或扶持、职业教育与培训等方面的需求较低，均在0.6%以下。

全国老年残疾人口康复服务需求状况见表3—1。

表3—1　　　　　　全国老年残疾人口康复服务需求状况

需求内容	人次（人）	比例（%）	排位
医疗服务与救助	63 675	74.68	1
贫困救助与扶持	52 631	61.73	2
辅助器具	41 862	49.10	3
康复训练与服务	19 768	23.19	4
生活服务	17 519	20.55	5
无障碍设施	2 896	3.40	6
文化服务	1 286	1.51	9
信息无障碍	1 058	1.24	10
就业安置或扶持	509	0.60	12
教育费用补助或减免	176	0.21	13
职业教育与培训	29	0.03	14
法律援助与服务	1 051	1.23	11
不选择	2 651	3.11	7
其他	1 646	1.93	8

数据来源：根据第二次全国残疾人抽样调查数据计算整理而得，数据已进行四舍五入。

从老年残疾人口的康复服务需求构成来看，在所有需求项目中，医疗服务与救助、贫困救助与扶持、康复训练与服务、辅助器具、生活服务五项需求所占比重的总和约为94.53%，成为老年残疾人口康复服务需求的主体内容。其中，医疗服务与救助（占30.8%）、贫困救助与扶持（占25.46%）、辅助器具（占20.25%）需求所占比重均在20%以上，三项合计占总需求的比重超过3/4，成为核心需求；康复训练与服务（占9.56%）、生活服务（占8.47%）

需求所占比重低于10%，成为次级需求；医疗服务与救助需求所占比重最高，达到30.80%，成为最主要的康复服务需求。从康复服务需求的偏好方面来看，老年残疾人口对医疗服务与救助、贫困救助与扶持、辅助器具、康复训练与服务、生活服务项目的需求依次排在第一位至第五位。

全国老年残疾人口主要康复服务需求构成见表3—2。

表3—2　　　　　　　全国老年残疾人口主要康复服务需求构成

需求内容	人次（人）	比重（%）
医疗服务与救助	63 675	30.80
贫困救助与扶持	52 631	25.46
辅助器具	41 862	20.25
康复训练与服务	19 768	9.56
生活服务	17 519	8.47

数据来源：根据第二次全国残疾人抽样调查数据计算整理而得，数据已进行四舍五入。

3.1.2 康复服务需求特征

首先，老年残疾人口的年龄特征影响着其康复服务需求特点。康复服务需求在不同年龄段残疾人群的表现存在比较明显的差异，老年残疾人的主要康复服务需求具有自身特点。通常而言，青壮年群体由于正处于生命历程中成长与发展的关键时期，他们对人力资本投资方面的需求更为强烈，老年人群体因步入老年期而逐渐退出劳动力市场与主要的社会活动，对维持自身基本生活方面的需求更为关注。数据分析表明，与其他年龄段残疾人口相比，在医疗服务与救助、贫困救助与扶持、辅助器具、生活服务、无障碍设施和信息无障碍需求项目中，老年残疾人口占总需求人口的比重最高，均在48%以上。其中，辅助器具、无障碍设施、信息无障碍、医疗服务与救助、生活服务需求项目中的老年残疾人口占总需求人群的一半以上，前三项的相应比例更超过60%。而处于被抚养阶段的0~14岁残疾人口，在教育费用补助或减免需求中所占比重最高，占总需求人群的57.16%，超过半数；在职业教育与培训和就业安置或扶持项目中，处于劳动年龄的15~59岁残疾人口的需求较为强烈，该群体占总需求人口的比重分别为74.35%和93.73%；与这两个年龄段人群相比，老年残疾人口对上述三项康复服务的需求较低，相应比重均在 7% 以下。

全国分年龄残疾人口康复服务需求状况见表 3—3。

表 3—3　　　　　　　　全国分年龄残疾人口康复服务需求状况

需求项目	0～14 岁		15～59 岁		60 岁及以上		合计
	人次（人）	比例（%）	人次（人）	比例（%）	人次（人）	比例（%）	人次（人）
医疗服务与救助	5 162	4.37	49 339	41.75	63 675	53.88	118 176
辅助器具	1 178	1.89	19 330	30.99	41 862	67.12	62 370
康复训练与服务	4 045	9.00	21 114	47.00	19 768	44	44 927
贫困救助与扶持	4 015	3.72	51 254	47.50	52 631	48.78	107 900
生活服务	987	3.07	13 616	42.39	17 519	54.54	32 122
教育费用补助或减免	1 636	57.16	1 050	36.69	176	6.15	2 862
职业教育与培训	424	24.01	1 313	74.35	29	1.64	1 766
就业安置或扶持	0	0	7 604	93.73	509	6.27	8 113
无障碍设施	43	0.97	1 484	33.55	2 896	65.48	4 423
信息无障碍	41	2.41	606	35.54	1 058	62.05	1 705
文化服务	693	20.61	1 384	41.15	1 286	38.24	3 363
其他	175	5.42	1 409	43.62	1 646	50.96	3 230

数据来源：根据第二次全国残疾人抽样调查数据计算整理而得，数据已进行四舍五入。

其次，老年残疾人口的康复服务需求与残疾、年龄两个方面相关，在某种程度上残疾特征与需求特征之间的联系更为紧密。与健全老年人群相比，老年残疾人口的最主要障碍来源于残疾，其相应需求也体现出主要应对残疾方面的特征。老年残疾人口存在不同程度的活动和参与障碍，因此他们非常需要通过相应服务与设施得以正常地融入社会生活。在 13 项基本需求中，医疗服务与救助、辅助器具、康复训练与服务、生活服务、无障碍设施和信息无障碍需求均直接与残疾相关，是解决和缓解由残疾产生的障碍的重要康复服务项目，老年残疾人口对它们的需求之和约占所有需求项目的 71%，可见老年残疾人对该类项目的需求强烈程度。

老年残疾人口的康复服务需求类型见表 3—4。

3. 老年残疾人口康复服务需求分析

表 3—4　　　　　　　老年残疾人口的康复服务需求类型

需求类型	人次（人）	比重（%）
医疗服务与救助	63 675	30.80
辅助器具	41 862	20.25
康复训练与服务	19 768	9.56
医疗康复合计	125 305	60.61
教育费用补助或减免	176	0.09
职业教育与培训	29	0.01
就业安置或扶持	509	0.25
教育与职业康复合计	714	0.35
贫困救助与扶持	52 631	25.46
生活服务	17 519	8.47
文化服务	1 286	0.62
无障碍设施	2 896	1.40
信息无障碍	1 058	0.51
社会康复合计	5 240	36.46

数据来源：根据第二次全国残疾人抽样调查数据计算整理而得，数据已进行四舍五入。

再者，老年残疾人口的康复服务需求表现出全方位、集中性的特点。如果把 11 个康复服务需求项目细分为医疗康复项目、职业康复项目、教育康复项目和社会康复项目四个康复服务需求类型，则可发现老年残疾人口的康复服务需求虽然包含了以上所有方面，但仍以医疗康复服务需求为首，社会康复服务需求次之，职业康复与教育康复服务需求则较低。老年残疾人兼具年龄与残疾双重弱势，属于劣势叠加群体，因此迫切需要最基本康复服务需求的满足。医疗服务与救助、辅助器具、康复训练与服务等医疗康复项目是克服残障困难的最低要求，而贫困救助与扶持、生活服务、无障碍设施、信息无障碍、文化服务等社会康复项目是能使老年残疾人口维持和融入基本社会生活的起码条件。数据分析显示，老年残疾人口的医疗康复服务需求约占所有需求项目总和的 60.61%；社会康复服务需求比重也较高，为 36.46%；而其职业康复服务需求（就业安置或扶持、职业教育与培训）与教育康复服务需求（教育费用补助或减免）所占比重均在 0.3% 以下，二者比重合计仅为 0.35%。因此，医疗康复服务需求和社会康复服务需求成为老年残疾人口的主要康复服务需求类型。值得注意的是，无障碍设施、文化服务、信息无障碍三项需求所占比重均在1.5%以下，三者比重合计仅为2.53%。尽管这一部分的社会康复服务需求还不高，但它表明老年残疾人口要求提高生活质量和重视社会参与的意识已经显现。

3.2 老年残疾人口不同特征子群体的康复服务需求分析

康复服务需求具有差异化的特征，表现为若干个体或群体与另外一些个体或群体具有某些不同指向的需求。老年残疾人口不同特征子群体的康复服务需求有着各自的特征。不同年龄段、不同性别、不同残疾类别、分城乡与分地区老年残疾人口的康复服务需求存在比较明显的类别化差异。本小节主要利用第二次全国残疾人抽样调查相关数据，通过定性与定量分析相结合的方法，对老年残疾人口不同特征子群体的康复服务需求状况进行分析。

3.2.1 分年龄老年残疾人口的康复服务需求

（一）分年龄老年残疾人的主要康复服务需求

从分年龄老年残疾人口的各需求项目比例来看，医疗服务与救助、贫困救助与扶持、辅助器具、康复训练与服务、生活服务项目的相应比例较高，均为20%～76%，其余需求项目的比例较小，均在4%以下。具体而言，分年龄老年残疾人口中，有医疗服务与救助需求的超过73%；有贫困救助与扶持需求的高于58%；有辅助器具需求的在44%以上；有生活服务、康复训练与服务需求的相应比例均超过20%。无障碍设施、文化服务、信息无障碍三项需求所占比例不高，为1%～4%。教育费用补助或减免、就业安置或扶持、职业教育与培训等方面的需求较低，尚不足1%。

分年龄老年残疾人口的康复服务需求情况见表3—5。

从各年龄段老年残疾人口的需求项目构成情况来看，60～69岁低龄老年残疾人口对医疗服务与救助、贫困救助与扶持、辅助器具、康复训练与服务、生活服务项目的需求比重总和为94.75%；70～79岁中龄老年残疾人口对上述五项的需求比重总和为94.47%；80岁及以上高龄老年残疾人口对上述五项需求的比重总和为94.36%。

表3—5　　　　　分年龄老年残疾人口的康复服务需求情况

需求项目	60~69岁		70~79岁		80岁及以上	
	人次（人）	比例（%）	人次（人）	比例（%）	人次（人）	比例（%）
医疗服务与救助	21 953	75.90	27 808	74.59	13 914	73.02
辅助器具	12 740	44.05	18 788	50.40	10 334	54.23
康复训练与服务	7 602	26.28	8 328	22.34	3 838	20.14
贫困救助与扶持	19 120	66.10	22 434	60.18	11 077	58.13
生活服务	5 856	20.25	7 487	20.08	4 176	21.91
教育费用补助或减免	73	0.25	74	0.20	29	0.15
职业教育与培训	11	0.04	14	0.04	4	0.02
就业安置或扶持	266	0.92	175	0.47	68	0.36
法律援助与服务	442	1.53	424	1.14	185	0.97
无障碍设施	871	3.01	1 310	3.51	715	3.75
信息无障碍	349	1.21	457	1.23	252	1.32
文化服务	475	1.64	577	1.55	234	1.23
其他	572	1.98	696	1.87	378	1.98

数据来源：根据第二次全国残疾人抽样调查数据计算整理而得，数据已进行四舍五入。

分年龄老年残疾人口的康复服务需求构成情况见表3—6。

表3—6　　　　　分年龄老年残疾人口的康复服务需求构成情况

需求项目	60~69岁		70~79岁		80岁及以上	
	人次（人）	比重（%）	人次（人）	比重（%）	人次（人）	比重（%）
医疗服务与救助	21 953	30.92	27 808	30.96	13 914	30.29
贫困救助与扶持	19 120	26.93	22 434	24.98	11 077	24.12
辅助器具	12 740	17.94	18 788	20.92	10 334	22.5
康复训练与服务	7 602	10.71	8 328	9.27	3 838	8.36
生活服务	5 856	8.25	7 487	8.34	4 176	9.09
合计		94.75		94.47		94.36

数据来源：根据第二次全国残疾人抽样调查数据计算整理而得，数据已进行四舍五入。

归纳起来,低龄、中龄和高龄老年残疾人口对医疗服务与救助、贫困救助与扶持、辅助器具、康复训练与服务、生活服务项目的需求比重相对较高,且上述五项比重之和均在90%以上,此五项需求成为各年龄段老年残疾人口的主要康复服务需求。从康复类型来看,分年龄老年残疾人口的康复服务需求虽然包含了医疗康复项目、职业康复项目、教育康复项目和社会康复项目四个类型,但仍以医疗康复服务需求为首,社会康复服务需求次之,职业康复与教育康复服务需求则较低。

(二) 分年龄老年残疾人口的康复服务需求偏好

低龄、中龄与高龄老年残疾人口的前五项康复服务需求均集中在医疗服务与救助、贫困救助与扶持、辅助器具、康复训练与服务、生活服务项目,但不同年龄段老年残疾人口在上述五项需求的排位并不一致,显示出需求偏好的年龄段选择特征。

分年龄老年残疾人口的康复服务需求排位见表3—7。

表3—7　　　　　分年龄老年残疾人口的康复服务需求排位

需求排位	60~69岁 需求项目	70~79岁 需求项目	80岁及以上 需求项目
第一位	医疗服务与救助	医疗服务与救助	医疗服务与救助
第二位	贫困救助与扶持	贫困救助与扶持	贫困救助与扶持
第三位	辅助器具	辅助器具	辅助器具
第四位	康复训练与服务	康复训练与服务	生活服务
第五位	生活服务	生活服务	康复训练与服务

数据来源:根据第二次全国残疾人抽样调查数据计算整理而得。

从康复服务需求排位方面看,低龄、中龄和高龄老年残疾人口的前三项的内容与排位相一致:医疗服务与救助、贫困救助与扶持、辅助器具需求依次排在第一位至第三位,各项需求所占比重均为17%~31%。低龄与中龄老年残疾人的康复训练与服务需求比生活服务需求更为强烈,两者分列第四位和第五位,而80岁及以上高龄老年残疾人口的生活服务需求,排在康复训练与服务需求之前,前者比重高于后者0.73个百分点。由此可见,与中、低龄老年残疾人口相比，高龄老年残疾人口的生活服务需求相对突出，其群体需求特征比较明显。

（三）分年龄老年残疾人口对具体康复服务项目的需求程度

就医疗服务与救助而言，60～69岁低龄老年残疾人口对该项目的需求程度相对最高，其需求比例超过3/4，分别高于中龄与高龄老年残疾人口相应水平约1.3个百分点和2.9个百分点。低龄老年残疾人口对贫困救助与扶持的需求程度相对最高，其需求比例接近2/3，分别高于中龄与高龄老年残疾人口相应水平。低龄老年残疾人口对康复训练与服务的需求程度相对最高，其需求比例超过1/4，分别高于中龄与高龄老年残疾人口相应水平。高龄老年残疾人口对辅助器具的需求程度相对最高，其需求比例超过54%，分别高于中龄与低龄老年残疾人口相应水平。高龄老年残疾人口对生活服务的需求程度相对最高，其需求比例接近22%，分别高于中龄与低龄老年残疾人口相应水平。

分年龄老年残疾人口的康复服务需求状况如图3—1所示。

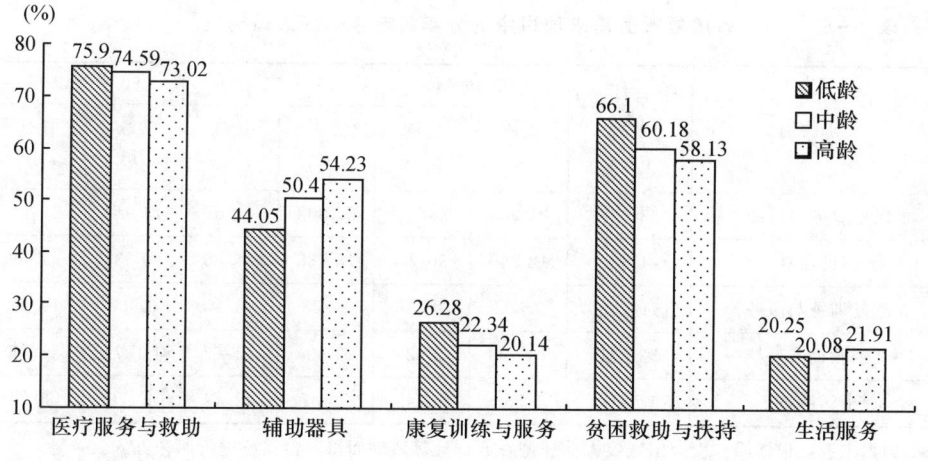

图3—1 分年龄老年残疾人口的康复服务需求状况

（四）分年龄老年残疾人口在各康复服务需求项目中的地位

从前五项康复服务需求各项目中不同年龄段老年残疾人口构成状况看，中龄与低龄老年残疾人口成为医疗服务与救助、贫困救助与扶持、辅助器具、康复训练与服务、生活服务等项目的需求主体，两类老年残疾人口在以上需求项目中所占的比重均为30%～45%，但高龄老年残疾人口在上述五项需求所占的比重不低，为19%～25%。具体而言，在医疗服务与救助项目中，低龄、中龄与高龄老年残疾人口的比重分别为34.48%、43.67%和21.85%，前两类老年残疾人口所占比重总和约为78.15%；在辅助器具项目中，低龄、中龄与高龄老年残疾人口的比重分别为30.43%、44.88%和24.69%，前两类老年残疾人口所占比重总和约为75.31%；在康复训练与服务项目中，低龄、中龄与高龄老年残疾人口的比重分别为38.46%、42.13%和19.42%，前两类老年残疾人口所占比重总和约为80.59%；在贫困救助与扶持项目中，低龄、中龄与高龄老年残疾人口的比重分别为36.33%、42.63%和21.05%，前两类老年残疾人口所占比重总和约为78.96%；在生活服务项目中，低龄、中龄与高龄老年残疾人口的比重分别为33.43%、42.74%和23.84%，前两类老年残疾人口所占比重总和约为76.17%。

各康复服务需求项目中的分年龄老年残疾人口构成见表3—8。

表3—8　　各康复服务需求项目中的分年龄老年残疾人口构成

需求类别	合计人次（人）	60～69岁 人次（人）	60～69岁 比例（%）	70～79岁 人次（人）	70～79岁 比例（%）	80岁及以上 人次（人）	80岁及以上 比例（%）
医疗服务与救助	63 675	21 953	34.48	27 808	43.67	13 914	21.85
辅助器具	41 862	12 740	30.43	18 788	44.88	10 334	24.69
康复训练与服务	19 768	7 602	38.46	8 328	42.13	3 838	19.42
贫困救助与扶持	52 631	19 120	36.33	22 434	42.63	11 077	21.05
生活服务	17 519	5 856	33.43	7 487	42.74	4 176	23.84

数据来源：根据第二次全国残疾人抽样调查数据计算整理而得，数据已进行四舍五入。

归纳起来，在医疗服务与救助、贫困救助与扶持、辅助器具、康复训练与服务、生活服务等项目的需求方面，均是中龄老年残疾人口所占比重最高，低龄老年残疾人口比重次之，但高龄老年残疾人口所占比重不低，中龄与低龄老年残疾人口的需求比重之和均在75%以上，这两类老年残疾人口成为上述项目的主要需求群体。

3.2.2 分性别老年残疾人口的康复服务需求

（一）分性别老年残疾人的主要康复服务需求与需求偏好

从分性别老年残疾人口的各需求项目比重来看，医疗服务与救助、贫困救助与扶持、辅助器具、康复训练与服务、生活服务项目的相应比例较高，均在19%~77%，其余需求项目的比例很小，均在4%以下。具体而言，在男性老年残疾人口中，需求医疗服务与救助的比例超过70%，需求贫困救助与扶持的比例为60.12%，需求辅助器具的比例均超过1/2，康复训练与服务、生活服务项目的需求均在20%左右；在女性老年残疾人口中，需求医疗服务与救助的比例超过3/4，需求贫困救助与扶持的比例超过60%，需求辅助器具的比例为46.55%，康复训练与服务、生活服务项目的需求均在21%以上。分性别老年残疾人口的无障碍设施、文化服务、信息无障碍三项需求所占比例不高，处于1%~4%。教育费用补助或减免、就业安置或扶持、职业教育与培训等方面的需求较低，均在0.8%以下。

分性别老年残疾人口的康复服务需求状况见表3—9。

表3—9　　　　分性别老年残疾人口的康复服务需求状况

主要需求	男性		女性	
	人次（人）	比例（%）	人次（人）	比例（%）
医疗服务与救助	29 350	72.79	34 325	76.38
贫困救助与扶持	24 241	60.12	28 390	63.17
辅助器具	20 943	51.94	20 919	46.55
康复训练与服务	9 614	23.84	10 154	22.6
生活服务	7 916	19.63	9 603	21.37
教育费用补助或减免	93	0.23	83	0.19
职业教育与培训	13	0.03	16	0.04
就业安置或扶持	293	0.73	216	0.48
法律援助与服务	533	1.32	518	1.15
无障碍设施	1 298	3.22	1 598	3.56
信息无障碍	569	1.41	489	1.09
文化服务	685	1.7	601	1.34

续表

主要需求	男性		女性	
	人次（人）	比例（％）	人次（人）	比例（％）
其他	785	1.95	861	1.92
不选择	1 331	3.3	1 320	2.94

数据来源：根据第二次全国残疾人抽样调查数据计算整理而得，数据已进行四舍五入。

从分性别老年残疾人口的需求项目构成情况来看，在男性老年残疾人口中，医疗服务与救助、贫困救助与扶持、辅助器具项目的需求比重均超过20％，康复训练与服务、生活服务项目需求均在8％以上，医疗服务与救助需求比重最高，达30.05％，此五项需求的比重总和约为94.26％；在女性老年残疾人口中，医疗服务与救助、贫困救助与扶持项目的需求均超过1/4，辅助器具项目的需求接近20％，康复训练与服务、生活服务项目需求均在8％以上，医疗服务与救助需求所占比重最高，为31.46％，此五项需求的比重总和约为94.77％。

分性别老年残疾人口的康复服务需求项目构成情况见表3—10。

表3—10　　　分性别老年残疾人口的康复服务需求项目构成情况

需求类别	男性		女性	
	人次（人）	比例（％）	人次（人）	比例（％）
医疗服务与救助	29 350	30.05	34 325	31.46
贫困救助与扶持	24 241	24.82	28 390	26.02
辅助器具	20 943	21.44	20 919	19.18
康复训练与服务	9 614	9.84	10 154	9.31
生活服务	7 916	8.11	9 603	8.80
合计		94.26		94.77

数据来源：根据第二次全国残疾人抽样调查数据计算整理而得，数据已进行四舍五入。

总体来看，分性别老年残疾人口对医疗服务与救助、贫困救助与扶持、辅助器具、康复训练与服务、生活服务项目的需求比重相对较高，且上述五项需求的比重之和均在90％以上，此五项需求成为不同性别老年残疾人口的主要需求。在具体需求的偏好程度方面，男、女老年残疾人口对上述需求项目的排

3. 老年残疾人口康复服务需求分析

位一致，医疗服务与救助、贫困救助与扶持、辅助器具、康复训练与服务、生活服务项目的需求均依次排在第一位至第五位。从康复类型来看，分性别老年残疾人口的康复服务需求虽然包含了医疗康复项目、职业康复项目、教育康复项目和社会康复项目四个类型，但仍以医疗康复服务需求为首，社会康复服务需求次之，职业康复与教育康复服务需求则较低。

（二）分性别老年残疾人口对具体康复服务项目的需求程度

就医疗服务与救助、贫困救助与扶持、生活服务方面而言，女性老年残疾人口对此类项目的需求程度相对较高，分别高于男性老年残疾人口相应水平约 3.59 个百分点、3.05 个百分点和 1.74 个百分点。而男性老年残疾人口对辅助器具、康复训练与服务的需求程度相对较高，其需求比例分别超过女性老年残疾人口相应水平 5.39 个百分点和 1.24 个百分点。

分性别老年残疾人口的康复服务需求比较如图 3—2 所示。

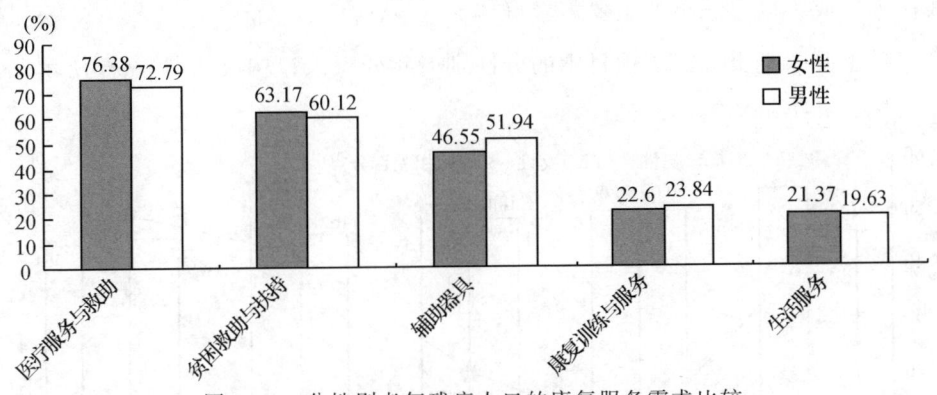

图 3—2 分性别老年残疾人口的康复服务需求比较

（三）分性别老年残疾人口在各康复服务需求项目中的地位

从前五项主要康复服务需求中的性别构成状况来看，女性老年残疾人口在医疗服务与救助、贫困救助与扶持、康复训练与服务、生活服务等项目所占比重均高于男性，男、女需求比率分别为 0.855 1、0.853 9、0.946 8 和 0.824 3；在辅助器具需求方面，女性老年残疾人口所占比重低于男性水平，但两者相差很小，分别为 49.97% 和 50.03%，男、女需求比率为 1.001 1。

各主要康复服务需求项目中的分性别老年残疾人口构成见表 3—11。

表 3—11　各主要康复服务需求项目中的分性别老年残疾人口构成

需求类别	合计人次（人）	男性		女性		男女需求比率
		人次（人）	比例（%）	人次（人）	比例（%）	
医疗服务与救助	63 675	29 350	46.09	34 325	53.91	0.855 1
辅助器具	41 862	20 943	50.03	20 919	49.97	1.001 1
康复训练与服务	19 768	9 614	48.63	10 154	51.37	0.946 8
贫困救助与扶持	52 631	24 241	46.06	28 390	53.94	0.853 9
生活服务	17 519	7 916	45.19	9 603	54.81	0.824 3

数据来源：根据第二次全国残疾人抽样调查数据计算整理而得，数据已进行四舍五入。

在前五项主要需求中，女性老年残疾人口在医疗服务与救助、贫困救助与扶持、生活服务、康复训练与服务四个项目的需求比重均超过50%，高于男性相应水平，其中前三者的需求比重更明显高于男性相应水平，因此女性老年残疾人口成为以上四项的主要需求群体。

各主要康复服务需求项目中的分性别老年残疾人口构成如图3—3所示。

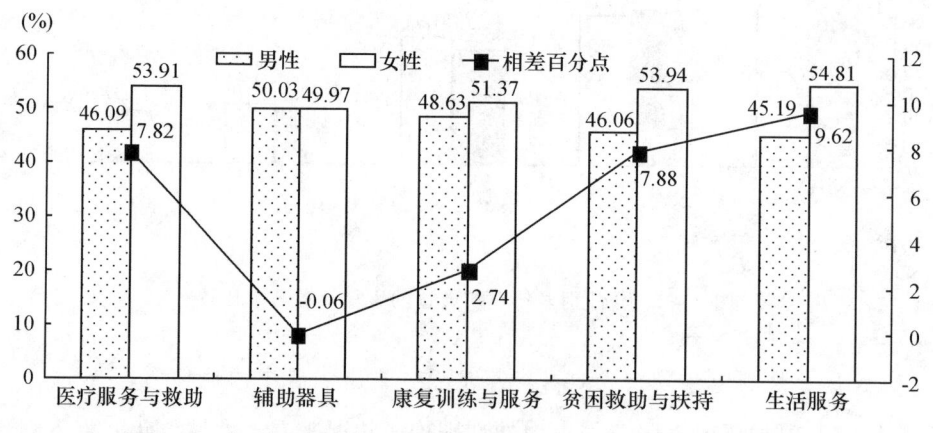

图 3—3　各主要康复服务需求项目中的分性别老年残疾人口构成

3.2.3　分残疾类别老年人口的康复服务需求

（一）分残疾类别老年人口的主要康复服务需求

从分残疾类别老年残疾人口的各康复服务需求项目比例来看，视力残疾、听力残疾、言语残疾、肢体残疾与多重残疾类别老年残疾人口在医疗服务与救助、贫困救助与扶持、康复训练与服务、辅助器具、生活服务项目的相应比例较高，均在11%~90%，其余需求项目所占比例很小，均在6%以下；而智力残疾与精神残疾类别老年残疾人口在医疗服务与救助、贫困救助与扶持、生活服务、康复训练与服务项目的相应比例较高，均为28%~89%，其余需求项目所占比例很小，均在5%以下。具体而言，分残疾类别老年人口中，有医疗服务与救助需求的超过64%；有贫困救助与扶持需求的高于48%；有生活服务、康复训练与服务需求的相应比例分别超过15%和11%；有辅助器具需求的为2%~50%；无障碍设施、文化服务、信息无障碍三项需求所占比例不高，处于1%~5%。

分残疾类别老年人口的康复服务需求比例状况见表3—12。

表3—12　　　分残疾类别老年人口的康复服务需求比例状况　　　　　　　%

需求项目	视力	听力	言语	肢体	智力	精神	多重
医疗服务与救助	89.09	64.17	69.4	74.94	69.1	88.18	77.93
辅助器具	23.19	75.78	13.3	40.01	4.97	2.12	49.75
康复训练与服务	12.73	11.85	47.4	42.4	36.4	28.84	27.03
生活服务	28.22	15.38	22.6	18.99	39.2	30.19	21.71
贫困救助与扶持	71.05	48.35	63	68.78	76.2	69.47	65.72
法律援助	1.29	0.96	3.12	1.30	2.02	2.90	1.23
无障碍设施	5.38	1.72	2.53	4.67	1.38	0.61	3.3
信息无障碍	1.13	2.19	2.34	0.34	0.28	0.30	0.95
文化服务	1.33	1.93	2.92	1.1	3.68	2.21	1.13
其他	2.24	2.3	2.34	1.29	3.31	2.77	1.51
不选择	1.39	5.28	5.26	1.66	3.22	4.46	2.47

数据来源：根据第二次全国残疾人抽样调查数据计算整理而得，数据已进行四舍五入。

从分残疾类别老年残疾人口的需求项目构成来看，在视力残疾类别老年残疾人口总需求中，医疗服务与救助需求超过1/3，贫困救助与扶持需求接近30%，生活服务需求高于10%，前述五项需求比重总和约为94.20%。在听力残疾类别老年残疾人口总需求中，辅助器具需求超过30%，医疗服务与救助需求、贫困救助与扶持需求均在20%以上，前述五项主要需求比重总和约为

93.57%。在言语残疾类别老年残疾人口总需求中,医疗服务与救助需求接近30%,贫困救助与扶持需求、康复训练与服务需求均在20%以上,前述五项主要需求比重总和约为91.49%。在肢体残疾类别老年残疾人口总需求中,医疗服务与救助需求、贫困救助与扶持需求均在1/4以上,康复训练与服务需求、辅助器具需求均超过15%,前述五项主要需求比重总和约为95.51%。在多重残疾类别老年残疾人口总需求中,医疗服务与救助需求超过30%,贫困救助与扶持需求超过1/4,辅助器具需求、康复训练与服务需求均在10%以上,前述五项主要需求比重总和约为95.55%。在智力残疾类别老年残疾人口总需求中,贫困救助与扶持需求超过30%,医疗服务与救助需求超过1/4,生活服务需求、康复训练与服务需求均在15%以上,前述四项主要需求比重总和约为91.32%。在精神残疾类别老年残疾人口总需求中,医疗服务与救助需求超过1/3,贫困救助与扶持需求接近30%,生活服务需求、康复训练与服务需求均在10%以上,前述四项主要需求比重总和约为92.89%。

全国各残疾类别老年人口的康复服务需求构成见表3—13。

表3—13　　　全国各残疾类别老年人口的康复服务需求构成

需求项目		视力	听力	言语	肢体	智力	精神	多重
医疗服务与救助	人次(人)	14 648	18 927	356	16 090	751	2 036	10 867
	比例(%)	37.42	27.86	29.45	29.2	28.57	37.8	30.75
康复训练与服务	人次(人)	2 093	3 496	243	9 104	396	666	3 770
	比例(%)	5.35	5.15	20.1	16.52	15.06	12.37	10.67
生活服务	人次(人)	4 639	4 536	116	4 078	426	697	3 027
	比例(%)	11.85	6.68	9.60	7.4	16.2	12.94	8.57
贫困救助与扶持	人次(人)	11 681	14 262	323	14 768	828	1 604	9 165
	比例(%)	29.84	20.99	26.72	26.8	31.49	29.78	25.93
辅助器具	人次(人)	3 812	22 350	68	8 591	54		6 938
	比例(%)	9.74	32.9	5.62	15.59	4.97		19.63
合计	比例(%)	94.20	93.57	91.49	95.51	96.29	92.89	95.55

数据来源:根据第二次全国残疾人抽样调查数据计算整理而得,数据已进行四舍五入。

归纳起来,视力残疾、听力残疾、言语残疾、肢体残疾与多重残疾类别老年残疾人口对医疗服务与救助、贫困救助与扶持、康复训练与服务、辅助器具、生活服务项目的需求比重均相对较高,且上述五项比重之和均处于91%~96%,此五项需求成为视力残疾、听力残疾、言语残疾、肢体残疾与多重残疾类别老年残疾人口的主要需求;而智力残疾与精神残疾类别老年残疾人口对医疗服务与救助、贫困救助与扶持、生活服务、康复训练与服务项目的需求比重相对较高,且上述四项比重之和均在90%以上,此四项需求成为智力残疾与精神残疾类别老年残疾人口的主要需求。从康复类型来看,分残疾类别老年人口的康复服务需求虽然包含医疗康复项目、职业康复项目、教育康复项目和社会康复项目四个类型,但仍以医疗康复服务需求为首,社会康复服务需求次之,职业康复与教育康复服务需求则较低。

不同残疾类别老年残疾人口主要需求项目合计比重如图3—4所示。

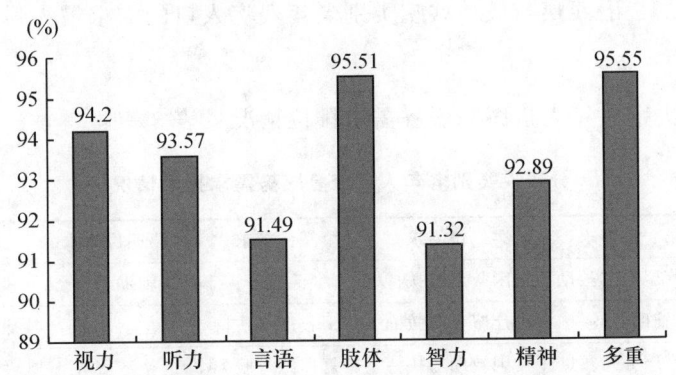

图 3—4 不同残疾类别老年残疾人口主要需求项目合计比重
注:图中视力残疾、听力残疾、言语残疾、肢体残疾与多重残疾类别老年残疾人口的需求比重数据均为医疗服务与救助、贫困救助与扶持、康复训练与服务、生活服务、辅助器具需求的五项比重之和,智力残疾与精神残疾类别老年残疾人口的需求比重数据为前四项需求比重之和。

(二)分残疾类别老年人口的康复服务需求偏好

在具体需求的偏好程度方面,不同残疾类别老年残疾人口对主要康复服务的需求项目的排位并不一致,显示出需求项目的残疾类型选择特征。具体来看,视力残疾、听力残疾、言语残疾、肢体残疾、智力残疾与多重残疾类别老年残疾人口的前五位需求均包含医疗服务与救助、贫困救助与扶持、生活服务、辅助器具、康复训练与服务项目；而精神残疾类别老年残疾人口的第一位至第四位需求分别为医疗服务与救助、贫困救助与扶持、生活服务、康复训练与服务，其辅助器具需求仅仅排在第八位。视力残疾、言语残疾、肢体残疾、精神残疾与多重残疾类别老年残疾人口的医疗服务与救助需求最为强烈，均排在第一位，各残疾类别的相应比重均在29%～38%；听力残疾类别老年残疾人口的辅助器具需求最为强烈，占该群体各项需求总和的32.90%，排在第一位；智力残疾类别老年残疾人口的贫困救助与扶持需求最为强烈，占该群体各项需求总和的31.49%，排在第一位。就生活服务项目而言，视力残疾、智力残疾、精神残疾类别老年残疾人口的需求程度最为强烈，均排在第三位；听力残疾与言语残疾类别老年残疾人口在此项的需求次之，均排在第四位；肢体残疾与多重残疾类别老年残疾人口的相应需求较弱，排在第五位。在康复训练与服务项目上，言语残疾与肢体残疾类别老年残疾人口的需求最为强烈，均排在第三位。

分残疾类别老年人口康复服务需求排位情况见表3—14。

表3—14　　　　分残疾类别老年人口康复服务需求排位情况

残疾类别	第一位需求	第二位需求	第三位需求	第四位需求	第五位需求
视力	医疗服务与救助	贫困救助与扶持	生活服务	辅助器具	康复训练与服务
听力	辅助器具	医疗服务与救助	贫困救助与扶持	生活服务	康复训练与服务
言语	医疗服务与救助	贫困救助与扶持	康复训练与服务	生活服务	辅助器具
肢体	医疗服务与救助	贫困救助与扶持	康复训练与服务	辅助器具	生活服务
智力	贫困救助与扶持	医疗服务与救助	生活服务	康复训练与服务	辅助器具
精神	医疗服务与救助	贫困救助与扶持	生活服务	康复训练与服务	—
多重	医疗服务与救助	贫困救助与扶持	辅助器具	康复训练与服务	生活服务

数据来源：根据第二次全国残疾人抽样调查资料计算整理。

（三）分残疾类别老年人口对具体康复服务项目的需求程度

在视力残疾类别老年残疾人口中，有医疗服务与救助需求的接近90%，其对医疗服务与救助的需求程度均高于其他残疾类别老年残疾人口的相应比例。智力残疾类别老年残疾人口对贫困救助与扶持的需求程度相对最高，其需求比例超过3/4，明显高于其他残疾类别老年残疾人口的相应比例。在智力残疾类别老年残疾人口中,有生活服务需求的在 1/3 以上,其对生活服务的需求程度均高于其他残疾类别老年残疾人口的相应比例。听力残疾类别老年残疾人口对辅助器具的需求程度相对最高,其需求比例超过 3/4,明显高于其他残疾类别老年残疾人口的相应比例。言语残疾类别老年残疾人口对康复训练与服务的需求程度相对最高,其需求比例为 47.4%,明显高于其他残疾类别老年残疾人口的相应比例。

分残疾类别老年人口康复服务需求比较如图 3—5 所示。

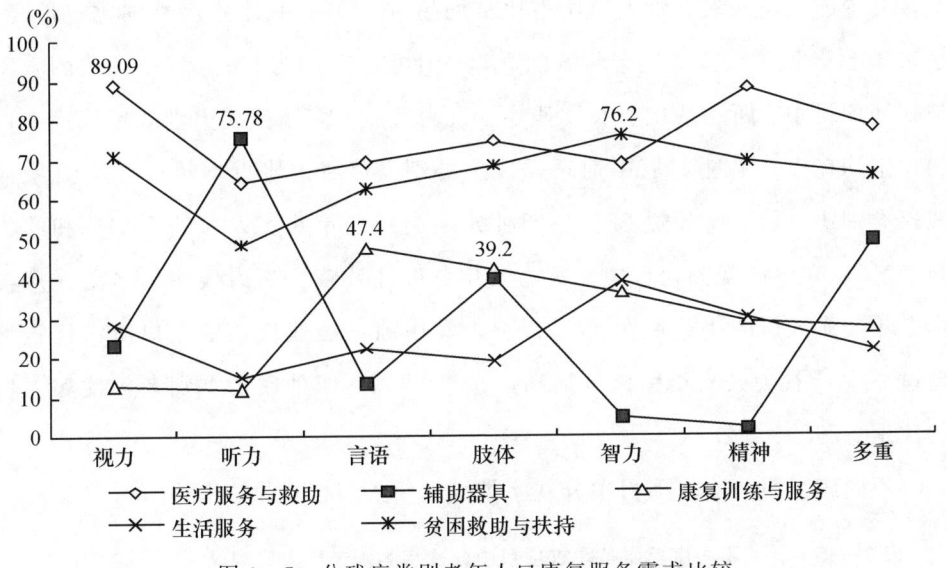

图 3—5 分残疾类别老年人口康复服务需求比较

(四)分残疾类别老年人口在各康复服务需求项目中的地位

从各需求项目中不同残疾类别老年残疾人口的构成状况来看,视力残疾、听力残疾、肢体残疾与多重残疾类别老年残疾人口成为医疗服务与救助、贫困救助与扶持、康复训练与服务、辅助器具、生活服务项目的需求主体,各残疾类别老年残疾人口对上述五项需求的比重均在 9%~54%,而智力残疾、言语残疾、精神残疾类别老年残疾人口在上述五项需求中所占比重很小,均在 4%以下。

在医疗服务与救助项目需求中,听力残疾、肢体残疾、视力残疾与多重残疾类别老年残疾人口所占比重均在17%以上，其中前三类残疾类别人口所占比重均超过20%，听力残疾类别比重最高，接近30%，四种残疾类别老年残疾人口的比重总和约为95.06%。在辅助器具项目中，听力残疾、肢体残疾、多重残疾与视力残疾类别老年残疾人口的比重均在9%以上，其中前三类残疾类别人口所占比重均超过16%，听力残疾类别比重最高，超过1/2，四种残疾类别老年残疾人口的比重总和约为99.59%。在康复训练与服务项目中，听力残疾、肢体残疾、多重残疾与视力残疾类别老年残疾人口的比重均在10%以上，其中前三类残疾类别人口所占比重均超过17%，肢体残疾类别比重最高，超过46%，四种残疾类别老年残疾人口的比重总和约为93.40%。在贫困救助与扶持项目中，听力残疾、肢体残疾、视力残疾与多重残疾类别老年残疾人口的比重均在17%以上，其中前三类残疾类别人口所占比重均超过20%，肢体残疾类别比重最高，超过28%，四种残疾类别老年残疾人口的比重总和约为94.77%。在生活服务项目中，听力残疾、肢体残疾、视力残疾与多重残疾类别老年残疾人口的比重均在17%以上，其中前三类残疾类别人口所占比重均超过23%，视力残疾类别比重最高，超过26%，四种残疾类别老年残疾人口的比重总和约为92.93%。

不同康复服务需求项目中分残疾类别老年人口构成见表3—15。

表3—15　　　不同康复服务需求项目中分残疾类别老年人口构成　　　　　　%

需求项目	视力	听力	言语	肢体	智力	精神	多重	合计
医疗服务与救助	23	29.72	0.56	25.27	1.18	3.20	17.07	100
康复训练与服务	10.59	17.69	1.23	46.05	2.00	3.37	19.07	100
贫困救助与扶持	22.19	27.1	0.61	28.06	1.57	3.05	17.41	100
辅助器具	9.11	53.39	0.16	20.52	0.13	0.12	16.57	100
生活服务	26.48	25.89	0.66	23.28	2.43	3.98	17.28	100

数据来源：根据第二次全国残疾人抽样调查数据计算整理而得，数据已进行四舍五入。

归纳起来，在医疗服务与救助、贫困救助与扶持、辅助器具、康复训练与服务、生活服务各项目中，听力残疾、肢体残疾、视力残疾与多重残疾类别老年残疾人口的比重之和均在90%以上，这四种残疾类别老年残疾人口成为上述各项目的主要需求群体。其中,在医疗服务与救助、辅助器具项目方面,听力残疾类别老年残疾人口是最主要需求群体;在贫困救助与扶持、康复训练与服务方面,肢体残疾类别老年残疾人口是最主要需求群体;在生活服务项目方面,视力残疾类别老年残疾人口是最主要需求群体。

3.2.4 分城乡老年残疾人口的康复服务需求

(一)分城乡老年残疾人的主要康复服务需求

从第二次全国残疾人抽样调查结果来看,农村残疾人康复服务保障的总体需求是以贫困救助与扶持和医疗服务与救助为主,所占比例最大,两个方面都接近30%,其次是辅助器具约占15%,康复训练与服务约占11%;农村残疾人对医疗和康复方面的需求(含医疗救助与服务和康复训练与服务)比较突出,约达到40%。相比之下,农村残疾人对无障碍设施和信息无障碍等项目的需求比例都比较低。可见,处于身体残疾和生活贫困双重障碍情况下的农村残疾人,对康复服务保障的主要需求仍然是以满足基本生活的贫困救助和医疗康复为主。农村不同类型残疾人的主要需求,也都表现为以医疗康复和贫困救助为主。不同类型残疾人由于自身的残疾特点,其对社会支持的主要需求呈现出不同特点。视力残疾者由于出行不便,他们对无障碍设施的需求比农村残疾人的整体需求水平高出近2倍。听力残疾者由于渴望沟通,他们对辅助器具的需求最高,其比例接近33%。言语残疾者对机能缺失的康复训练和服务的需求比整体需求水平高出1倍。肢体残疾者同样对就业安置和扶持有较大的渴望。此外,智力残疾者和精神残疾者主要以康复需求为主,但他们对辅助器具的需求相对较低。[①] 2010年度残疾人状况及小康进程监测报告显示[②],城乡残疾人的救助需求比例依然很高,生活救助和医疗救助需求尤为迫切。2007—2010年度医疗救助和生活救助始终是城乡残疾人最迫切的需求。2010年度,城镇54.3%、农村63.5%的残疾人有医疗救助需求,城镇48.7%、农村66.2%的残疾人有生活救助需求。

---

① 姜向群,胡立瑷,山娜. 农村残疾人的社会保障状况及康复服务需求. 人口学刊,2011(3).
② 中国残疾人联合会,2010年度全国残疾人状况及小康进程监测主要数据报告,2011年。

残疾人救助需求情况见表 3—16。

表 3—16　　　　　　　　残疾人救助需求情况　　　　　　　　　　　　　%

项目	2007 年度		2008 年度		2009 年度		2010 年度	
	城镇	农村	城镇	农村	城镇	农村	城镇	农村
生活救助	41.4	60.2	40.6	61.8	49.5	65.0	48.7	66.2
教育救助	10.4	14.7	10.3	12.7	7.6	13.9	7.0	13.2
医疗救助	57.8	69.1	54.3	66.8	56.3	66.2	54.3	63.5
康复救助	30.1	37.9	27.9	35.6	26.5	32.0	24.1	30.5

数据来源：中国残疾人联合会，2010 年度全国残疾人状况及小康进程监测报告，2011 年。

从分城乡老年残疾人口的各康复服务需求项目比例来看，城乡老年残疾人口在医疗服务与救助、贫困救助与扶持、康复训练与服务、辅助器具、生活服务项目的相应比例较高，均在 19%～74%，其余需求项目所占比例很小，均在 7% 以下。具体而言，分城乡老年残疾人口中，有医疗服务与救助需求的超过 72%；有贫困救助与扶持需求的高于 49%；有辅助器具需求的在 37% 以上；有生活服务、康复训练与服务需求的相应比例分别超过 19% 和 26%。无障碍设施、文化服务、信息无障碍三项需求所占比例不高，处于 6% 以下。总体而言，医疗服务与救助、贫困救助与扶持、康复训练与服务、辅助器具、生活服务五项需求成为城乡老年残疾人口的主要康复服务需求。从康复类型来看，分城乡老年残疾人口的康复服务需求虽然包含医疗康复项目、职业康复项目、教育康复项目和社会康复项目四个类型，但仍以医疗康复服务需求为首，社会康复服务需求次之，职业康复与教育康复服务需求则较低。

分城乡老年残疾人口的康复服务需求状况见表 3—17。

表 3—17　　　　分城乡老年残疾人口的康复服务需求状况

需求	城镇		农村	
	人次（人）	比例（%）	人次（人）	比例（%）
医疗服务与救助	18 311	72.60	44 072	73.41
辅助器具	10 231	40.56	22 742	37.88
康复训练与服务	8 014	31.77	15 793	26.31

续表

需求	城镇		农村	
	人次（人）	比例（%）	人次（人）	比例（%）
生活服务	4 960	19.67	11 996	19.98
贫困救助与扶持	12 408	49.20	44 177	73.58
教育费用补助或减免	395	1.57	1 112	1.85
职业教育与培训	272	1.08	660	1.10
就业安置或扶持	1 540	6.11	2 767	4.61
法律援助与服务	582	2.31	918	1.53
无障碍设施	1 308	5.19	1 080	1.80
信息无障碍	406	1.61	506	0.84
文化服务	647	2.57	1 139	1.90
其他	497	1.97	1 208	2.01
不选择	1 109	4.40	1 077	1.79

数据来源：根据第二次全国残疾人抽样调查数据计算整理而得，数据已进行四舍五入。

（二）分城乡老年残疾人口的康复服务需求偏好

在需求偏好方面，城乡老年残疾人口的主要需求项目排位并不一致，反映出需求选择的城乡差异特征。具体来看，城乡老年残疾人口对辅助器具、康复训练与服务、生活服务项目的需求排位相同，均依次列为第三位至第五位；但城镇老年残疾人口的首位需求为医疗服务与救助，而农村老年残疾人口将其列在第二位，其首位需求为贫困救助与扶持。

分城乡老年残疾人口的康复服务需求排位见表3—18。

表3—18　　　　　　分城乡老年残疾人口的康复服务需求排位

需求排位	城镇需求项目	农村需求项目
1	医疗服务与救助	贫困救助与扶持
2	贫困救助与扶持	医疗服务与救助
3	辅助器具	辅助器具
4	康复训练与服务	康复训练与服务
5	生活服务	生活服务

数据来源：根据第二次全国残疾人抽样调查数据计算整理而得。

（三）分城乡老年残疾人口对具体康复服务项目的需求程度

农村老年残疾人口对医疗服务与救助的需求程度相对更高，在城镇老年残疾人口中有医疗服务与救助需求的比例低于农村老年残疾人口的相应比例。就生活服务而言，农村老年残疾人口对其需求程度相对更高，城镇老年残疾人口的该项需求比例低于农村老年残疾人口的相应比例。就贫困救助与扶持而言，农村老年残疾人口对其需求程度相对更高，城镇老年残疾人口的该项需求比例低于农村老年残疾人口的相应比例。就辅助器具而言，城镇老年残疾人口对其需求程度相对更高，城镇老年残疾人口的该项需求比例高于农村老年残疾人口的相应比例。就康复训练与服务而言，城镇老年残疾人口对其需求程度相对更高，城镇老年残疾人口的该项需求比例高于农村老年残疾人口的相应比例。

3.2.5 分地区老年残疾人口的康复服务需求

（一）分地区老年残疾人的主要康复服务需求

从全国分地区残疾人主要需求状况来看，东部、中部和西部地区残疾人的前五项需求相一致，医疗服务与救助、贫困救助与扶持、辅助器具、康复训练与服务和生活服务均分列第一至第五位，但在具体项目上，不同地区残疾人口的需求情况存在明显差异。东部地区残疾人对辅助器具、康复训练与服务的需求程度最高，其比例分别为39.14%和28.34%；西部地区残疾人的辅助器具需求比例最低，为38.17%；中部地区残疾人的康复训练与服务需求比例最低，为26.84%。而西部地区残疾人对医疗服务与救助、贫困救助与扶持、生活服务的需求最为强烈，其比例分别为75.28%、74.96%和21.23%；东部地区残疾人的前两项需求比例最低，分别为70.87%和54.9%；中部地区残疾人的生活服务需求比例最低，为18.53%。

分地区残疾人口的主要康复服务需求状况见表3—19。

表3—19　　　分地区残疾人口的主要康复服务需求状况

需求项目	东部地区		中部地区		西部地区	
	人次（人）	比例（%）	人次（人）	比例（%）	人次（人）	比例（%）
医疗服务与救助	42 290	70.87	35 586	73.72	40 300	75.28

续表

需求项目	东部地区		中部地区		西部地区	
	人次（人）	比例（%）	人次（人）	比例（%）	人次（人）	比例（%）
贫困救助与扶持	32 764	54.9	35 012	72.53	40 124	74.96
辅助器具	23 354	39.14	18 586	38.5	20 430	38.17
康复训练与服务	16 911	28.34	12 956	26.84	15 060	28.13
生活服务	11 811	19.79	8 944	18.53	11 367	21.23

数据来源：根据第二次全国残疾人抽样调查数据计算整理而得，数据已进行四舍五入。

全国残疾人口需求的分地区差异必然会在老年残疾人口的需求状况方面有所反映。为简捷描绘分地区老年残疾人口的需求差异状况，这里选取北京市、河南省、贵州省老年残疾人口的相应数据进行分析。如前所述，在全国31个省（区、市）中共有17个省（区、市）的老年残疾人口比例超过50%，东部地区中的北京市老年残疾人口相应比例为61.81%，排在全国前五位；河南省老年残疾人口比例在中部地区处于第二位，达54.06%；贵州省老年残疾人口比例在西部地区处于第一位，达52.17%。上述三省市的残疾人口老龄化状况相对突出，其老年残疾人口的需求特征更容易得到体现，这也是分别选取北京市、河南省、贵州省作为东部地区、中部地区与西部地区代表样本的主要原因。从三省市老年残疾人口的各需求项目比例来看，各地区老年残疾人口在医疗服务与救助、贫困救助与扶持、康复训练与服务、辅助器具、生活服务项目的相应比例较高，均在14%～77%，无障碍设施、文化服务、信息无障碍三项需求所占比例不高，处于13%以下，其余需求项目的比例较小。上述前五个项目成为各地区老年残疾人口的主要需求。从康复类型来看，分地区老年残疾人口的康复服务需求虽然包含了医疗康复项目、职业康复项目、教育康复项目和社会康复项目四个类型，但仍以医疗康复服务需求为首，社会康复服务需求次之，职业康复与教育康复服务需求则较低。

（二）分地区老年残疾人口对具体康复服务项目的需求程度

就医疗服务与救助而言，中部地区老年残疾人口对其需求程度更高，有该项需求的比例超过3/4，分别高于东部地区和西部地区老年残疾人口的相应比例。就辅助器具而言，东部地区老年残疾人口对其需求程度更高，有该项需求的比例接近 1/2，分别高于中部地区和西部地区老年残疾人口相应比例约 8 个百分点与 12 个百分点。就康复训练与服务而言，西部地区老年残疾人口对其需求程度相对高些，有该项需求的比例为 29.43%，分别高于中部地区和东部地区老年残疾人口相应比例。就贫困救助与扶持而言，中部地区老年残疾人口对其需求程度相对高些，有该项需求的比例超过 3/4，分别高于东部地区和西部地区老年残疾人口相应比例约 46 个百分点与 2 个百分点。就生活服务而言，中部地区老年残疾人口对其需求程度相对高些，有该项需求的比例接近 17%，分别高于东部地区和西部地区老年残疾人口的相应比例。

分地区老年残疾人口康复服务需求状况见表 3—20。

表 3—20　　　　　分地区老年残疾人口康复服务需求状况

需求项目	北京		河南		贵州	
	人次（人）	比例（%）	人次（人）	比例（%）	人次（人）	比例（%）
医疗服务与救助	2 245	74.86	3 871	76.28	1 606	63.6
辅助器具	1 491	49.72	2 113	41.64	943	37.35
康复训练与服务	728	24.27	1 406	27.7	743	29.43
贫困救助与扶持	913	30.44	3 886	76.57	1 885	74.65
生活服务	430	14.34	847	16.69	382	15.13
法律援助与服务	42	1.4	61	1.20	34	1.35
无障碍设施	372	12.4	109	2.15	36	1.43
信息无障碍	101	3.37	42	0.828	13	0.52
文化服务	51	1.70	67	1.32	40	1.58
其他	11	0.37	157	3.094	39	1.55
不选择	212	7.07	33	0.65	39	1.55

数据来源：根据第二次全国残疾人抽样调查数据计算整理而得，数据已进行四舍五入。

（三）分地区老年残疾人口的康复服务需求偏好

在需求偏好方面，分地区老年残疾人口对主要需求项目的排位并不一致，反映出明显的需求选择差异。具体来看，在以北京为代表的东部地区，老年残疾人口对医疗服务与救助的需求最为强烈，排在首位，而在以河南省为代表的中部地区和以贵州省为代表的西部地区，老年残疾人口对该项目的需求仅排在第二位。就贫困救助与扶持需求而言，中部地区和西部地区老年残疾人口均将其作为第一位需求，而东部地区老年残疾人口仅将其列为第三位。就辅助器具需求而言，东部地区老年残疾人口较中、西部地区更偏好该项目，前者的需求相应排位为第二位，而后者的排位处于第三位。东、中、西部老年残疾人口对康复训练与服务、生活服务项目的需求排位相同，均依次列为第四位至第五位。

分地区老年残疾人口康复服务需求排位见表3—21。

表3—21　　　　分地区老年残疾人口康复服务需求排位

需求排位	北京 需求项目	河南 需求项目	贵州 需求项目
1	医疗服务与救助	贫困救助与扶持	贫困救助与扶持
2	辅助器具	医疗服务与救助	医疗服务与救助
3	贫困救助与扶持	辅助器具	辅助器具
4	康复训练与服务	康复训练与服务	康复训练与服务
5	生活服务	生活服务	生活服务
6	无障碍设施	就业安置或扶持	就业安置或扶持
7	不选择	其他	教育费用补助或减免
8	信息无障碍	无障碍设施	文化服务
9	文化服务	教育费用补助或减免	其他
10	法律援助与服务	文化服务	不选择
11	就业安置或扶持	法律援助与服务	无障碍设施
12	教育费用补助或减免	职业教育与培训	法律援助与服务
13	其他	信息无障碍	职业教育与培训
14	职业教育与培训	不选择	信息无障碍

数据来源：根据第二次全国残疾人抽样调查数据计算整理而得。

3.3　小　　结

从老年残疾人口整体的康复服务需求情况来看，医疗服务与救助、贫困救助与扶持、康复训练与服务、辅助器具、生活服务需求成为老年残疾人口康复服务需求的主体内容，依次列于第一位至第五位。老年残疾人口康复服务需求的基本特征体现为三个方面：其一，老年残疾人口的年龄特征影响着其需求特点，老年残疾人口与残疾儿童、劳动年龄段残疾人口的康复服务需求有着明显的区分；其二，虽然老年残疾人口的康复服务需求与残疾、年龄两个方面相关，但在某种程度上残疾特征与需求特征之间的联系更为紧密；其三，老年残疾人口的康复服务需求表现出全方位、集中性的特点。从康复类型来看，老年残疾人口整体的康复服务需求虽然涵盖了医疗康复项目、职业康复项目、教育康复项目和社会康复项目四个类型，但仍以医疗康复服务需求为首，医疗康复与社会康复服务需求为主，职业康复与教育康复服务需求则较低。

从老年残疾人口不同特征子群体的康复服务需求情况来看，分年龄、分性别、分残疾类别、分城乡与分地区老年残疾人口的康复服务需求存在比较明显的类别化差异。分年龄老年残疾人口的康复服务需求以医疗康复服务需求为首，社会康复服务需求次之，职业康复与教育康复服务需求较低；其康复服务需求差异主要表现为，分年龄老年残疾人口的需求偏好存在差异、对具体项目的需求程度存在差异、在各需求项目中的地位存在差异。分性别老年残疾人口的康复服务需求以医疗康复服务需求为首，社会康复服务需求次之，职业康复与教育康复服务需求较低；其康复服务需求差异主要表现为，分性别老年残疾人口对具体项目的需求程度存在差异、在各需求项目中的地位存在差异。分残疾类别老年人口的康复服务需求以医疗康复服务需求为首，社会康复服务需求次之，职业康复与教育康复服务需求较低；其康复服务需求差异主要表现为，分残疾类别老年人口的需求偏好存在差异、对具体项目的需求程度存在差异、在各需求项目中的地位存在差异。分城乡老年残疾人口的康复服务需求以医疗康复服务需求为首，社会康复服务需求次之，职业康复与教育康复服务需求较低；其康复服务需求差异主要表现为，分城乡老年残疾人口的需求偏好存在差异、对具体项目的需求程度存在差异。分地区老年残疾人口的康复服务需求以医疗康复服务需求为首，社会康复服务需求次之，职业康复与教育康复服务需求较低；其康复服务需求差异主要表现为，分地区老年残疾人口的需求偏好存在差异、对具体项目的需求程度存在差异。

4. 老年残疾人口的康复服务利用状况分析

老年残疾人口康复服务利用状况包含老年残疾人口接受康复服务状况和对康复服务需求的满足状况两个层面。本章主要利用第二次全国残疾人抽样调查数据及相关资料,分析考察老年残疾人口整体的康复服务利用状况和老年残疾人口不同特征子群体(分年龄、分性别、分残疾类别)的康复服务利用状况。

4.1 老年残疾人口整体的康复服务利用状况

4.1.1 接受康复服务概况

根据第二次全国残疾人抽样调查数据分析,老年残疾人口接受各项服务的比例均较低,处于38%以下,而未接受过任何康复服务的老年残疾人口竟高达54.18%。其中老年残疾人口在医疗服务与救助、贫困救助与扶持、康复训练与服务、辅助器具、生活服务方面接受康复服务的比例相对较高,相应比例均在5%~38%,而其余项目的比例很小,均在3%以下。具体而言,老年残疾人口中,接受医疗服务与救助的占37.03%,相对最高;接受贫困救助与扶持、辅助器具、生活服务、康复训练与服务的相应比例均在10%以下。接受无障碍设施、文化服务、信息无障碍三项康复服务的比例不高,处于2%之下。接受就业安置或扶持、职业教育与培训、教育费用补助或减免三项康复服务所占比重较低,均不足0.4%。从排位上看,老年残疾人口接受医疗服务与救助、贫困救助与扶持、辅助器具、康复训练与服务、生活服务的比例排位依次分列第一位至第五位。从老年残疾人口接受康复服务的构成状况来看,在所有服务项目中,医疗服务与救助、贫困救助与扶持、康复训练与服务、辅助器具、生活服务五项康复服务所占比重的总和约为 52%，成为老年残疾人口接受康复服务的主体项目；医疗服务与救助占所有接受康复服务的比重为 28.40%，成为最主要的接受康复服务项目。

全国老年残疾人口接受康复服务状况见表 4—1。

表 4—1　　　　　全国老年残疾人口接受康复服务状况

项目	人次（人）	构成（%）	比例（%）	排序
医疗服务与救助	31 572	28.40	37.03	1
贫困救助与扶持	8 161	7.34	9.57	2
辅助器具	7 589	6.83	8.90	3
康复训练与服务	6 600	5.94	7.74	4
生活服务	5 084	4.57	5.96	5
教育费用补助或减免	97	0.09	0.11	12
职业教育与培训	66	0.06	0.08	13
就业安置或扶持	255	0.23	0.30	11
法律援助与服务	319	0.29	0.37	10
无障碍设施	1 113	1.00	1.31	8
信息无障碍	643	0.58	0.75	9
文化服务	1 610	1.45	1.89	7
其他	1 851	1.67	2.17	6
不选择	46 196	41.56	54.18	
合计	111 156	100		

数据来源：根据第二次全国残疾人抽样调查数据计算整理而得，数据已进行四舍五入。

与其他年龄段残疾人口相比，医疗服务与救助、辅助器具和生活服务项目的提供更偏重于老年残疾人口，上述项目中老年残疾人口所占比重相对最高，分别为 51.59%、59.34% 和 53.52%。而康复训练与服务、贫困救助与扶持项目的提供更倾向于 15～59 岁劳动年龄段残疾人口，上述项目中老年残疾人口所占比重分别低于前者约 3.5 个百分点和 18 个百分点。

从针对老年残疾人口的康复服务提供类型看，在十多个接受康复服务项目中，医疗康复项目所占比重相对最高，社会康复项目次之，职业康复与教育康复项目所占比重极低。医疗服务与救助、辅助器具、康复训练与服务三种医疗康复服务占所有提供服务的 41.17% 左右；职业康复与教育康复二者比重合计尚不足 0.4%，其中就业安置或扶持、职业教育与培训、教育费用补助或减免三项康复服务所占比重均在 0.3% 以下；贫困救助与扶持、生活服务、无障碍设施、文化服务、信息无障碍等社会康复服务占所有提供服务的 15% 左右，其中无障碍设施、文化服务、信息无障碍三者比重合计不足 4%。综上可见，面向老年残疾人口的康复服务提供类型，偏重以医疗康复服务为主，社会康复服务提供略显不足，特别是相对忽视提供能够改善和促进残疾人社会参与融入的部分社会康复服务。

分年龄残疾人口接受康复服务总体情况见表 4—2。

表 4—2　　　　　　分年龄残疾人口接受康复服务总体情况

项目	0～14 岁		15～59 岁		60 岁及以上		合计	
	人次（人）	比例（%）	人次（人）	比例（%）	人次（人）	比例（%）	人次（人）	比例（%）
医疗服务与救助	2 037	3.33	27 588	45.08	31 572	51.59	61 197	100
辅助器具	282	2.20	4 919	38.46	7 589	59.34	12 790	100
康复训练与服务	777	5.36	7 106	49.06	6 600	45.57	14 483	100
贫困救助与扶持	533	2.60	11 817	57.61	8 161	39.79	20 511	100
生活服务	317	3.34	4 099	43.15	5 084	53.52	9 500	100
无障碍设施	28	1.54	678	37.27	1 113	61.19	1 819	100
信息无障碍	32	2.74	494	42.26	643	55.00	1 169	100
文化服务	184	5.99	1 280	41.64	1 610	52.37	3 074	100
教育费用补助或减免	456	44.10	481	46.52	97	9.38	1 034	100
职业教育与培训	43	9.91	325	74.88	66	15.21	434	100
就业安置或扶持	0	0	1 056	80.55	255	19.45	1 311	100
法律援助与服务	35	4.07	506	58.84	319	37.09	860	100
其他	133	3.79	1 527	43.49	1 851	52.72	3 511	100
不选择	4 723	5.69	32 017	38.60	46 196	55.70	82 936	100

数据来源：根据第二次全国残疾人抽样调查数据计算整理而得，数据已进行四舍五入。

4.1.2 对康复服务需求的满足状况

2010年度残疾人状况及小康进程监测报告显示[①]，残疾人接受康复服务的比例有较大提高。自2006年开展第二次全国残疾人抽样调查至2010年，4年以来，残疾人接受过康复服务的比例为48.8%，其中，城镇为53.3%，农村为46.4%。2010年度，残疾人接受过康复服务的比例为33.5%，比上年度有较大提高，其中，城镇残疾人接受过康复服务的比例由上年度的29.8%上升到38.5%，农村残疾人接受过康复服务的比例由上年度的19.3%上升到30.8%。这表明政府与社会提供康复服务的能力在2009年的基础上有较大提高，残疾人受益面扩大。2010年度城乡残疾人在接受治疗与康复训练、辅助器具配备、心理疏导、康复知识普及、日间照料与托养等方面康复服务的比例都比上年度有不同程度增加。2010年度城乡残疾人接受康复服务的多数项目的比例都达到了近年的最高水平，其中，城镇和农村残疾人接受康复知识普及的比例与上年度相比分别提高了6.2和6.7个百分点。这表明有更多的残疾人重视康复知识的学习并接受了康复服务。2010年度康复服务监测指标增加了跟踪回访服务和其他服务，监测结果表明，接受了跟踪回访服务的比例城镇为7.8%，农村为4.7%，接受了其他康复服务的比例农村稍高于城镇，城镇为8.1%，农村为8.9%（见表4—3）。但总体来看，残疾人康复服务覆盖率较低。2010年度，残疾人康复服务覆盖率刚刚超过1/3，比上年度有所提高，但与小康目标差距仍较大。

残疾人接受过各项康复服务的比例见表4—3。

从与老年残疾人口密切相关的主要康复服务需求项目的供给状况来看，医疗服务与救助、贫困救助与扶持、康复训练与服务、生活服务、辅助器具的供给所占需求比重均较低，尚不足1/2，也就是说存在一半以上的有康复服务需求的老年残疾人不能分享到康复服务供给。

老年残疾人口康复服务需求满足状况见表4—4。

其中，医疗服务与救助的供给状况相对最好，但仅占需求的49.58%，其

[①] 中国残疾人联合会，2010年度全国残疾人状况及小康进程监测报告，2011。

表 4—3　　　　　　　残疾人接受过各项康复服务的比例　　　　　　　　%

项目	2007 年度		2008 年度		2009 年度		2010 年度	
	城镇	农村	城镇	农村	城镇	农村	城镇	农村
治疗与康复训练	13.8	8.4	15.5	9.0	13.0	9.5	14.1	13.3
辅助器具配备	7.6	3.0	9.1	4.4	8.4	3.9	11.5	6.7
心理疏导	6.1	3.6	10.0	4.6	6.4	4.5	7.0	6.6
康复知识普及	10.5	3.6	14.8	4.9	11.9	4.7	18.1	11.4
日间照料与托养	6.2	4.6	9.5	4.8	7.8	6.1	9.1	9.4
跟踪回访服务*	—	—	—	—	—	—	7.8	4.7
其他康复服务*	—	—	—	—	—	—	8.1	8.9

数据来源：中国残疾人联合会. 2010 年度残疾人状况及小康进程监测报告，2011 年。其中：*为 2010 年新增的康复服务指标选项。

表 4—4　　　　　　老年残疾人口康复服务需求满足状况

项目	需求（人）	接受康复服务（人）	供给/需求（%）
医疗服务与救助	63 675	31 572	49.58
辅助器具	41 862	7 589	18.13
康复训练与服务	19 768	6 600	33.39
贫困救助与扶持	52 631	8 161	15.51
生活服务	17 519	5 084	29.02

数据来源：根据第二次全国残疾人抽样调查数据计算整理而得，数据已进行四舍五入。

次是康复训练与服务，其供给占需求比重勉强超过 1/3，生活服务供给约占需求的 29.02%，辅助器具的供给仅占需求的 18.13%，贫困救助与扶持的供给状况最差，仅占需求的 15.51%。总体看来，老年残疾人口关注的五类主要康复服务需求项目的供给缺口较大，供给均不足需求的 1/2，老年残疾人口的基本康复服务需求不能得到充分满足。从康复服务类型方面来看，相比之下，老年残疾人口医疗康复的需求满足程度相对较高，而社会康复的需求满足程度相对较差。

老年残疾人口康复服务需求满足状况如图 4—1 所示。

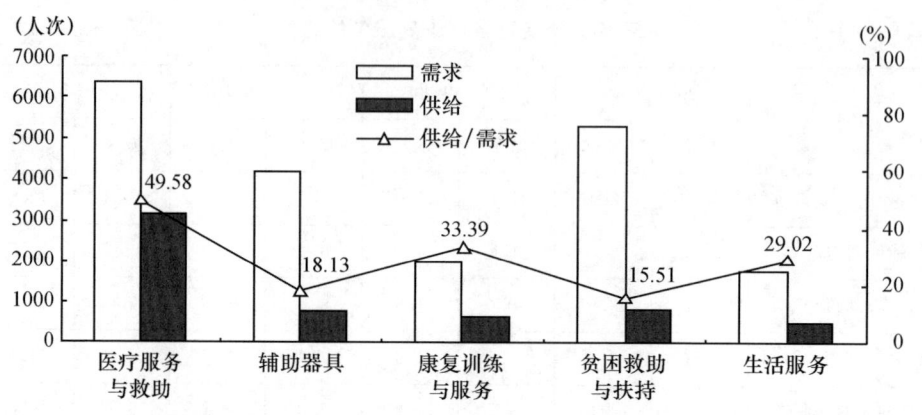

图 4—1 老年残疾人口康复服务需求满足状况

4.2 老年残疾人口不同特征子群体的康复服务利用状况

4.2.1 分年龄老年残疾人口的康复服务利用状况

（一）接受康复服务概况

分年龄老年残疾人口接受各项服务的比例较低，均处在39%以下。低龄、中龄与高龄老年残疾人口接受过医疗服务与救助、贫困救助与扶持、辅助器具、康复训练与服务、生活服务的比例相对较高，为5%～39%，接受其他服务的比例很小，均在3%以下，见表4—5。具体而言，在60～69岁低龄老年残疾人口中，接受过医疗服务与救助的比例接近39%，接受贫困救助与扶持的比例勉强超过11%，接受生活服务、辅助器具、康复训练与服务的比例均在9%以下；在70～79岁中龄老年残疾人口中，接受过医疗服务与救助的比例为37.05%，接受贫困救助与扶持、生活服务、辅助器具、康复训练与服务的比例均为5%～10%；在80岁及以上高龄老年残疾人口中，接受医疗服务与救助的比例为34.19%，接受贫困救助与扶持、生活服务、辅助器具、康复训练与服务的比例均在10%以下。分年龄老年残疾人口接受无障碍设施、文化服务、信息无障碍三项服务的比例不高，均处于2%以下；接受职业康复与教育康复服务项目的比例均不足1%。

分年龄老年残疾人口接受康复服务状况见表4—5。

表4—5　　　　　分年龄老年残疾人口接受康复服务状况

接受康复服务	60~69岁		70~79岁		80岁及以上	
	人次（人）	比例（%）	人次（人）	比例（%）	人次（人）	比例（%）
医疗服务与救助	11 245	38.88	13 812	37.05	6 515	34.19
贫困救助与扶持	3 212	11.1	3 283	8.81	1 666	8.74
辅助器具	2 411	8.34	3 411	9.15	1 767	9.27
康复训练与服务	2 456	8.49	2 894	7.76	1 250	6.56
生活服务	1 629	5.63	2 201	5.90	1 254	6.58
教育费用补助或减免	46	0.16	38	0.10	13	0.07
职业教育与培训	31	0.11	22	0.06	13	0.07
就业安置或扶持	109	0.38	103	0.28	43	0.23
法律援助与服务	139	0.48	114	0.31	66	0.34
无障碍设施	339	1.17	535	1.44	239	1.25
信息无障碍	199	0.69	294	0.79	150	0.79
文化服务	566	1.96	743	1.99	301	1.58
其他	646	2.23	769	2.06	436	2.29
不选择	14 993	51.83	20 397	54.71	10 806	56.71

数据来源：根据第二次全国残疾人抽样调查数据计算整理而得，数据已进行四舍五入。

从分年龄老年残疾人口接受康复服务的构成情况来看，低龄、中龄与高龄老年残疾人口的主要接受康复服务项目集中在医疗服务与救助、贫困救助与扶持、辅助器具、康复训练与服务、生活服务。具体来看，在60~69岁低龄老年残疾人口接受的所有服务中，医疗服务与救助的比重接近30%，贫困救助与扶持、生活服务、辅助器具、康复训练与服务的比重均在4%~9%，此五项接受康复服务的比重总和约为55.11%；在70~79岁中龄老年残疾人口接受的所有服务中，医疗服务与救助所占比重超过1/4，贫困救助与扶持、生活服务、辅助器具、康复训练与服务的比重均在4%~8%，此五项接受康复服务的比重总和约为52.66%；在80岁及以上高龄老年残疾人口接受的所有服务中，各项服务所占比重与中、低龄老年残疾人口的相应状况近似，医疗服务与救助所占比重为 26.57%，贫困救助与扶持、生活服务、辅助器具、康复训练与服务的比重均在 5%～8%，此五项接受康复服务的比重总和约为 50.78%。

分年龄老年残疾人口接受康复服务的构成情况见表 4—6。

表 4—6　　　　分年龄老年残疾人口接受康复服务的构成情况

项目	60～69 岁		70～79 岁		80 岁及以上	
	人次（人）	比例（%）	人次（人）	比例（%）	人次（人）	比例（%）
医疗服务与救助	11 245	29.58	13 812	28.41	6 515	26.57
辅助器具	2 411	6.34	3 411	7.02	1 767	7.21
康复训练与服务	2 456	6.46	2 894	5.95	1 250	5.10
生活服务	1 629	4.28	2 201	4.53	1 254	5.11
贫困救助与扶持	3 212	8.45	3 283	6.75	1 666	6.80
教育费用补助或减免	46	0.12	38	0.08	13	0.05
职业教育与培训	31	0.08	22	0.05	13	0.05
就业安置或扶持	109	0.29	103	0.21	43	0.18
法律援助与服务	139	0.37	114	0.23	66	0.27
无障碍设施	339	0.89	535	1.10	239	0.98
信息无障碍	199	0.52	294	0.60	150	0.61
文化服务	566	1.49	743	1.53	301	1.23
其他	646	1.70	769	1.58	436	1.78
不选择	14 993	39.43	20 397	41.96	10 806	44.10
合计	38 021	100	48 616	100	24 519	100

数据来源：根据第二次全国残疾人抽样调查数据计算整理而得，数据已进行四舍五入。

总体看来，各年龄段老年残疾人口接受过医疗服务与救助、贫困救助与扶持、辅助器具、康复训练与服务、生活服务的比重相对较高，并且上述五项服务在各年龄段老年残疾人口所有接受康复服务中的比重之和均在 50% 以上，这五个项目成为针对不同年龄段老年残疾人口的主要提供项目。从康复服务类型来看，分年龄老年残疾人口接受康复服务的内容虽然包含了医疗康复项目、职业康复项目、教育康复项目和社会康复项目四个类型，但仍以医疗康复为主，社会康复次之，职业康复与教育康复则较少。

4. 老年残疾人口的康复服务利用状况分析

分年龄老年残疾人口接受康复服务构成如图 4—2 所示。

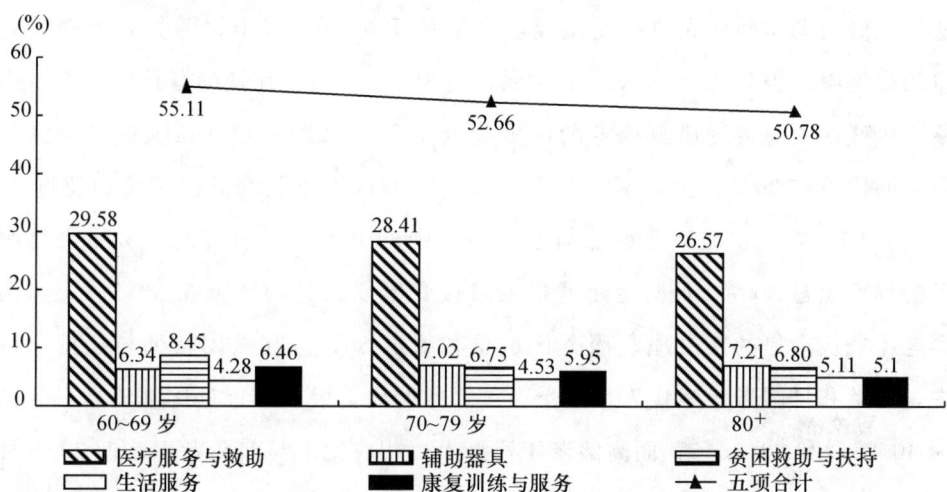

图 4—2　分年龄老年残疾人口接受康复服务构成

从各接受康复服务项目中不同年龄段老年残疾人口的构成状况来看,中龄与低龄老年残疾人口成为医疗服务与救助、贫困救助与扶持、康复训练与服务、辅助器具、生活服务项目的接受主体,各年龄段老年残疾人口接受上述五项服务的比重均在 31%～45%,而高龄老年残疾人口对上述五项需求的所占比重相对较小,均在 18%～25%。

各接受康复服务项目中分年龄老年残疾人口构成见表 4—7。

表 4—7　　各接受康复服务项目中分年龄老年残疾人口构成

项目	60～69 岁		70～79 岁		80 岁及以上		合计	
	人次（人）	比例（%）	人次（人）	比例（%）	人次（人）	比例（%）	人次（人）	比例（%）
医疗服务与救助	11 245	35.62	13 812	43.75	6 515	20.64	31 572	100
辅助器具	2 411	31.77	3 411	44.95	1 767	23.28	7 589	100
康复训练与服务	2 456	37.21	2 894	43.85	1 250	18.94	6 600	100
贫困救助与扶持	3 212	39.36	3 283	40.23	1 666	20.41	8 161	100
生活服务	1 629	32.04	2 201	43.29	1 254	24.67	5 084	100

数据来源：根据第二次全国残疾人抽样调查数据计算整理而得,数据已进行四舍五入。

在医疗服务与救助项目中，中龄老年残疾人口接受康复服务的比重超过40%，低龄老年残疾人口接受康复服务的比重在30%以上，两类老年残疾人口的接受康复服务比重总和接近80%，约为79.37%。在辅助器具项目中，中龄老年残疾人口接受康复服务的比重接近45%，低龄老年残疾人口接受康复服务的比重在30%以上，两类老年残疾人口的接受康复服务比重总和超过3/4，约为76.72%。在康复训练与服务项目中，中龄老年残疾人口接受康复服务的比重超过40%，低龄老年残疾人口接受康复服务的比重在30%以上，两类老年残疾人口的接受康复服务比重总和超过80%。在贫困救助与扶持项目中，中龄和低龄老年残疾人口接受康复服务的比重极为接近且比例较高，分别为40.23%和39.36%，而高龄老年残疾人口相应比重与前两者相差近20个百分点，仅为20.41%，前两类老年残疾人口的接受康复服务比重总和接近80%，约为79.59%。在生活服务项目中，中龄老年残疾人口接受康复服务的比重超过40%，低龄老年残疾人口接受康复服务的比重在30%以上，两类老年残疾人口的接受康复服务比重总和超过75%。

各接受康复服务项目中分年龄老年残疾人口构成如图4—3所示。

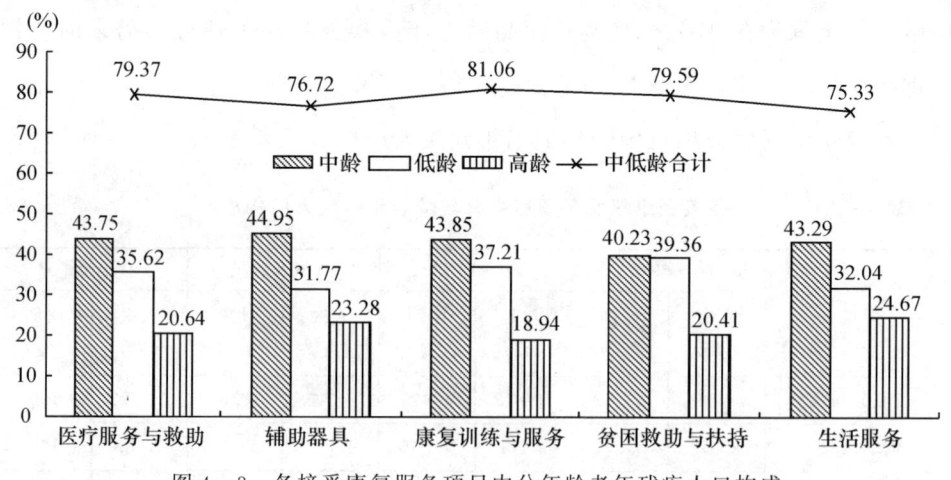

图4—3 各接受康复服务项目中分年龄老年残疾人口构成

归纳起来，在医疗服务与救助、贫困救助与扶持、辅助器具、康复训练与服务、生活服务各项目中，均呈现出中龄老年残疾人口接受康复服务所占比重最高，低龄老年残疾人口相应比重居中，高龄老年残疾人口所占比重相对最低的特点，即中龄老年残疾人口成为以上五个项目的最主要接受群体。同时，中龄与低龄老年残疾人口接受康复服务的比重之和均在3/4以上，这两类老年残疾人口成为以上五个项目的主要接受群体。上述情况充分反映出五项主要服务的提供重点在于中、低龄老年残疾人口，这与中、低龄老年残疾人口在主要需求项目中所处的主体地位是相匹配的。

（二）对康复服务需求的满足状况

1. 总体状况

从分年龄老年残疾人口各主要康复服务需求项目的满足情况看，针对医疗服务、贫困救助与扶持、辅助器具、康复服务、生活服务方面的提供水平均较低，除低龄老年残疾人口的医疗服务供给占需求的51.22%左右之外，其余项目的供给均不足需求的一半，各年龄段老年残疾人口的主要康复服务需求没有得到有效满足，即存在48%以上的有康复服务需求的老年残疾人不能分享到康复服务供给。与其他主要需求项目相比，低龄、中龄与高龄老年残疾人口的贫困救助与扶持需求满足状况最差，供给占需求的比例均在17%以下。

分年龄老年残疾人口康复服务需求满足状况见表4—8。

表4—8　　　　　分年龄老年残疾人口康复服务需求满足状况

项目	60～69岁		70～79岁		80岁及以上	
	接受康复（人）	供给/需求（%）	接受康复（人）	供给/需求（%）	接受康复（人）	供给/需求（%）
医疗服务与救助	11 245	51.22	13 812	49.67	6 515	46.82
辅助器具	2 411	18.92	3 411	18.16	1 767	17.10
康复训练与服务	2 456	32.31	2 894	34.75	1 250	32.57
贫困救助与扶持	3 212	16.80	3 283	14.63	1 666	15.04
生活服务	1 629	27.82	2 201	29.40	1 254	30.03

数据来源：根据第二次全国残疾人抽样调查数据计算整理而得，数据已进行四舍五入。

与其他年龄段老年残疾人口相比，高龄老年残疾人口的医疗服务与救助需求、辅助器具需求满足程度最低，供给仅为需求的46.82%和17.1%；低龄老年残疾人口的康复训练与服务需求和生活服务需求满足程度最低，供给仅为需求的 32.31％和 27.82％；中龄老年残疾人口的贫困救助与扶持需求满足程度最低，供给仅为需求的 14.63％。从康复服务类型方面来看，相比之下，分年龄老年残疾人口医疗康复的需求满足程度相对较高，而社会康复的需求满足程度相对较差。

分年龄老年残疾人口康复服务需求满足状况如图 4—4 所示。

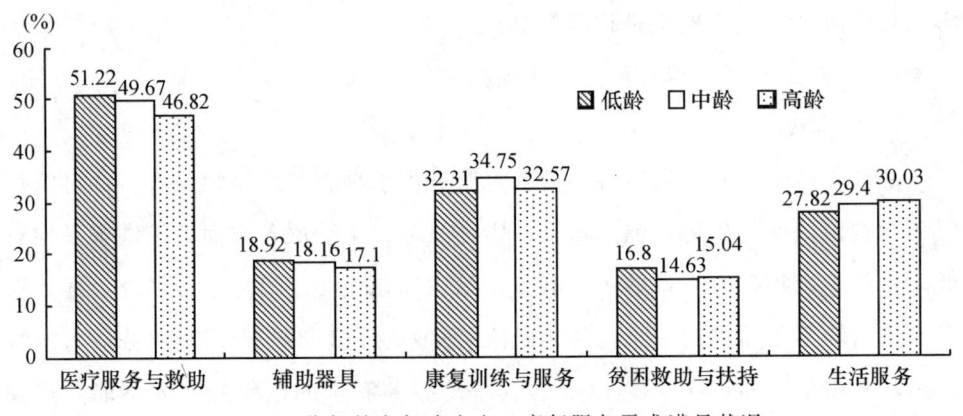

图 4—4　分年龄老年残疾人口康复服务需求满足状况

2. 需求偏好的满足状况

各年龄段老年残疾人口接受康复服务项目的排位有所不同，反映出提供服务的选择性和倾向性。从接受康复服务项目的具体排位看，不同年龄段老年残疾人口的相应情况差异明显：低龄、中龄与高龄老年残疾人口的首位接受康复服务项目均为医疗服务与救助；就辅助器具项目而言，中龄与高龄老年残疾人口接受康复服务的排位一致，均为第二位，但两者接受该项服务的排位高于低龄老年残疾人口，后者的排位仅为第四位。就贫困救助与扶持而言，中龄与高龄老年残疾人口接受康复服务的排位均为第三位，两者接受该项服务的排位低于低龄老年残疾人口，而后者的该项服务排在第二位。就康复训练与服务来看，低龄、中龄与高龄老年残疾人口接受康复服务的排位分列第三、第四和第五位。就接受生活服务而言，低龄与中龄老年残疾人的该项服务均排在第五位，而高龄老年残疾人口的相应排位为第四位，可见对高龄老年残疾人口的生活服务提供优先于低龄和中龄老年残疾人口。

4. 老年残疾人口的康复服务利用状况分析

分年龄老年残疾人口接受康复服务项目的排位情况见表 4—9。

表 4—9　分年龄老年残疾人口接受康复服务项目的排位情况

排位	60～69 岁	70～79 岁	80 岁及以上
1	医疗服务与救助	医疗服务与救助	医疗服务与救助
2	贫困救助与扶持	辅助器具	辅助器具
3	康复训练与服务	贫困救助与扶持	贫困救助与扶持
4	辅助器具	康复训练与服务	生活服务
5	生活服务	生活服务	康复训练与服务

数据来源：根据第二次全国残疾人抽样调查数据计算整理而得。

从需求偏好的满足情况来看，针对各年龄段老年残疾人口的服务供给与主要需求的偏好之间存在明显的不匹配。比如，低龄老年残疾人口对辅助器具的需求排在第三位，优先于康复训练与服务，而实际的辅助器具供给却排在第四位，落后于实际需求偏好。再如，中龄老年残疾人口的贫困救助与扶持需求排在第二位，而该项目的供给排位仅为第三，供给与实际需求偏好发生明显偏离，高龄老年残疾人口也存在相同情况，相关人群的实际需求没有得到充分满足。

分年龄老年残疾人口康复服务供需项目的排位情况见表 4—10。

表 4—10　分年龄老年残疾人口康复服务供需项目的排位情况

	需求排位	供给排位
60～69 岁		
辅助器具	3	4
康复训练与服务	4	3
70～79 岁		
贫困救助与扶持	2	3
辅助器具	3	2
80 岁及以上		
贫困救助与扶持	2	3
辅助器具	3	2

数据来源：根据第二次全国残疾人抽样调查数据计算整理而得。供需项目排位相同者此处省略。

4.2.2 分性别老年残疾人口的康复服务利用状况

（一）接受康复服务概况

从分性别老年残疾人口接受各项服务的比例来看，男、女老年残疾人口接受过医疗服务与救助、贫困救助与扶持、辅助器具、康复训练与服务、生活服务的比例相对较高，均为5%～38%，接受其他服务的比例很小，均在3%以下。从接受康复服务项目的排位来看，男、女老年残疾人口的相应排位情况相一致，第一位至第五位项目依次为医疗服务与救助、贫困救助与扶持、辅助器具、康复训练与服务、生活服务。具体而言，在男性老年残疾人口中，接受过医疗服务与救助的占36.76%，接受贫困救助与扶持、生活服务、辅助器具、康复训练与服务的比例均在5%～11%；在女性老年残疾人口中，接受过医疗服务与救助的比重为37.27%，接受贫困救助与扶持、生活服务、辅助器具、康复训练与服务的比例均在5%～9%。分性别老年残疾人口接受无障碍设施、文化服务、信息无障碍三项服务的所占比例不高，均处于3%以下；接受职业康复与教育康复服务项目的比例均不足1%。

分性别老年残疾人口接受康复服务状况见表4—11。

表4—11　　分性别老年残疾人口接受康复服务状况

服务项目	男性		女性	
	人次（人）	比例（%）	人次（人）	比例（%）
医疗服务与救助	14 822	36.76	16 750	37.27
贫困救助与扶持	4 252	10.55	3 909	8.70
辅助器具	3 867	9.59	3 722	8.28
康复训练与服务	3 277	8.13	3 323	7.39
生活服务	2 402	5.96	2 682	5.97
教育费用补助或减免	50	0.12	47	0.11
职业教育与培训	40	0.10	26	0.06
就业安置或扶持	163	0.40	92	0.21
法律援助与服务	157	0.39	162	0.36
无障碍设施	483	1.20	630	1.40
信息无障碍	310	0.77	333	0.74

续表

服务项目	男性		女性	
	人次（人）	比例（%）	人次（人）	比例（%）
文化服务	829	2.06	781	1.74
其他	912	2.26	939	2.09
不选择	21 475	53.26	2 4721	55.01

数据来源：根据第二次全国残疾人抽样调查数据计算整理而得，数据已进行四舍五入。

从分性别老年残疾人口的接受康复服务构成来看，在男性老年残疾人口的所有接受康复服务中，医疗服务与救助所占比重超过1/4，贫困救助与扶持、生活服务、辅助器具、康复训练与服务所占比重均在4%～9%，此五项主要接受服务项目的比重总和约为53.97%；在女性老年残疾人口的所有接受康复服务中，医疗服务与救助所占比重超过28%，贫困救助与扶持、生活服务、辅助器具、康复训练与服务的比重均在4%～7%，此五项主要接受康复服务比重总和约为52.28%。

分性别老年残疾人口接受康复服务构成见表4—12。

表4—12　　　　分性别老年残疾人口接受康复服务构成

服务项目	男性		女性	
	人次（人）	比例（%）	人次（人）	比例（%）
医疗服务与救助	14 822	27.95	16 750	28.82
贫困救助与扶持	4 252	8.02	3 909	6.73
辅助器具	3 867	7.29	3 722	6.40
康复训练与服务	3 277	6.18	3 323	5.72
生活服务	2 402	4.53	2 682	4.61

数据来源：根据第二次全国残疾人抽样调查数据计算整理而得，数据已进行四舍五入。

总体看来，男、女老年残疾人口接受过医疗服务与救助、贫困救助与扶持、辅助器具、康复训练与服务、生活服务的比重相对较高，并且上述五项服务在分性别老年残疾人口所有接受康复服务中的比重之和均在50%以上，这五个项目成为针对不同性别老年残疾人口的主要提供项目。从康复服务类型来看，分性别老年残疾人口接受康复服务的内容虽然包含了医疗康复项目、职业康复项目、教育康复项目和社会康复项目四个类型，但仍以医疗康复为主，社会康复次之，职业康复与教育康复则较少。

（二）对康复服务需求的满足状况

1. 总体状况

从分性别老年残疾人口主要康复服务需求项目的满足情况看，针对医疗服务与救助、辅助器具、康复训练与服务、生活服务和贫困救助与扶持方面的提供水平均较低，除男性老年残疾人口的医疗服务供给占需求50.5%左右之外，其余项目的供给均不足需求的一半，男、女老年残疾人口的主要需求没有得到有效满足，即存在约49%的有康复服务需求的老年残疾人不能获得康复服务供给。

分性别老年残疾人口康复服务需求满足状况见表4—13。

表4—13　　　　分性别老年残疾人口康复服务需求满足状况

项目	男性			女性		
	需求（人）	供给（人）	供给/需求（%）	需求（人）	供给（人）	供给/需求（%）
医疗服务与救助	29 350	14 822	50.5	34 325	16 750	48.8
辅助器具	20 943	3 867	18.46	20 919	3 722	17.79
康复训练与服务	9 614	3 277	34.09	10 154	3 323	32.73
贫困救助与扶持	24 241	4 252	17.54	28 390	3 909	13.77
生活服务	7 916	2 402	30.34	9 603	2 682	27.93
合计	97 664	53 039	54.31	109 093	58 117	53.27

数据来源：根据第二次全国残疾人抽样调查数据计算整理而得，数据已进行四舍五入。

与其他主要需求项目相比，男、女老年残疾人口在贫困救助与扶持方面的需求满足状况最差，供给分别占需求的17.54%和13.77%。从性别角度分析，女性老年残疾人口仅在无障碍设施项目需求上的满足程度高于男性残疾人口，而在医疗服务与救助、辅助器具、康复训练与服务、生活服务及贫困救助与扶持项目上，女性老年残疾人口需求满足程度均低于男性相应水平。从康复服务类型方面来看，相比之下，分性别老年残疾人口医疗康复的需求满足程度相对较高，而社会康复的需求满足程度相对较低。

分性别老年残疾人口康复服务需求满足状况如图 4—5 所示。

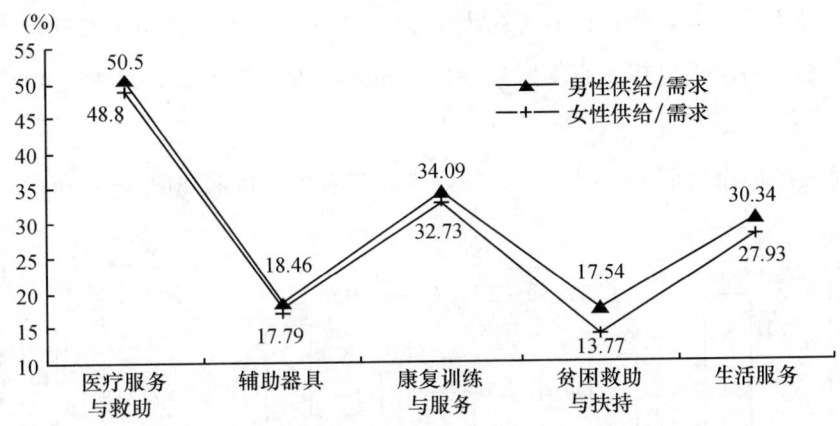

图 4—5　分性别老年残疾人口康复服务需求满足状况

2. 各项目中需求主体的满足状况

从前五项接受康复服务项目中的分性别老年残疾人口构成情况看，在接受医疗服务与救助、生活服务、康复训练与服务方面，女性老年残疾人口所占比例均高于男性的相应水平，而在接受贫困救助与扶持、辅助器具方面，情况恰恰相反，女性老年残疾人口的比例低于男性水平。

接受不同康复服务项目中的分性别老年残疾人口构成见表 4—14。

表 4—14　接受不同康复服务项目中的分性别老年残疾人口构成　　　　%

	男性	女性	合计
医疗服务与救助	46.95	53.05	100
辅助器具	50.96	49.04	100
康复训练与服务	49.65	50.35	100
贫困救助与扶持	52.10	47.90	100
生活服务	47.25	52.75	100

数据来源：根据第二次全国残疾人抽样调查数据计算整理而得，数据已进行四舍五入。

在医疗服务与救助、生活服务项目方面，男、女老年残疾人口接受康复服务的情况相差较大，后者分别高于前者 6.11 个百分点和 5.51 个百分点；而在接受康复训练与服务方面，男、女老年残疾人口所占比重的差异较小，后者仅比前者高出 0.7 个百分点；在辅助器具方面，男、女老年残疾人口接受康复服务的差异不是很大，前者比后者高出 1.91 个百分点；在贫困救助与扶持方面，男、女老年残疾人口接受康复服务的比例相差较大，前者比后者高出 4.2 个百分点。

接受不同康复服务项目中的分性别老年残疾人口构成如图 4—6 所示。

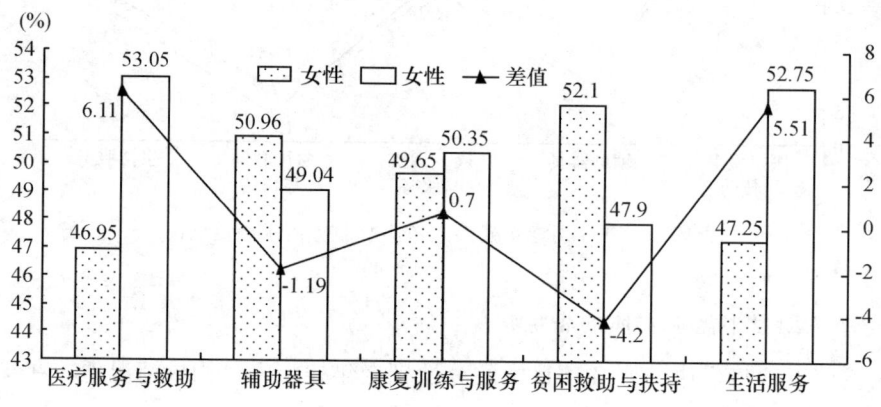

图 4—6 接受不同康复服务项目中的分性别老年残疾人口构成

以上情况充分反映出，医疗服务与救助、生活服务、康复训练与服务项目的提供重点在于女性老年残疾人口，其中前两项服务的提供更偏重于女性老年残疾人口；而贫困救助与扶持、辅助器具项目的提供重点在于男性老年残疾人口，其中贫困救助与扶持偏重于男性老年残疾人口的特征尤其明显。

结合前文的分析可知，女性老年残疾人口在医疗服务与救助、贫困救助与扶持、生活服务、康复训练与服务等需求项目中的比重均超过 50%，女性老年残疾人口成为以上四项的主要需求群体。而实际的贫困救助与扶持项目的提供重点在于男性老年残疾人口而非女性老年残疾人口，在贫困救助与扶持方面，女性老年残疾人口的需求主体角色没有与供给针对的重点对象相匹配，其实际康复服务需求没有得到充分满足。

分性别老年残疾人在康复服务供求项目中的主体地位见表 4—15。

表 4—15 分性别老年残疾人在康复服务供求项目中的主体地位

项目	最主要供给对象	最主要需求群体
医疗服务与救助	女性	女性
康复训练与服务	女性	女性
贫困救助与扶持	男性	女性
辅助器具	男性	男性
生活服务	女性	女性

数据来源：根据第二次全国残疾人抽样调查数据计算整理而得。

4.2.3 分残疾类别老年人口的康复服务利用状况

（一）接受康复服务概况

从分残疾类别老年人口接受各项服务的比例来看，视力残疾、听力残疾、言语残疾、肢体残疾与多重残疾类别老年残疾人口接受医疗服务与救助、贫困救助与扶持、辅助器具、康复训练与服务、生活服务项目的比例相对较高，均在 3%～51%，接受其余项目的比例很小，均在 3% 以下；而智力残疾与精神残疾类别老年残疾人口接受医疗服务与救助、贫困救助与扶持、康复训练与服务、生活服务项目的比重相对较高，均在 7%～46% 之间，接受其余项目的比重很小，均在 5% 以下。分残疾类别老年人口接受无障碍设施、文化服务、信息无障碍三项服务的比例不高，均处于 3% 以下；接受职业康复与教育康复服务项目的比例均不足 1%。

分残疾类别老年人口接受康复服务状况见表 4—16。

表 4—16   分残疾类别老年人口接受康复服务状况   %

接受康复服务项目	视力	听力	言语	肢体	智力	精神	多重
医疗服务与救助	38.29	24.89	43.47	50.16	31.1	45.6	39.82
辅助器具	7.30	7.62	5.07	12.99	1.84	1.30	9.16
康复训练与服务	4.26	3.03	16.18	15.75	8.46	7.71	9.12
贫困救助与扶持	10.98	5.64	11.7	11.51	21.25	15.89	11.22
生活服务	6.93	5.0	7.60	5.93	10.03	8.62	6.10
教育费用补助或减免	0.14	0.06	0.20	0.18	0.09	0.09	0.09
职业教育与培训	0.10	0.09	0	0.04	0	0	0.11

续表

接受康复服务项目	视力	听力	言语	肢体	智力	精神	多重
就业安置或扶持	0.49	0.22	0.39	0.23	0.83	0.35	0.29
法律援助与服务	0.43	0.23	1.17	0.44	0.64	1.08	0.34
无障碍设施	2.14	0.80	1.56	1.53	0.83	0.52	1.21
信息无障碍	1.13	0.79	1.17	0.53	0.74	0.65	0.59
文化服务	2.18	2.06	1.75	1.78	2.76	1.21	1.40
其他	2.19	2.37	2.73	1.76	4.78	2.858	2.02
不选择	53.24	67.06	46.39	41.06	52.81	44.22	50.3

数据来源：根据第二次全国残疾人抽样调查数据计算整理而得，数据已进行四舍五入。

从分残疾类别老年残疾人口接受康复服务的构成情况来看，在老年视力残疾人口接受的所有服务中，医疗服务与救助所占比重接近30%，贫困救助与扶持、辅助器具、生活服务、康复训练与服务所占比重均在3%～9%，此五项接受康复服务的比重总和约为52.20%。在老年听力残疾人口接受的所有服务中，医疗服务与救助所占比重超过20%，贫困救助与扶持、辅助器具、生活服务、康复训练与服务所占比重均在2%～7%，此五项接受康复服务的比重总和约为38.53%。在老年言语残疾人口接受的所有服务中，医疗服务与救助所占比重超过30%，康复训练与服务的比重超过10%，贫困救助与扶持、辅助器具、生活服务所占比重均在3%～9%，此五项接受康复服务的比重总和约为60.28%。在老年肢体残疾人口接受的所有服务中，医疗服务与救助所占比重超过1/3，康复训练与服务的比重超过10%，贫困救助与扶持、辅助器具、生活服务的比重均在10%以内，此五项接受康复服务的比重总和约为66.95%。在老年多重残疾人口接受的所有服务中，医疗服务与救助所占比重超过30%，贫困救助与扶持、辅助器具、康复训练与服务、生活服务所占比重均在4%～9%，此五项接受康复服务的比重总和约为57.23%。

全国不同残疾类别老年人口的接受康复服务构成见表4—17。

在老年智力残疾人口接受的所有服务中，医疗服务与救助所占比重超过20%，贫困救助与扶持的比重超过10%，生活服务、康复训练与服务所占比

表 4—17　　全国不同残疾类别老年人口的接受康复服务构成　　　　%

需求项目	视力	听力	言语	肢体	智力	精神	多重
医疗服务与救助	29.5	20.77	31.19	34.86	22.84	35.05	30.22
康复训练与服务	3.29	2.53	11.61	10.94	6.22	5.9	6.92
贫困救助与扶持	8.46	4.70	8.39	8.0	15.61	12.22	8.51
辅助器具	5.62	6.36	3.64	9.02	1.35	1.0	6.95
生活服务	5.34	4.17	5.45	4.12	7.37	6.62	4.63

数据来源：根据第二次全国残疾人抽样调查数据计算整理而得，数据已进行四舍五入。

重均在6%～8%，此四项接受康复服务的比重总和约为52.03%。在老年精神残疾人口接受的所有服务中，医疗服务与救助所占比重超过1/3，贫困救助与扶持的比重在10%以上，生活服务、康复训练与服务所占比重均在5%～7%，此四项接受康复服务的比重总和约为59.82%。

总体看来，视力残疾、言语残疾、肢体残疾、智力残疾、精神残疾与多重残疾类别老年残疾人口接受医疗服务与救助、贫困救助与扶持、辅助器具、康复训练与服务、生活服务五项服务的比重之和均在50%以上；听力老年残疾人口接受康复服务的相应比重超过1/3。其中，上述五项服务成为针对视力残疾、听力残疾、言语残疾、肢体残疾与多重残疾类别老年残疾人口的主要提供内容；而智力残疾与精神残疾类别老年残疾人口接受医疗服务与救助、贫困救助与扶持、康复训练与服务、生活服务四项服务的比重之和均超过52%，此四项服务成为针对智力残疾与精神残疾类别老年残疾人口的主要提供内容。从康复服务类型来看，分残疾类别老年人口接受康复服务的内容虽然包含了医疗康复项目、职业康复项目、教育康复项目和社会康复项目四个类型，但仍以医疗康复为主，社会康复次之，职业康复与教育康复则较少。

不同残疾类别老年人口的接受康复服务构成如图4—7所示。

2010年度全国残疾人状况监测主要数据报告显示，各类残疾人接受过康复服务的比例均有大幅度增加。2007年视力残疾人接受康复服务的比例为16.2%，到2010年相应比例上升为31.9%。2007年听力残疾人接受康复服务的比例为13.1%，到2010年相应比例上升为25.2%。言语残疾人接受康复服

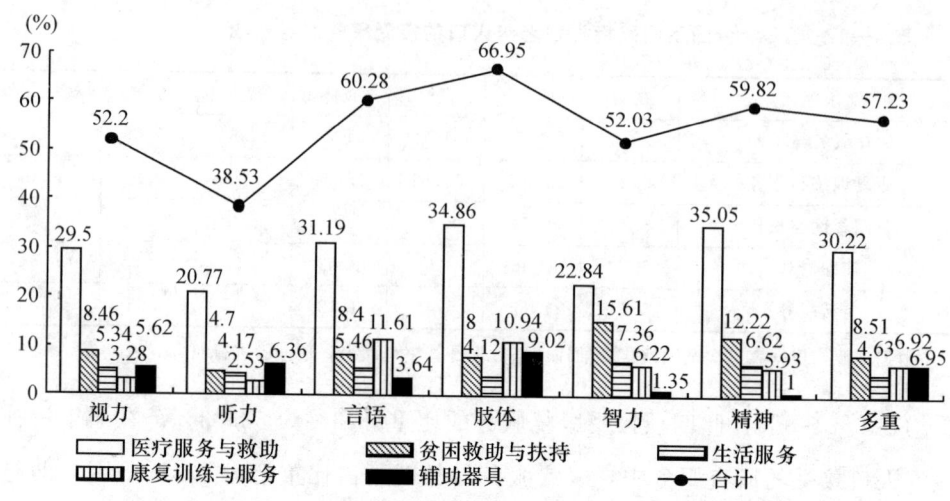

图 4—7　不同残疾类别老年人口的接受康复服务构成

注：图中视力残疾、听力残疾、言语残疾、肢体残疾与多重残疾类别老年残疾人口的合计数据均为接受医疗服务与救助、贫困救助与扶持、康复训练与服务、生活服务、辅助器具的五项比重之和，而智力残疾与精神残疾类别老年残疾人口的合计数据为前四项接受康复服务比重之和。

务的比例从 2007 年的 15.6% 上升到 2010 年的 22.4%。肢体残疾人接受康复服务的比例由 22.1% 上升为 2010 年的 35.9%。2007 年智力残疾人接受康复服务的比例为 17.0%，2010 年则提高到 30.3%。精神残疾人接受康复服务的比例为 32.1%，到 2010 年相应比例上升为 55.7%。多重残疾人 2007 年接受康复服务的比例为 20.1%，2010 年其比例已增加至 36.0%。与上年度相比，各类残疾人在一年内接受过康复服务的比例均有大幅度的增加，其中精神残疾人接受康复服务的比例增幅最快，比上年度增加了 14.4 个百分点，其他类别的残疾人接受康复服务的比例均有较快的增长。

分残疾类别接受过康复服务的残疾人比例见表 4—18。

表 4—18　　　　分残疾类别接受过康复服务的残疾人比例　　　　　　　%

残疾类别	2007 年度	2008 年度	2009 年度	2010 年度
视力残疾	16.2	21.7	21.3	31.9
听力残疾	13.1	16.1	17.1	25.2
言语残疾	15.6	17.0	19.1	22.4

4. 老年残疾人口的康复服务利用状况分析

续表

残疾类别	2007 年度	2008 年度	2009 年度	2010 年度
肢体残疾	22.1	25.1	24.5	35.9
智力残疾	17.0	20.0	19.5	30.3
精神残疾	32.1	42.1	41.3	55.7
多重残疾	20.1	25.9	24.1	36.0

数据来源：中国残疾人联合会，2010 年度中国残疾人状况及小康进程监测报告，2011

（二）对康复服务需求的满足状况

1. 总体状况

从分残疾类别老年残疾人口主要康复服务需求项目的满足情况看，针对医疗服务与救助、贫困救助与扶持、辅助器具、康复服务、生活服务方面的提供水平均较低，仅有肢体残疾、言语残疾、精神残疾与多重残疾类型老年残疾人口的医疗服务供给分别占需求的 66.93%、62.64%、51.72%、51.1%，以及精神残疾类型老年残疾人口的辅助器具供给占需求的 61.22%，其余项目的供给均不足需求的一半，各残疾类别老年残疾人口的主要需求没有得到有效满足，即存在 33% 以上的有康复服务需求的老年残疾人不能享受到康复服务供给。从康复服务类型方面来看，相比之下，分残疾类别老年人口医疗康复的需求满足程度相对较高，而社会康复的需求满足程度相对较差。

分残疾类别老年人口主要康复服务需求的满足情况见表 4—19。

在老年听力残疾人口的各主要需求项目中，辅助器具的需求满足状况最差，供给占需求的比例仅为 10.06%。在视力残疾、言语残疾、肢体残疾、精神残疾与多重残疾类型老年残疾人口的各主要需求项目中，贫困救助与扶持的需求满足状况均最差，供给占需求的比例均处于 15%～23%。在老年智力残疾人口的各主要需求项目中，康复训练与服务的需求满足状况最差，供给占需求的比例仅为 23.23%。

在有康复训练与服务需求的各残疾类别老年残疾人口中，老年智力残疾人口的需求满足程度最低，供给仅为需求的 23.23%。在有医疗服务与救助、贫困救助与扶持与辅助器具需求的各残疾类别老年残疾人口中，老年听力残疾人口的需求满足程度均最低,供给占需求的比例分别为38.79%、11.66%和10.06%。在有生活服务需求的各残疾类别老年残疾人口中,老年视力残疾人口的需求满足程度最低,供给仅为需求的24.55%。

表4—19 分残疾类别老年人口主要康复服务需求的满足情况

项目		视力	听力	言语	肢体	智力	精神	多重
医疗服务与救助	需求(人)	14 648	18 927	356	16 090	751	2 036	10 867
	供给(人)	6 295	7 341	223	10 769	338	1 053	5 553
	供给/需求(%)	42.98	38.79	62.64	66.93	45.01	51.72	51.1
贫困救助与扶持	需求(人)	11 681	14 262	323	14 768	828	1 604	9 165
	供给(人)	1 805	1 663	60	2 471	231	367	1 564
	供给/需求(%)	15.45	11.66	18.58	16.73	27.9	22.88	17.06
辅助器具	需求(人)	3 812	22 350	68	8 591	54	49	6 938
	供给(人)	1 200	2 248	26	2 788	20	30	1 277
	供给/需求(%)	31.48	10.06	38.24	32.45	37.04	61.22	18.41
康复训练与服务	需求(人)	2 093	3 496	243	9 104	396	666	3 770
	供给(人)	701	893	83	3 381	92	178	1 272
	供给/需求(%)	33.49	25.54	34.16	37.14	23.23	26.73	33.74
生活服务	需求(人)	4 639	4 536	116	4 078	426	697	3 027
	供给(人)	1 139	1 474	39	1 274	109	199	850
	供给/需求(%)	24.55	32.5	33.62	31.24	25.59	28.55	28.08

数据来源:根据第二次全国残疾人抽样调查数据计算整理而得,数据已进行四舍五入。

分残疾类别老年人口主要康复服务需求的满足情况如图4—8所示。

2. 需求偏好的满足状况

不同残疾类别老年残疾人口在主要接受康复服务项目的排位并不一致,显示出服务提供的残疾类型选择特征。

各残疾类别老年人口主要接受康复服务项目的排位见表4—20。

从具体接受康复服务项目的排位看,视力残疾、听力残疾、肢体残疾、言语残疾、智力残疾、精神残疾与多重残疾类别老年残疾人口获得服务的最优先项目均是医疗服务与救助,所占比重在20%~36%,排在第一位。视力残疾、智力残疾、精神残疾与多重残疾类别老年残疾人口获得服务的次级优先项目均

4. 老年残疾人口的康复服务利用状况分析

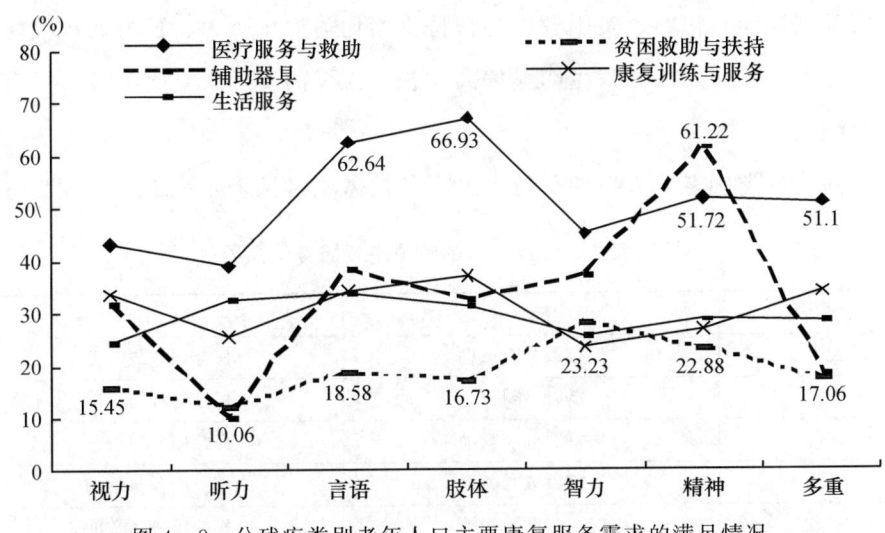

图 4—8　分残疾类别老年人口主要康复服务需求的满足情况

是贫困救助与扶持，所占比重在 8%～16%；肢体残疾、言语残疾类别老年残疾人口获得服务的次级优先项目均是康复训练与服务，所占比重均超过 10%；而听力残疾类别老年残疾人口获得服务的次级优先项目是辅助器具。就生活服务项目而言，智力残疾与精神残疾类别老年残疾人口接受康复服务的排位为第三位，比其他残疾类型老年残疾人口优先获得该项服务。

表 4—20　各残疾类别老年人口主要接受康复服务项目的排位

接受康复服务项目	视力	听力	言语	肢体	智力	精神	多重
医疗服务与救助	第一位	第一位	第一位	第一位	第一位	第一位	第一位
贫困救助与扶持	第二位	第三位	第三位	第四位	第二位	第二位	第二位
辅助器具	第三位	第二位	第五位	第三位	第七位	第六位	第三位
生活服务	第四位	第四位	第四位	第五位	第三位	第三位	第五位
康复训练与服务	第五位	第五位	第二位	第二位	第四位	第四位	第四位

数据来源：根据第二次全国残疾人抽样调查数据计算整理而得。

从需求偏好的满足情况来看，针对分残疾类别老年残疾人口的服务供给与主要需求的偏好之间存在明显的偏差与不匹配。以首位供需项目为例，听力老年残疾人口的首位需求为辅助器具，智力老年残疾人口的首位需求为贫困救助与扶持，而各残疾类别老年残疾人口的首位供给服务项目均为医疗服务与救助,实际辅助器具供给、贫困救助与扶持供给均落后于听力、智力老年残疾人口的实际需求偏好,二者发生明显偏离,相关人群的实际康复服务需求没有得到充分满足。

不同残疾类别老年人口的首位康复服务供需项目见表4—21。

表4—21　　　不同残疾类别老年人口的首位康复服务供需项目

残疾类别	首位需求	首位供给
视力	医疗服务与救助	医疗服务与救助
听力	辅助器具	医疗服务与救助
言语	医疗服务与救助	医疗服务与救助
肢体	医疗服务与救助	医疗服务与救助
智力	贫困救助与扶持	医疗服务与救助
精神	医疗服务与救助	医疗服务与救助
多重	医疗服务与救助	医疗服务与救助

数据来源:根据第二次全国残疾人抽样调查数据计算整理而得。

3. 各项目中需求主体的满足状况

从各接受康复服务项目中分残疾类别老年残疾人口的构成状况来看,视力残疾、听力残疾、肢体残疾与多重残疾类别老年残疾人口成为医疗服务与救助、贫困救助与扶持、康复训练与服务、辅助器具、生活服务项目的接受主体,而智力残疾、言语残疾、精神残疾类别老年残疾人口所占比重很小。

接受不同康复服务项目中的分残疾类别老年人口构成见表4—22。

表4—22　　　接受不同康复服务项目中的分残疾类别老年人口构成

项目(%)	视力	听力	言语	肢体	智力	精神	多重	合计
医疗服务与救助	19.94	23.25	0.71	34.11	1.07	3.34	17.59	100
康复训练与服务	10.62	13.53	1.26	51.23	1.39	2.70	19.27	100
贫困救助与扶持	22.12	20.38	0.74	30.28	2.83	4.50	19.16	100
辅助器具	15.81	29.62	0.34	36.74	0.26	0.40	16.83	100
生活服务	22.40	28.99	0.77	25.06	2.14	3.91	16.72	100

数据来源:根据第二次全国残疾人抽样调查数据计算整理而得,数据已进行四舍五入。

具体来看,在医疗服务与救助方面,接受该服务的肢体残疾、听力残疾类别老年残疾人口所占比重均在20%以上，视力残疾与多重残疾类别老年残疾人口的相应比重均超过17%，其中肢体残疾类别老年残疾人口的相应比重最高，达到34.11%，接受该服务的上述四项残疾类别老年残疾人口的比重总和约为94.89%。在辅助器具方面，接受该服务的肢体残疾类别老年残疾人口所占比重最高，为36.74%，听力残疾类别老年残疾人口所占比重接近30%，视力残疾与多重残疾类别老年残疾人口的比重均超过15%，上述四种残疾类别老年残疾人口的比重总和约为99%。在康复训练与服务方面，接受该服务的老年肢体残疾人口所占比重最高，超过50%，视力残疾、听力残疾与多重残疾类别老年残疾人口所占比重在10%～20%，此四种残疾类别老年残疾人口的比重总和约为94.65%。在贫困救助与扶持方面，接受该服务的老年肢体残疾人口所占比重最高，为30.28%，视力残疾、听力残疾与多重残疾类别老年残疾人口的比重在19%～23%，接受该服务的四种残疾类别老年残疾人口的比重总和约为91.94%。在生活服务方面，接受该服务的老年听力残疾人口所占比重最高，为28.99%，视力残疾、肢体残疾与多重残疾类别老年残疾人口的相应比重在16%～26%，四种残疾类别老年残疾人口的比重总和约为93.17%。

各接受康复服务项目中的分残疾类别老年人口构成如图4—9所示。

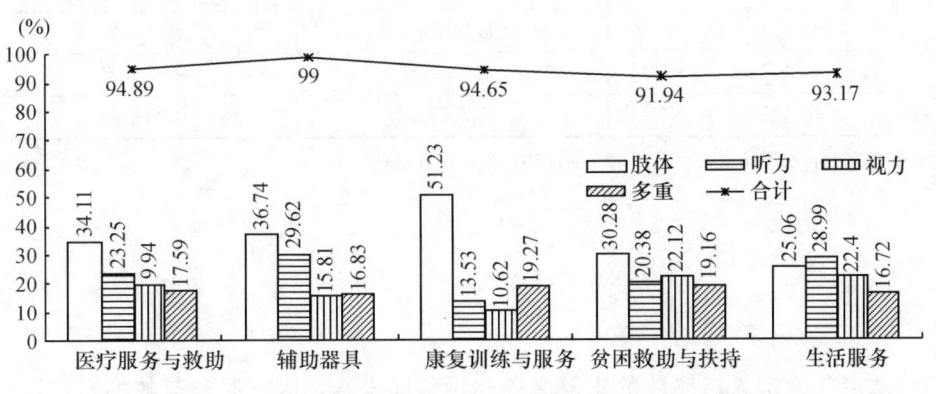

图4—9 各接受康复服务项目中的分残疾类别老年人口构成

归纳起来，在医疗服务与救助、贫困救助与扶持、辅助器具、康复训练与服务、生活服务各项目中，接受上述服务的听力残疾、肢体残疾、视力残疾与多重残疾类别老年残疾人口的比重之和均在90%以上,这四种残疾类别老年残疾人口成为以上五个项目的主要接受群体。其中,在生活服务项目方面,听力残疾类别老年残疾人口是最主要的接受群体;在贫困救助与扶持、康复训练与服务、医疗服务与救助、辅助器具方面,肢体残疾类别老年残疾人口是最主要的接受群体。

结合前文的分析,生活服务的最主要需求群体为视力残疾类别老年残疾人口,听力残疾类别老年残疾人口是医疗服务与救助、辅助器具项目的最主要需求群体,而供给却将听力残疾类别老年残疾人口作为生活服务项目的最主要提供对象,又将肢体残疾类别老年残疾人口作为医疗服务与救助、辅助器具的最主要提供对象。分残疾类别老年残疾人口的康复服务需求主体角色显然没有与供给针对的重点对象相匹配,二者存在严重偏离,相关群体的实际康复服务需求无法得到充分满足。

分残疾类别老年人口在康复供给与需求项目中的主体地位见表4—23。

表4—23 分残疾类别老年人口在康复供给与需求项目中的主体地位

项目	最主要供给对象	最主要需求群体
医疗服务与救助	肢体残疾	听力残疾
康复训练与服务	肢体残疾	肢体残疾
贫困救助与扶持	肢体残疾	肢体残疾
辅助器具	肢体残疾	听力残疾
生活服务	听力残疾	视力残疾

数据来源:根据第二次全国残疾人抽样调查数据计算整理而得。

4.3 小 结

从老年残疾人口整体的康复服务利用状况来看,医疗服务与救助、贫困救助与扶持、康复训练与服务、辅助器具、生活服务成为老年残疾人口接受康复服务的主体内容,依次列于第一位至第五位。从康复服务类型来看,老年残疾人口接受康复服务的内容虽然包含了医疗康复项目、职业康复项目、教育康复项目和社会康复项目四个类型，但仍以医疗康复为主，社会康复次之，职业康复与教育康复则较少。从与老年残疾人口密切相关的主要康复服务需求的满足状况来看，医疗服务与救助、贫困救助与扶持、康复训练与服务、生活服务、辅助器具方面的供给占需求的比例均不足1/2，即存在一半以上的有康复服务需求的老年残疾人口不能享受到康复服务供给，老年残疾人口的主要康复服务需求没有得到充分满足。从康复服务类型方面来看，相比之下，老年残疾人口整体的医疗康复需求满足程度相对较高，而社会康复的需求满足程度相对较差。

从老年残疾人口不同特征子群体的康复服务利用状况来看，分残疾类别、分年龄、分性别老年残疾人口的接受康复服务状况和康复服务需求满足状况各自呈现不同的特点。其一，从分年龄老年残疾人口的康复服务利用状况来看，老年残疾人口接受康复服务的内容以医疗康复为主，社会康复次之，职业康复与教育康复则较少。针对医疗服务、贫困救助与扶持、辅助器具、康复服务、生活服务方面的供给占需求的比例均较低，存在49％以上的有康复服务需求的老年残疾人口不能享受康复服务供给，分年龄老年残疾人口的主要康复服务需求没有得到充分满足；相比之下，老年残疾人口医疗康复的需求满足程度相对较高，而社会康复的需求满足程度相对较差。从需求偏好的满足情况来看，针对分年龄老年残疾人口的康复服务供给与主要需求的偏好之间存在明显的不匹配，相关人群的实际康复服务需求没有得到充分满足。

其二，从分性别老年残疾人口的康复服务利用状况来看，老年残疾人口接受康复服务的内容以医疗康复为主，社会康复次之，职业康复与教育康复则较少。针对医疗服务、辅助器具、康复服务、生活服务及贫困救助与扶持方面的供给占需求的比例均较低，存在48％以上的有康复服务需求的老年残疾人口不能享受康复服务供给，分性别老年残疾人口的主要康复服务需求没有得到充分满足；相比之下，老年残疾人口医疗康复的需求满足程度相对较高，而社会康复的需求满足程度相对较差。同时，分性别老年残疾人口在具体项目中的需求主体角色没有与供给针对的重点对象相匹配，其实际康复服务需求没有得到充分满足。

其三，从分残疾类别老年人口的康复服务利用状况来看，老年残疾人口接受康复服务的内容以医疗康复为主，社会康复次之，职业康复与教育康复则较少。针对医疗服务、贫困救助与扶持、辅助器具、康复服务、生活服务方面的供给占需求的比例均较低，存在33%以上的有康复服务需求的老年残疾人口不能享受康复服务供给，分残疾类别老年人口的主要康复服务需求没有得到充分满足；相比之下，老年残疾人口医疗康复的需求满足程度相对较高，而社会康复的需求满足程度相对较差。从需求偏好的满足情况来看，针对各残疾类别老年人口的服务供给与主要需求的偏好之间存在明显的不匹配，相关人群的实际康复服务需求没有得到充分满足；同时，分残疾类别老年人口在具体项目中的需求主体角色没有与供给所针对的重点对象相匹配，相关群体的实际康复服务需求没有得到充分满足。

5. 影响老年残疾人口康复服务供给的相关因素分析

本章结合第二次全国残疾人抽样调查数据及相关统计资料,通过演绎应用符合实际的新理论分析框架,从以家庭和社区为代表的非制度性康复服务供给与康复服务保障制度供给方面,进一步深入理解和分析影响老年残疾人口康复服务供给的相关因素。

5.1 分析框架的确定

为了能够更好地理解和探究影响老年残疾人口康复服务供给的相关因素,具体的理论应用与分析必不可少,福利三角理论为之提供了新的视角与工具。罗斯认为,社会中的福利来源于三个部门:家庭、市场和国家。这三者作为福利的提供方,任何一方对于其他两方都有所贡献,将三方提供的福利整合,就形成了一个社会的福利整体。[1] 在现代社会中,福利的总量等于家庭中生产的福利,加上通过市场买卖而获得的福利,再加上国家提供的福利。伊瓦思借鉴了罗斯的观点,将之演绎为家庭、(市场)经济和国家共同组成福利整体,并称之为福利三角。伊瓦思认为,福利三角展示了三方的互动关系。[2](市场)经济提供着就业福利;个人努力、家庭保障和小区的互助是非正规福利的核心;国家通过正规的社会福利制度将社会资源进行再分配。在一定的文化、经

---

[1] Rose R. 1986. Common Goals but Different Roles: the State's Contribution to the Welfare Mix. In Rose, R. and Shirator R. (Ed.) The Welfare State East and West. Oxford: Oxford University Press.

[2] Evers A., Wintersberger H.. Shifts in the Welfare Mix: Their Impact on Work, Social Services and Welfare Policies. Eurosocial, Vienna, 1988.

济、社会和政治背景中,国家提供的社会福利和家庭提供的家庭福利可以分担社会成员在遭遇市场失败时的风险。[①] 福利三角理论在不同学者的研究应用中有着不同的诠释。阿布瑞汉森的福利三角是提供权力的国家、提供财源的市场和提供团结的市民社会的组合。[②] 杜非的研究则认为,国家一角提供保障和被动性,市场一角提供机会和风险,市民社会一角提供团结和分离,由此组成一个分析社会排斥和社会融合的福利三角。[③] 德柳波格和魏甘德在讨论作为社会危机管理的社会政策时指出,社会福利产生于社会中的福利三角制度之中,这三种主要的制度是市场、家庭和公共权威;福利三角制度的角色和制度之间的互动关系是理解社会政策作为社会危机管理安排的关键。[④] 约翰逊在罗斯的福利多元部门组合中加进了志愿机构,将提供社会福利的部门分为四个部分,即国家部门提供的直接和间接福利;商业部门提供的职工福利,向市场提供有营利性质的福利;志愿部门,如自助、互助组织,非营利机构,压力团体,小区组织等提供的福利;非正规部门,如亲属、朋友、邻里提供的福利。[⑤]

福利三角理论及其相关研究,为分析老年残疾人口康复服务问题拓宽了视野与思路。通过以上的分析可以总结归纳出,家庭与代表国家的福利制度构成福利三角的稳定的组合要素,在诸多学者特别是约翰逊的推动下,福利三角理论的发展与应用已经超出了原有的内涵;社会的各个部门都可以贡献福利,组合成为一个社会的整体福利,福利三角可以包含在福利多元组合的内涵中。在中国,家庭一直以来都是为残疾人提供基本康复服务的重要社会单位。随着社会经济的发展,包括康复服务保障制度在内的社会福利正在逐渐走向完善,日益成为提供残疾人康复服务的重要一极。市场可以为劳动年龄段在职残疾人口

---

① Evers A.. The Welfare Mix Approach: Understanding the Pluralism of Welfare Systems. in Evers, A. &I. Svetlik (eds.), Balancing Pluralism.

② Abrahamson P. 1994, "Welfare Pluralism: Towards a New Consensus for a European Social Policy." in Poverty and Social Politics: The Changing of Social Europe. Samiko Project, Copenhagen.

③ Duffy K.. The Human Dignity and Social Exclusion Project—Research Opportunity and Risk: Trends of Social Exclusion in Europe. Strasbourg: Council of Europe, 1998.

④ De Neubourg C., C. Weigand. Christine Social Policy as Social Risk Management. The European Journal of Social Sciences, 2000, 13 (4).

⑤ Johnson N. Mixed Economies of Welfare: A Comparative Perspective. London, NewYork: Prentice-Hall Europe, 1999.

提供就业福利进而提供康复服务。但老年残疾人口大多已经退出劳动力市场，并且由于自身健康状况其再次就业的可能很小，因此如果将市场作为老年残疾人的福利服务提供者将很难具有说服力。同时应该认识到，广大老年残疾人生活在社区之中，社区正扮演着除家庭以外更为切实的康复服务供给者角色。在充分考虑中国老年残疾人口所处实际环境的基础上，结合福利三角理论，可以演绎出新的福利三角框架：家庭、社区和康复服务保障制度。利用符合实际应用的新分析框架，可以从以家庭和社区为代表的非制度性康复服务供给与康复服务保障制度供给两大方面，进一步深入理解和分析影响老年残疾人口康复服务供给的相关因素。

5.2 非制度性康复服务供给分析

家庭与社区构成老年残疾人口非制度性康复服务供给的两大主要来源。本小节首先从老年残疾人口的家庭结构、婚姻状况和家庭收入等方面分析老年残疾人口家庭的康复服务供给能力，其次从社区康复服务设施、康复服务人员、社区康复经费投入、社区服务机构的可及性、农村社区康复与社区卫生体系的关系、城乡社区康复发展的均衡性、人们对社区康复的认识等方面分析老年残疾人口所在社区的康复服务供给能力。

5.2.1 来自老年残疾人家庭方面的供给分析

（一）老年残疾人的家庭结构特征制约了康复服务供给能力

第二次全国残疾人抽样调查主要数据公报（第二号）显示，全国有残疾人的家庭户共7 050万户，占全国家庭户总户数的17.80%；有残疾人的家庭户的总人口占全国总人口的19.98%，有残疾人的家庭户规模为3.51人。[①] 残疾人家庭大体上由1人户至9人户类型构成。其中，1人户占有残疾人的家庭户总量的8.80%，2人户占有残疾人的家庭户总量的23.16%，3人户占有残疾

[①] 第二次全国残疾人抽样调查办公室. 第二次全国残疾人抽样调查主要数据手册. 北京：华夏出版社，2007.

人的家庭户总量的20.72%，4人户占有残疾人的家庭户总量的19.74%，5人户的相应比重为15.17%，6人及以上户的相应比重均在10%以下；2人户与3人户家庭最多，所占比重均在20%以上，1人户至3人户家庭合计比重超过半数，达到52.68%。2010年度中国残疾人状况及小康进程监测报告显示，残疾人家庭户平均规模为3.33人。其中，残疾人家庭户规模为2人的比例最高，达到27.1%，3人户家庭比例为19.8%，4人户家庭比例为17.1%，5人户及以上家庭所占比例合计为24.4%，1人户残疾人家庭比例为11.6%。[①] 总体来看，1人户至3人户成为残疾人家庭户的主体类型，家庭内部成员提供残疾人康复服务的支持力非常有限。

全国残疾人口家庭户状况见表5—1。

表5—1　　　　　　　　全国残疾人口家庭户状况

家庭户类别	数量（户）	比重（%）
1人户	12 499	8.80
2人户	32 912	23.16
3人户	29 443	20.72
4人户	28 052	19.74
5人户	21 554	15.17
6人户	11 524	8.11
7人户	4 135	2.91
8人户	1 786	1.26
9人户	207	0.15
总计	142 112	100

数据来源：根据第二次全国残疾人抽样调查数据计算整理而得，数据已进行四舍五入。

从家庭构成方面来看，残疾人家庭中，1家多残、1家全残的比重不低。1人户占有残疾人家庭户的8.80%，2人户中的全残家庭户所占比重为13.14%，3人户中有2个残疾人的家庭户占11.30%，全残家庭户所占比重为1.13%。残疾人的居住方式与其获得的家庭支持程度同样密切相关。根据调查

---

① 中国残疾人联合会. 2010年度中国残疾人状况及小康进程监测报告. 2011.

数据,农村残疾人的家庭户类别大多为二代户和三代户家庭,分别占38%和33%;其次为一代户家庭,占26%;四代户及以上的家庭仅占3%,农村残疾人大部分生活在三代以内的家庭户中。对于生活在一代户中的残疾人,可以分为独居残疾人和生活在2人及以上的家庭户的残疾人。调查数据显示,农村中的独居残疾人占残疾人一代户家庭的33.4%,占农村残疾人所有家庭户的8.7%,由此推算,全国农村独居残疾人超过460万。

全国有残疾人家庭户的家庭结构见表5—2。

表5—2　　　　　　　　全国有残疾人家庭户的家庭结构

家庭户类别		1个残疾人	2个残疾人	3个残疾人	合计
1人户	数量(户)	12 499			12 499
	比例(%)	100			100
2人户	数量(户)	28 589	4 323		32 912
	比例(%)	86.86	13.14		100
3人户	数量(户)	25 782	3 328	333	29 443
	比例(%)	87.57	11.30	1.13	100

数据来源:根据第二次全国残疾人抽样调查数据计算整理而得,数据已进行四舍五入。

与全体残疾人家庭户的结构状况相比,老年残疾人口的相应情形更是不容乐观。第二次残疾人抽样调查数据显示,全国60岁及以上老年残疾人总数为85 260人,有老年残疾人的家庭户共78 680户,据此可得老年残疾人家庭平均户规模约为1.08,远小于全国有残疾人的家庭户户规模3.33人。再以北京市为例,2006年第二次残疾人抽样调查共计调查了26 670个家庭户,其中有残疾人的家庭户为4 293户,老年残疾人的家庭户2 755个,老年残疾人家庭占残疾人家庭户的64.2%,成为残疾人家庭户的主体。[①] 从家庭户规模方面看,北京市老年残疾人的平均户规模为2.97,小于残疾人家庭户规模(3.03人),更小于全国有残疾人的家庭户规模。从分城乡情况看,农村老年残疾人的户规模为3.09,城市老年残疾人的户规模为2.93,农村老年残疾人的户规

[①] 梅运彬.老年残疾人及其社会支持研究——以北京市为例.武汉:武汉理工大学出版社,2010.

模相对较高，但两者差别不大。[①] 在考虑到城乡二元结构下的农村老年人口缺少制度性康复服务保障安排的情况下，农村老年残疾人的家庭支持力依然非常薄弱。从家庭户构成方面来看，老年残疾人家庭中 1 人户占 11%，2 人户占 37%，3 人户占 17%，4 人及以上户占 35%，即将近一半的老年残疾人生活在 2 人家庭或孤独家庭中，高于全国残疾人家庭户相应水平约 16 个百分点。另外，从老年残疾人家庭中的残疾人数来看，一户多残的家庭户比例不低。调查数据显示，老年残疾人家庭中有 1 位残疾人的占 78.9%，但有 2 位残疾人的占 20.1%，有 3 位残疾人的占 0.9%，有 4 位残疾人的占 0.1%，1 户多残家庭合计达 21.1%，远高于全国残疾人家庭户相应水平。综上可知老年残疾人口的家庭资源比较匮乏，康复服务支持能力极为薄弱。

（二）老年残疾人的婚姻状况制约了康复服务供给能力

残疾人婚姻状况不仅直接反映其情感生活的丰富程度，也体现其获得家庭生活保障和服务保障的水平。稳定的家庭和社会支持有助于提升残疾人的康复效果。而长期的生活和劳动能力缺陷则会影响婚姻质量，婚姻状况反过来会显著影响残疾人的生活能力和社会参与能力。研究表明，在婚的残疾人轻度社会参与能力障碍的发生率较高，而未婚的残疾人中，重度社会参与能力障碍的发生率比较高。[②] 老年残疾人口的家庭婚姻状况对其社会康复（日常生活照料以及精神慰藉等）有着极其重要的影响，如果没有配偶的扶助，老年残疾人口的康复服务保障水平将大打折扣。然而调查数据显示，老年残疾人口的婚姻状况不容乐观，家庭康复服务的充足性和提供能力受到严重制约。

与 1987 年第一次全国残疾人抽样调查相比，2006 年残疾人在婚比例上升了 6.91 个百分点，婚姻状况有所改善，但残疾人口整体在婚有配偶比例低、离婚及丧偶比例高的特征十分突出。残疾人整体的在婚率只有 60.82%，缺乏配偶扶持的人群接近 40%。调查数据同时还显示，与非残疾人相比，残疾人的离婚和丧偶比例高于前者约 20 个百分点，而在婚有配偶比例则低于前者约

[①] 姚远. 北京市老年残疾人问题与研究//北京市第二次全国残疾人抽样调查课题研究论文集. 2008：102－109.

[②] 王献蜜，刘梦. 中国残疾人婚姻家庭现状及主要需求研究. 中华女子学院学报，2008（3）.

15个百分点。

全国残疾人口婚姻状况见表5—3。

表5—3　　　　　　　　全国残疾人口婚姻状况　　　　　　　　　　%

类别	年份	离婚和丧偶	未婚	在婚有配偶
残疾人口	1987	27.32	18.77	53.91
残疾人口	2006	26.76	12.42	60.82
非残疾人口	2006	6.17	18.15	75.68

数据来源：根据第二次全国残疾人抽样调查数据计算整理而得，数据已进行四舍五入。

2007—2010年残疾人状况及小康进程监测报告监测结果进一步显示，适龄残疾人的在婚率（男22岁以上，女20岁以上）为62.5%，离婚率为2.3%，适龄残疾人婚姻状况呈现稳定态势。但残疾人婚姻状况仍需关注。残疾人结婚难、初婚时间晚的问题依然存在。尤其是男性残疾人比女性残疾人结婚难的问题更为突出，其未婚和离婚的比例显著高于女性，而女性丧偶的比例显著高于男性。虽然经过近20年的时间，残疾人的未婚率有所下降，但残疾人的初婚年龄比例比较高的却是在50岁以后。适龄残疾人在婚率远低于全社会83.1%的水平。

适龄残疾人的婚姻状况见表5—4。

表5—4　　　　　　　　适龄残疾人的婚姻状况　　　　　　　　　　%

	2007年度	2008年度	2009年度	2010年度
未婚	11.9	12.5	11.4	11.9
初婚有配偶	59.3	58.9	60.0	59.6
再婚有配偶	3.3	3.2	3.0	2.9
离婚	2.1	2.1	2.2	2.3
丧偶	23.4	23.2	23.3	23.3

数据来源：中国残疾人联合会，2010年度全国残疾人状况及小康进程监测报告，2011年。

老年期是人一生中遭遇丧偶的高发期。从分年龄残疾人口来看，老年残疾人口的丧偶比重高达41.33%。老年残疾人口的离婚和丧偶比重高于残疾人整体相应水平约 15 个百分点，高于非残疾人约 36 个百分点。如果再考虑到未婚情况，老年残疾人口的实际无配偶比重高达 44.44%。而包括初婚有配偶和再婚有配偶的老年残疾人比重仅为 55.56%，远低于残疾人整体和非残疾人的相应水平。与此同时，随着年龄的增长，老年残疾人口的丧偶比例逐渐增加，高龄老年残疾人口的实际有配偶比重更低。

全国老年残疾人口婚姻状况见表 5—5。

表 5—5　　　　　　　　全国老年残疾人口婚姻状况

类别	人次（人）	比例（%）
未婚	2 062	2.42
初婚有配偶	45 249	53.07
再婚有配偶	2 120	2.49
离婚	591	0.69
丧偶	35 238	41.33
合计	85 260	100

数据来源：根据第二次全国残疾人抽样调查数据计算整理而得，数据已进行四舍五入。

（三）老年残疾人的家庭收入状况制约了康复服务供给能力

与残疾人整体相比，老年残疾人口因为年龄和残疾双重弱势特征，其不在业水平较高、收入来源相对有限，往往处于较为贫困的境遇，需要依靠来自家庭的扶助。因为年龄因素，老年残疾人口大多处于退出劳动力市场的状态；因为残疾因素，其再次就业的可能性更小。因此，从年龄别残疾人口的不在业率水平来看，老年残疾人口的不在业率很高。不仅高于残疾人口整体的相应水平（69.62%），而且远远高于劳动年龄残疾人口的比例（48.73%），达到 86.44%。另一方面，单从不在业残疾人口的构成来看，老年残疾人口所占比重超过 2/3，为 68.78%，成为不在业残疾人口的主要群体。由于大多处于不在业状态，老年残疾人口通过劳动获得收入的可能性大大降低，同时其面临贫困的风险也随之放大。

全国在业残疾人口的年龄构成情况见表 5—6。

5. 影响老年残疾人口康复服务供给的相关因素分析

表 5—6　　　　　　　　全国在业残疾人口的年龄构成情况

年龄		残疾人口	在业人口	不在业人口
总计	人数（人）	153 910	46 752	107 158
15～59 岁	人数（人）	68 650	35 194	33 456
	比例（%）	44.60	75.28	31.22
60 岁及以上	人数（人）	85 260	11 558	73 702
	比例（%）	55.40	24.72	68.78

数据来源：根据第二次全国残疾人抽样调查数据计算整理而得，数据已进行四舍五入。

从收入的角度来考察，如果残疾人口的收入来源较为丰富，其陷入贫困的风险就会得到一定程度的缓解。2010 年度残疾人状况及小康进程监测报告显示，有劳动能力未就业残疾人的生活主要来源，城镇中依次为家庭其他成员供养（37.6%）、领取基本生活费（35.0%）、离退休金（18.2%）、其他（7.6%）；农村中依次为家庭其他成员供养（70.0%）、其他（15.0%）、领取基本生活费（14.0%）、财产性收入（0.7%）。[①] 城镇和农村未就业者的生活来源比较有限，仍然以家庭供养为主。

全国未工作残疾人口收入来源构成状况见表 5—7。

表 5—7　　　　　　　全国未工作残疾人口收入来源构成状况

年龄	未工作残疾人	离退休金	领取基本生活费	家庭其他成员供养	财产性收入	保险收入	其他
合计（人）	107 158	18 653	8 179	77 523	663	64	2 076
比重（%）	100	17.41	7.63	72.34	0.62	0.06	1.94
15～59 岁（人）	33 456	2 844	4 162	25 205	296	17	932
比重（%）	100	8.50	12.44	75.34	0.89	0.05	2.79
60+（人）	73 702	15 809	4 017	52 318	367	47	1 144
比重（%）	100	21.45	5.45	70.99	0.50	0.06	1.55

数据来源：根据第二次全国残疾人抽样调查数据计算整理而得，数据已进行四舍五入。

与此相似，目前老年残疾人大部分依靠家庭的照顾与扶持。第二次全国残疾人抽样调查数据显示，未工作老年残疾人口的个人积累性财富很少，其财产

---

① 中国残疾人联合会. 2010 年度全国残疾人状况及小康进程监测报告. 2011.

性收入、保险收入和其他来源所占比重很小,三者之和仅为 2.11%;同时老年残疾人群体的制度保障性收入所占比重不大,其领取基本生活费和离退休金的比重分别为 5.45% 和 21.45%;另一方面,"依靠家庭其他成员供养"的单项比重达到了 70.99%,家庭成为老年残疾人口生活服务保障的重要提供者。而且随着年龄的增长,老年残疾人口对家庭其他成员供养的依靠程度逐步加深。60~69 岁低龄老年残疾人口中依靠家庭其他成员供养的比例为 66.65%,70~79 岁中龄老年残疾人口中依靠家庭其他成员供养的比例为 70.42%,高出前者的相应比例约 4 个百分点,而 80 岁及以上高龄老年残疾人口的相应比例约为 76.8%,又分别高出低龄老年残疾人口与中龄老年残疾人口相应比例约 10 个百分点和 6 个百分点。

全国未工作老年残疾人口收入来源构成见表 5—8。

表 5—8 全国未工作老年残疾人口收入来源构成

年龄段	未工作残疾人	离退休金	领取基本生活费	家庭其他成员供养	财产性收入	保险收入	其他
60~69 岁	100%	25.14%	5.57%	66.65%	0.78%	0.06%	1.8%
70~79 岁	100%	22.2%	5.32%	70.42%	0.46%	0.06%	1.54%
80 岁及以上	100%	16.01%	5.55%	76.8%	0.26%	0.07%	1.3%
合计	100%	21.45%	5.45%	70.99%	0.50%	0.06%	1.55%

数据来源:根据第二次全国残疾人抽样调查数据计算整理而得,数据已进行四舍五入。

家庭户的收入水平是反映残疾人家庭的经济支持能力的重要指标之一。调查数据显示,残疾人家庭收入整体偏低,贫困问题仍然比较突出。从全国有残疾人的家庭户 2005 年人均全部收入来看,城镇相应水平为 4 864 元,农村为 2 260 元。而当年全国城镇人均收入水平为 11 321 元,农村为 4 631 元,不论城市还是农村,残疾人家庭人均收入都不足全国人均水平的一半,差距非常明显。[①] 特别是在农村残疾人家庭中,其贫困状况远远高于全国整体水平。农村残疾人家庭年人均全部收入低于 683 元的约 684 万户,约 12.95% 的家庭户处

---

① 第二次全国残疾人抽样调查办公室. 第二次全国残疾人抽样调查主要数据手册. 北京:华夏出版社,2007.

于绝对贫困状态；年人均全部收入在 684～944 元的约 420 万户，即 7.96% 的家庭户处于贫困边缘。

全国农村残疾人分残疾等级收入情况见表 5—9。

表 5—9　　　　　　　　全国农村残疾人分残疾等级收入情况

户人均全部收入 （元/人·年）	残疾人户 （万户）	残疾人（万人）				小计
		一级	二级	三级	四级	
0～683 元	684	186	123	234	325	868
684～944 元	420	107	66	139	203	515
945 元以上	4 177	835	593	1 307	2 107	4 842
合计	5 281	1 128	782	1 680	2 635	6 255

数据来源：第二次全国残疾人抽样调查办公室. 第二次全国残疾人抽样调查主要数据手册. 北京：华夏出版社，2007：50.

由于老年残疾人家庭 1 户多残的比例不低，加之因残疾而产生的生活支出多于健全人，因此老年残疾人家庭户的生活境况非常窘迫。2005 年，全国有老年残疾人的家庭共 78 680 户，其中有 8 722 户家庭人均收入在 0～683 元，即处于贫困状态，所占比例为 11.09%；还有占 6.99% 的家庭户人均收入在 684～994 元，即处在绝对贫困边缘。2005 年老年残疾人家庭户人均收入为 3 246 元，城镇相应水平为 5 904 元，农村为 2 261 元，略微高于全国残疾人家庭户水平，但差异极小；与当年全国人均收入水平相比较，城镇与农村老年残疾人家庭户的收入水平仅相当于前者的 52.15% 和 48.82%，其低收入水平严重影响了康复服务供给能力。

老年残疾人家庭户人均收入水平状况见表 5—10。

另外，残疾人家庭人均可支配收入与恩格尔系数也是反映残疾人家庭生活水平和生活质量的基础和核心指标。2010 年度残疾人状况及小康进程监测报告表明，残疾人生存状况逐步改善，残疾人家庭人均收入明显提高。[①] 残疾人家庭人均可支配收入实现程度比上年度提高 4.5 个百分点。从绝对量上看，2010 年度，城镇残疾人家庭人均可支配收入为 9 365.8 元，比上年度增长

---

① 中国残疾人联合会. 2010 年度全国残疾人状况及小康进程监测报告. 2011.

表 5—10　　　　　　　老年残疾人家庭户人均收入水平状况

收入水平	数量	单位
户人均收入	3 426	元
城市	5 904	元
农村	2 261	元
人均收入在 0~683 元之间	8 722	户
人均收入在 684~994 元之间	5 499	户
合计	14 221	户

数据来源：第二次全国残疾人抽样调查办公室.第二次全国残疾人抽样调查资料（上）.北京：中国统计出版社，2007：405.

9.2%；农村残疾人家庭人均可支配收入为 4 739.2 元，比上年度增长 16.6%。扣除物价影响，2010 年度城乡残疾人家庭人均可支配收入是 2007 年以来增长幅度最大的一年。但残疾人家庭人均可支配收入仅相当于全国平均水平的 59.0%，差距明显。其中，农村残疾人家庭人均可支配收入占全国农村居民家庭人均可支配收入的 92.0%；城镇残疾人家庭人均可支配收入仅占全国城镇居民家庭人均可支配收入的 54.5%。

残疾人家庭恩格尔系数见表 5—11。

表 5—11　　　　　　　残疾人家庭恩格尔系数　　　　　　　　%

类别	2007 年度	2008 年度	2009 年度	2010 年度
城镇	43.8	47.2	44.7	46.4
农村	47.7	51.5	47.0	47.4

数据来源：中国残疾人联合会，2010 年度全国残疾人状况及小康进程监测报告，2011 年。

一般说来，随着居民生活水平的提高，恩格尔系数会呈下降的趋势。2010 年度残疾人状况及小康进程监测报告显示，残疾人家庭恩格尔系数为 47.0%，比上年度的 46.2%有所回升。由于受食品价格上涨因素的影响（2009 年 3 月至 2010 年 3 月食品价格上涨 5.1%），城镇残疾人家庭恩格尔系数为 46.4%，比上年度增加 1.7 个百分点；农村残疾人家庭恩格尔系数为 47.4%，比上年度增加 0.4 个百分点。2010 年度残疾人家庭恩格尔系数比全国居民家庭恩格尔系数 38.9%高出 8.1 个百分点。其中，城镇残疾人家庭恩格尔系数高出全国城镇居民家庭恩格尔系数9.9个百分点；农村残疾人家庭恩格尔系数高出全国农村居民家庭恩格尔系数6.4个百分点。① 这表明，残疾人家庭生活水平与质量明显落后于全国水平，提高残疾人家庭的收入水平和康复服务供给能力的任务依然非常迫切。

5.2.2 来自老年残疾人社区方面的供给分析

残疾人康复服务的主要目的是通过康复训练和治疗，恢复改善机体功能，提高残疾人的社会参与能力，改善残疾人的生活质量，减轻残疾人家庭以及社会的负担。在20世纪60年代后期，残疾人医疗康复服务往往集中于机构照顾而非社区康复。当时大多数发展中国家的康复服务缺乏统筹规划和部门的协调，服务人员的类型和工作模式在很大程度上沿袭西方工业化国家的康复机构，其运营效果并不理想，病人的单位成本也较高。即便一些先进的康复服务和技术已在发展中国家推行，其结果也往往令人沮丧或几乎完全失败。20世纪70年代中期，欠发达地区的传统康复体系在技术、服务和管理上亟须实质性的变革已经成为共识。② 1978年《阿拉木图宣言》主张把初级卫生保健作为实现"人人共享健康"目标的主要战略，康复援助开始从支持大城市的医院和康复中心建设转移到社区。在该宣言之后，世界卫生组织发起并倡导社区康复。作为一种最佳的利用初级卫生保健和社区资源的服务提供方式，其目标是提高初级卫生保健服务和康复服务对中低收入国家的残疾人的可及性。发展至今，社区康复已经成为一项旨在促进康复、减少贫困、促进机会均等和促进所有残疾人融入社会的社区发展战略。③ 社区康复服务的理念于20世纪80年代引入中国。1986年，广东、山东、吉林、内蒙古等省区相继开展了社区康复试点。④ 2008年出台的《中共中央 国务院关于促进残疾人事业发展的意见》

---

① 中国残疾人联合会. 2010年度全国残疾人状况及小康进程监测报告. 2011.

② Einar Helander. 25 YEARS OF COMMUNITY—BASED REHABILITATION. Asia Pacific Disability Rehabilitation Journal，2000：11 (1).

③ World Health Organization. Community—based Rehabilitation：CBR Guidelines. Geneva：World Health Organization，2010 (1).

④ 张金明，赵悌尊. 国际社区康复发展趋势及对中国社区康复工作的思考. 中国康复理论与实践，2011, 17 (2)：184－186.

中提出,逐步实现残疾人"人人享有康复服务",大力开展社区康复,推进康复进社区,服务到家庭。① 从开展侧重医疗康复的社区康复服务试点,到把社区康复工作纳入各地社区发展规划当中,进而在国家层面对其重要的战略意义给予肯定并作为实现残疾人"人人享有康复服务"的根本措施,中国社区康复服务的发展经历了从简单移植到因地制宜、由社区规划向多部门和国家统筹的转变过程,其服务内容也逐步走向多元化。

根据《2010年中国残疾人事业发展统计公报》,截至2010年,中国已有831个市辖区和1 676个县(市)开展了社区康复工作,累计建立社区康复站14.5万个,累计1 268.3万残疾人得到康复服务。社区是残疾人康复服务的主要提供者,社区服务覆盖率直接反映残疾人社会服务水平和残疾人工作社会化水平,也反映和谐社区建设的水平。2010年度全国残疾人状况及小康进程监测报告显示,残疾人接受社区服务比例有所提高。② 残疾人接受社区服务的比例由上年度的17.0%上升至25.3%,比上年度提高8.3个百分点。其中城镇残疾人接受社区服务的比例从23.6%提高到31.2%,农村由13.0%提高到22.2%。另一方面,社区是残疾人走出家庭、融入社会的主要场所,社区活动参与率直接反映了残疾人社会参与水平。2007—2010年度残疾人参加社区文化、体育活动的比例较低,经常参加的比例基本保持在5%,偶尔参加活动的比例不足30%。2010年度残疾人社区活动参与率仅为33.7%,比上年度提高3.8个百分点,但仍有近2/3的残疾人还没有真正走出家门,融入社会。2010年全国残疾人状况及小康进程监测报告同时显示,2010年中国残疾人康复服务覆盖率仅为33.5%,残疾人康复服务总体水平不高,社区服务覆盖率依然较低,仍需大力推进。

根据社区残疾人情况调查数据,全国624 659名残疾人生活在5 964个社区中,持证残疾者占社区残疾人口的34.59%。③ 有残疾人协会(小组)的社

---

① 中共中央国务院关于促进残疾人事业发展的意见. 北京:华夏出版社,2008.
② 中国残疾人联合会. 2010年度全国残疾人状况及小康进程监测报告. 2011.
③ 第二次全国残疾人抽样调查办公室. 第二次全国残疾人抽样调查主要数据手册. 北京:华夏出版社,2007.

区刚刚超过一半,有残疾人专职委员的社区只有40%左右,有社区康复协调员的社区勉强超过30%。社区康复试图通过广泛的社会动员,将所有可利用的人、财、物等资源充分调动起来,在良性互动中实现可持续发展。然而,目前中国残疾人社区康复服务主要由国家包办和自上而下推动,非营利组织、商业企业和其他社会力量没有广泛参与进来。① 由于残疾人社区建设尚处于发展完善的进程之中,社会力量参与不足,可以利用的资源非常有限。社区康复服务设施薄弱、康复服务人员匮乏、社区康复经费投入不足、社区服务机构的可及性较差、农村社区康复未能有效融入社区卫生体系、城乡社区康复发展不均衡、人们对社区康复存在认识上的偏差等因素严重制约了为残疾人群体提供康复服务保障的水平和效果。因此,全国多数地方的社区提供康复服务的能力非常有限。②

(一) 康复服务设施薄弱

在社区康复配套设施方面,中国多数地区的康复服务能力薄弱。许多地方受财力制约,没有专项经费投入,存在康复服务场所较少、残疾人基础设施相当落后、康复训练设备缺乏的普遍现象,不具备应有的为残疾人服务的功能。现有机构基础设施水平、功能设置、活动场所等方面都有较大缺陷,大部分缺少医疗康复室和活动场所,多数只能提供吃住等供养服务。不少康复中心建筑陈旧、设备简陋,健身广场往往缺乏适合残疾人的设施,绝大多数建筑缺乏无障碍通道,盲道被占用的状况很普遍。康复站内的器材技术含量低、只是最基本的锻炼器材,无法使盲人和聋哑人得到锻炼。

第二次全国残疾人抽样调查数据表明,全国有康复站的社区不足1/4。在社区康复站和康复协调员配置方面,天津、上海和北京社区康复站与社区协调员配置的比例均接近或超过50%,其中天津和上海两地的社区康复协调员的配置比例超过90%,而云南的配置比例分别为2%和1.5%,为全国最低。从分城乡角度来看,天津、上海和青海的城市地区社区康复站比例最高,分别为

---

① 袁晶. 关于完善我国社区康复服务的思考. 辽宁医学院学报, 2012 (1).
② 中国残疾人康复服务覆盖面扩大但仍存空白, 中国广播网, http://www.cnr.cn/gundong/201208/t20120827_510686927.shtml, 2012—08—27.

94%、95.85%和72%,云南和海南城市地区康复站配置比例最低,均低于5%;上海、天津、江苏的农村地区社区康复站配置比例最高,为86%、65.19%和52%。西藏、云南和黑龙江三省区农村地区的康复站配置比例最低,均低于5%。[1] 全国有无障碍设施的社区(居委会)更少,仅占14.86%。2007年度全国残疾人状况监测主要数据进一步显示了居民住宅无障碍设施的不完善性:城镇社区有坡道和盲道的比例分别为45.1%和43.2%,有提示字幕的占30.4%,有扶手等设施的占26.9%,有自动门、无障碍电梯和提示盲文标牌的分别为9.2%、3.1%和2.2%,有路口语音辨向器的比例为1.2%。[2]

全国残疾人社区情况见表5—12。

表5—12　　　　　　　　　全国残疾人社区情况

社区残疾人情况(人)				社区残疾人基层建设情况(个)				
残疾人	持证残疾人	享受定期救助	享受临时救助	有残疾人协会	有残疾人专职委员	有康复站	有康复协调员	有无障碍设施
624 659	216 074	111 421	115 535	3 026	2 428	1 414	1 801	886
11.10%	34.59%	17.84%	18.50%	50.74%	40.71%	23.71%	30.20%	14.86%

数据来源:根据第二次全国残疾人抽样调查数据计算整理而得,数据已进行四舍五入。

(二)社区康复服务人员匮乏

社区康复工作是一个多学科、跨专业的综合工程,它需要医疗工作者、社会工作者和政府有关机构鼎力合作、共同参与,而目前的现状是在社区康复工作一线、一专多能的社区康复人才非常少。尽管中国从20世纪80年代就开始着手培养康复医学专业人才,康复医学教育发展迅速,但仍然不能满足社区康复事业不断发展的需要。由于专业人员紧缺,一些乡镇的卫生机构仅配备有一名"全能型"的康复人员,无法满足康复人员入户的需求。即使减少入户频率,一个人面对几十个需求不一的残疾人,也无法一一悉心指导,康复服务总体水平不高。[3] 康复工作是一个技术含量较高的工作。没有系统的培训和过硬

---

[1] 杨立雄,兰花.中国残疾人社会保障制度.北京:人民出版社,2011.
[2] 中国残疾人联合会.2007年度全国残疾人状况监测主要数据报告.2008.
[3] 袁晶.关于完善我国社区康复服务的思考.辽宁医学院学报,2012(1).

技术很难做好，也无法满足康复服务工作的需要。如北京市房山区设置了足够多的康复站点，不过，由于缺乏具备专业康复知识的医务人员，能提供的康复服务其实非常有限。没有专业人力提供优质服务，导致康复站建成后残疾人不来活动，康复站逐渐萎缩，甚至部分站点的康复设备都已经无影无踪。① 从目前的情况看，许多康复中心没有专业指导医生长期坐诊，很少有残疾人到这里康复，造成康复器械闲置。

再者，目前康复人才的培养存在突出问题，一是缺乏长期规划；二是缺乏人才分类；三是缺乏针对规划和人才培养目标的各类具体计划，培训水平"粗、浅、低"的现象大量存在。尽管各地已经将康复医学纳入高校医学教育学科人才培养规划，在医科大学与大学医学部设立了本科专业，也在中等卫生学校或者护校开设了康复课程，不过，就总体而言，康复人才的培养规划仅局限于医疗康复领域。还有，人才队伍缺乏梯队，人才的认证也只有康复医师资格考试一种途径。加之高校康复医学的毕业生稀少，供不应求，只能基本上留在城区，几乎没有可能去农村地区工作。这导致农村地区的康复服务只能依靠村医与私营诊所医生，而他们鲜有康复专业知识，进行了几天短期培训就承担康复训练。近年来，北京市大力开展农村社区康复协调员的选拔、培训与聘任工作，使之担任社区康复中的简单咨询、辅具配发、相关调查与统计、问题反映与协调等工作，不仅可以更好地表达和传递基层残疾人的康复服务需求，还能协助政府进行一部分公共管理工作。但是，这个岗位需要在专业门类和专业程度两方面进行准确定位。康复是一门专业性很强、难度很高、既有理论知识又有实务技能操作的综合性学科，对于专业人员，需要进行长期培养和教育，对于社区康复协调员这种半专业人员，需要在专业人员的督导下开展工作，这些都不是单单依靠短期培训就能收效的。

在康复服务队伍中，还有一支特殊的队伍，这就是残疾人家属。在农村地区，许多家庭都有专人照顾残疾者，他们在长期对亲人的照顾中也积累了一定

---

① 中国社会科学院社会政策研究中心. 北京市农村地区残疾人康复服务现状与政策研究，中国社会学网，2008年9月10日.

的经验,各级残联目前也在对他们展开培训工作,其中的一些人完全可能掌握一定的康复训练专业技能。不过,这些人更需要康复服务的专业技术指导。目前的指导都是间隔性的,往往流于形式,未能发挥残疾人家属在残疾人康复训练中的效用。另外,社区康复还缺少高效率的志愿者队伍。志愿者队伍是残疾人服务体系建设中不可或缺的重要组成部分,发达国家如美国、加拿大、英国、德国、新西兰等国的参加志愿服务活动的人数占总人口的比例均超过30%。2006年中国社区志愿者的人数为1 800万,占人口总数的比例仅有1.4%。社区志愿者中多数为退休的老年人,中青年居少数,结构过于单一。同时,志愿者队伍整体技能水平不高,知识基础薄弱。部分地区受形式主义的影响,社区志愿者队伍建设过分追求数量和速度,致使志愿者队伍建设出现未培训就上岗和人员流失严重等问题。① 尽管2008年第28届奥运会和残奥会的召开极大地促进了志愿者队伍建设,但从日常服务看,经常性的志愿者队伍还没有组建起来,志愿者服务水平还有待于进一步提高。

(三) 社区康复经费投入不足

资金保障是做好康复服务工作的首要条件,尤其是在康复服务基础十分薄弱的农村地区,工作大体从零开始,缺少经费保障,就缺少了最重要的制度保障。农村地区开展康复服务,物质基础差、人才匮乏、制度空白、管理松弛,工作难度远大于城市地区。要做好这项工作,必须在政策、组织、人才,以及场地、设施、设备等方面给予足够的经费保障。尽管最近几年政府在农村康复服务上加大了投入的力度,不过资金不足、经费匮乏仍然是制约农村残疾人康复服务发展的最大瓶颈。② 从目前的情况来看,社区康复的社会化筹资渠道并未建立。特别是中西部和广大农村的不少地方仍然相当落后,社区康复服务无法获得必要的财政支持,又没有社会筹资机制。部分地方政府财政拨款面临着压力过大、数额有限、难以持续等实际困难,特别是在残疾人多、贫困户多的区域,需要的康复经费相对也多,很容易造成社区康复经费长期处于"营养不

---

① 杨立雄,兰花.中国残疾人社会保障制度.北京:人民出版社,2011.
② 中国社会科学院社会政策研究中心.北京市农村地区残疾人康复服务现状与政策研究,中国社会学网,2008年9月10日.

良"的窘境。比如,北京市通州区 111 个新建社区卫生服务站全部建设完工,但是市财政无力负担大量新增人员的经费,只能"先建庙后进和尚",甚至建好了庙不进和尚,成了一座座空庙。还有,部分康复站和温馨家园都缺少运转经费,陷入财政窘境。而民政部门、教育部门、卫生医疗部门由于国家投入不足,对康复对象服务越多,无偿投入的就越多,这极大地影响了他们的积极性,致使社区康复工作缺乏持续有力的物质保证。

目前,农村康复服务资金的主要来源是残疾人就业保障金,而不是一般性的财政资金。尽管残疾人就业保障金在财政建立专户、专项管理,不过,这种拨款不能纳入年度财政预算,属于非常规的财政拨款方式。显然,康复经费的资金来源出现了结构性失衡的现象。目前,无论财政部门还是残联部门,对于残疾人就业保障金的性质及其使用都存在认识上的盲区。残疾人就业保障金缴纳的实质是以政策形式推行社会成本的分摊机制,将有劳动能力的残疾人的社会就业成本分摊到可以承担这种成本的机关和企事业头上。没有吸收一定比例残疾人就业的企事业单位、机关就要向社会缴纳一定比例的就业保障金。因此,按照就业保障金政策的性质,其用途应该主要在于帮助成年残疾人进行适合劳动力市场的培训,以及在社区从事有偿劳动的补贴。这个政策筹集的资金不可能覆盖康复服务所有的范畴。残疾人就业保障金采用建立财政专户、按用途使用的管理方式是有效的。不过,在农村地区,由于缺乏上位规划和通盘规划,一些地区的基层残联只停留在账户有钱就花、花完最好的认识和行动上,这在一定程度上也影响残疾人康复服务政策执行的优先次序。[①] 对于残疾人康复服务这样一个大工程,缺乏财政预算的整体安排,只局限于拓宽就业保障金这一单项收入来源,这反映了康复服务政策在宏观指导思想上的偏差,需要予以特别重视并加以纠正。

(四) 社区服务机构的可及性较差

在熟悉的环境中获得康复服务,进行康复训练,康复本身亦为融入社会的

---

① 中国社会科学院社会政策研究中心. 北京市农村地区残疾人康复服务现状与政策研究,中国社会学网,2008 年 9 月 10 日.

一种手段，这是社区康复与机构康复相比的优势所在。① 老年残疾人口大多存在活动性障碍，因此社区公共服务机构的可及程度对于老年残疾人获得康复服务供给的有效性非常重要。在社区综合资源匮乏、社区建设尚不完善的背景下，社区公共服务机构的可及性问题尚未受到足够重视，甚至在某种程度上时常被忽视。目前，社区康复站点没有很好地把"人性化"和贴近社区的理念体现出来。

各地区调查社区公共服务机构的覆盖情况见表 5—13。

表 5—13　　　　各地区调查社区公共服务机构的覆盖情况

项目		0 千米	1~2 千米	3~5 千米	5 千米以上	合计
距离法律服务所（司法所）	社区数（个）	1 216	1 508	1 339	1 901	5 964
	比例（%）	20.39	25.29	22.45	31.87	100
距离文化活动站（室）	社区数（个）	2 824	820	710	1 610	5 964
	比例（%）	47.35	13.75	11.90	27.0	100
距离卫生室（所、站）	社区数（个）	4 291	1 016	244	413	5 964
	比例（%）	71.95	17.04	4.09	6.92	100

数据来源：根据第二次全国残疾人抽样调查数据计算整理而得，数据已进行四舍五入。

从调查社区公共服务机构的覆盖情况来看，距离文化活动站（室）1千米以内的社区占 47.35%，距离 3 千米以上的社区占 38.9%，距离 5 千米以上的社区占 27.0%；距离卫生室（所、站）1 千米以外的社区占 28.05%，距离 3 千米以上的社区占 11.01%。从分城乡角度分析，农村地区受各种客观条件限制而发展相对落后，其社区公共服务机构的可及性程度明显弱于城市，对包括老年残疾人口在内的所有残疾人群的支持能力亟待提高。农村社区中，距离文化活动站（室）1 千米以内的社区占 35.09%，低于城市约 36 个百分点，距离 3 千米以上的社区占 52.08%，距离 5 千米以上的社区占 35.77%，分别高于城市约 40 个百分点和 26 个百分点；距离卫生室（所、站）1 千米以内的社区占 70.70%，低于城市约 3.7 个百分点，距离 3 千米以上的社区占 13.47%，高于城市约 7 个百分点。总体来看，社区公共服务机构的可及程度较弱，在整

---

① 袁晶.关于完善我国社区康复服务的思考.辽宁医学院学报，2012（1）.

体上尚需进一步改善。

分城乡调查社区公共服务机构的覆盖情况见表5—14。

表5—14　　　　　分城乡调查社区公共服务机构的覆盖情况

项目		0千米	1～2千米	3～5千米	5千米以上
距离法律服务所（司法所）	城市（%）	39.78	39.18	9.89	11.15
	农村（%）	10.67	18.32	28.74	42.26
距离文化活动站（室）	城市（%）	71.82	15.57	3.11	9.49
	农村（%）	35.09	12.84	16.31	35.77
距离卫生室（所、站）	城市（%）	74.43	19.44	1.10	5.02
	农村（%）	70.70	15.83	5.59	7.88

数据来源：根据第二次全国残疾人抽样调查数据计算整理而得，数据已进行四舍五入。

（五）农村社区康复未能有效融入社区卫生体系

2003年以来，社区康复成为农村残疾人康复最重要的一项政策，在全国残联提出的社区康复要融入基层卫生体系的政策思想下，发达地区通过统一建设基层社区卫生服务机构和康复服务指导站和康复站，已经在政策上基本解决了将社区康复纳入社区卫生服务体系的问题。例如，2004年北京市残联康复办公室还在当年全市残疾人康复工作计划中提出，"农村本着农村社区卫生服务设施整合到哪里，残疾人的康复站点就建到哪里"的原则，解决好"在乡镇卫生院（中心）建立残疾人康复服务指导站的问题"，鲜明地提出了农村康复工作要融入农村卫生的工作思路。[①] 不过，实际情况却不尽然，社区康复并没有纳入农村卫生体系，二者未能有效融合的现象比较严重。

社区康复服务作为康复服务体系的重要组成部分，在政策上已经明确要附属于农村社区卫生服务体系。不过，在管理体系上，由于农村社区卫生服务体系还是附属于医院体系，这就导致公共性更强的社区康复不得不在管理上归属于私人性更强的医院体系。按照目前的政策，社区卫生服务中心（站）的人事与工资都由医院（乡镇卫生院）管理，所以，从属于社区卫生服务的社区康复

---

① 中国社会科学院社会政策研究中心.北京市农村残疾人康复服务现状与政策研究，中国社会学网，2008年9月10日.

服务也就成了医院体系的附庸，其命运归根结底是由医院体系决定的。中国目前大部分乡镇的卫生院仍然以医疗为主业。由于乡镇卫生院的财政拨款很少，只有通过医疗服务尤其是收取高额药费获得利润才能支付人员工资和机构的各项开支，所以乡镇卫生院无法以公共卫生服务为主体。即使近年实行了药品零差价和收支两条线的政策，仍然难以遏制乡镇卫生院的赢利动机。比如，北京市虽然在市、区两级建立了社区卫生管理中心，负责对社区卫生体系进行监督和管理；不过，实际操作层面的社区卫生服务中心（站）还是由医院直接管理。医院直接任命和派出人员，确定工资和管理机制，同时进行技术指导。调查显示，新的管理体系成立以来，在推动社区卫生服务走向公益性、广泛性上没有明显进展，包括康复服务这样公益性很强的项目并没有因此得到较多的扶持，社区卫生服务机构还是偏重医疗服务。[①]

在农村社区卫生服务体系自身的体系、体制问题尚未解决的情况下，农村残疾人康复服务无法融入农村社区卫生服务。即使在康复服务工作做得较好的区县，也只能是形式上融入，实质上难以融入，致使农村残疾人康复工作距离实现人人享有康复的目标尚有很大距离。

（六）城乡社区康复发展不均衡

近十年来，中国的社区康复服务工作，大多集中在城市社区内，而中国大多数的残疾人口生活在农村社区，而且有着更为特殊的困难。因此，作为社区康复的一个不可或缺的子系统，农村社区康复服务的开展，不仅能够直接造福于广大农村残疾者，而且是在真正实践社区康复的根本理念，它将对整个社会的文明发展产生深远的影响。但是受二元社会保障制度的制约，残疾人公共服务设施主要集中于城镇，农村残疾人的文化体育设施、无障碍设施和相关康复活动基本上处于空白状态，城乡差距非常明显。尤其是中西部地区，农村残疾人公共服务基本没有展开。康复站的建设状况也不尽相同。在不发达城市，有的社区甚至并未建立康复站；而在农村地区，针对残疾人的康复站更是鲜有

---

① 中国社会科学院社会政策研究中心．北京市农村残疾人康复服务现状与政策研究，中国社会学网，2008年9月10日．

踪影。①

从区域发展状况来看，残疾人社区康复建设区域之间的发展极不平衡。中西部地区综合服务设施远落后于东部地区。如湖南省常德市、益阳市属于省内中上发展水平，但是 2 市 15 个县（市、区）中仍有四个城区没有社会福利机构；294 个乡镇中还有 50 多个乡镇没有敬老院；30% 左右的城镇社区和绝大多数农村村级社区没有为老、助残服务和活动设施。② 第二次残疾人抽样调查表明，中国的无障碍设施建设近来发展较快，但无障碍设施的区域发展极不平衡。经济比较发达的北部、东部沿海拥有无障碍设施社区所占比例最高，而西南地区拥有无障碍设施的社区比例则很低。另外，即使是在经济发达的沿海城市，仍然还有部分县没有建立服务设施。如浙江省还有 11 个县、市（区）没有残疾人综合服务设施，没有专业的服务机构。③

（七）人们对社区康复存在认识上的偏差

社区康复是在社区的基础上，积极调动和协调社区有关部门和人员，充分动员社会各方面力量，在医疗、教育、职业、社会等康复方面，为残疾人提供有效、可行、经济的全面康复服务，通过社区康复的全面开展，最终达到残疾人身心康复、机会均等、回归社会的目的。从最初建立在医疗模式基础上的康复概念到社区康复概念的提出与推广，从最初生理意义的改善到生存质量的提高乃至生命价值的实现，这不仅表达了残疾人的渴求，也反映了人类社会的文明与进步。1991 年中国政府颁布的《残疾人保障法》不仅要求有计划地在医院设立康复医学科，而且明确提出要开展社区康复。1999 年卫生部、民政部等国家十几个部委签发的《关于发展城市社区卫生服务的若干意见》，规定了社区卫生服务要做到"预防、医疗、保健、康复、健康教育、计划生育服务融为一体"的有效、经济、方便、综合、连续的服务目标。④ 但是，在康复实践

---

① 杨立雄，兰花. 中国残疾人社会保障制度. 北京：人民出版社，2011.
② 张成桂. 落实科学发展观 稳步推进适度普惠型社会福利服务体系建设. 中国民政，2009（3）.
③ 陈杨荣. 健全残疾人服务体系 培育发展残疾人服务业. 残疾人研究，2009（1）.
④ 孙树菡，毛艾琳. 中国残疾人康复服务需求与供给研究. 湖南师范大学社会科学学报，2009（1）.

中发现，人们对社区康复的认识还存在一定的偏差，甚至是误解。特别是对社区康复的性质、内涵的理解还停留在生理功能训练和补偿的层面上，对社区康复服务工作的介绍也只包括康复医疗服务、训练指导服务、心理疏导服务、知识普及服务、用品用具服务、转介服务等内容。[①] 在上述社区卫生服务中心六位一体的功能中，康复仍是薄弱环节。同其他大医院一样，社区医务人员中，重治疗、轻康复，重一般慢性病医疗、轻残疾人保健等现象还较多地存在。社区卫生服务的一大重点就是"院外"培训和家访，但目前更多的依然是重"院内"看病。康复医学的知识和技术，也还远远没有普及到社区卫生服务组织中去。由于医务人员对康复医学的医疗服务宣教不足，患者及其家属对康复医学服务信息缺乏了解，不知道早期介入是伤残愈后的关键，使患者进一步失去了接受康复治疗的机会。许多残疾人和他们的家属对基本的康复常识都不太了解，而且对于现代社会已有的家庭康复和自助康复的知识和信息不了解，也就严重影响社区康复的普及和发展。[②]

5.3 康复服务保障制度供给分析

老年残疾人口的康复服务保障制度供给能力可以从康复服务政策支持不足与康复机构服务能力薄弱两个方面加以诠释。本小节首先从残疾人社会救助与社会保险制度方面分析康复服务政策安排的不完善性，其次从残疾人康复机构数量、康复服务机构建设、康复人才、康复服务水平、康复机构功能定位、残疾人服务机构管理方式等方面分析康复机构服务能力的薄弱性。

5.3.1 康复服务政策支持不足

（一）残疾人社会救助尚不完善

社会救助制度具有最低生活保障性、救助对象普遍性、权利义务单向性、

[①] 唐斌尧，丛晓峰. 国内社区康复事业发展的现状、问题及其对策研究. 德州学院学报，2003 (1).

[②] 孙树菡，毛艾琳. 中国残疾人康复服务需求与供给研究. 湖南师范大学社会科学学报，2009 (1).

按需分配等特点,是政府通过转移支付方式帮扶困难群体摆脱生存危机,以维护社会秩序稳定、促进社会和谐发展的一种生活保障制度。[①] 在实践中,与残疾人生活康复关联密切的社会救助制度主要涉及医疗救助、康复救助和最低生活保障等。近年来,随着社会救助制度的进一步完善,越来越多的残疾人被纳入保障范围。根据第二次残疾人抽样调查数据,全国已有594万残疾人享受最低生活保障,其中享受到当地居民最低生活保障的城镇残疾人口有257万人,占城镇残疾人口总数的13.28%,农村残疾人口中,有319万人享受到当地居民最低生活保障,占农村残疾人口总数的5.12%;此外还有9.75%的城镇残疾人领取过定期或不定期救济,11.68%的农村残疾人领取过定期或不定期救济。[②] 全国残疾人状况及小康进程监测报告显示,2010年度城乡残疾人领取最低生活保障金的比例均比上年度提高,获得救济(包括现金或实物)的比例也均比上年度有所提高。2011年,城乡1 031.4万残疾人被纳入最低生活保障范围;城镇集中供养残疾人和农村五保供养残疾人分别达到12.0万和68.5万;232.2万城乡残疾人获得其他救助救济,136.2万和14.0万符合条件的城乡残疾人分别享受了稳定的生活补贴和护理补贴。[③] 尽管如此,由于面向全体公民的社会救助制度尚不健全,针对残疾人的社会救助更不完善,因此涉及老年残疾人口的社会救助内容也就更为滞后。目前的社会救助制度中仍然存在一些影响残疾人分享康复保障权益的宏观方面与微观方面的缺陷和不足:从宏观层面来看,社会救助制度存在整体标准偏低与投入严重不足的问题;从微观层面来看,社会救助制度还存在内部各单项制度功能不完善的问题。

残疾人领取最低生活保障金和得到救济的比例见表5—15。

1. 社会救助标准偏低

中国普遍意义上的社会救助整体标准偏低,同时针对残疾人群体需求的特殊救助措施的标准也较低,这一方面导致了老年残疾人社会救助保障水平的低

---

① 郑功成. 社会保障学. 北京:中国劳动社会保障出版社,2009.
② 第二次全国残疾人抽样调查办公室. 第二次全国残疾人抽样调查主要数据手册. 北京:华夏出版社,2007.
③ 2011年中国残疾人事业发展统计公报,中国残疾人联合会,http://www.cdpf.org.cn/ggtz/content/2012—03/29/content_30385493.htm.

表 5—15　　　　残疾人领取最低生活保障金和得到救济的比例　　　　　　%

项目	2007 年度		2008 年度		2009 年度		2010 年度	
	城镇	农村	城镇	农村	城镇	农村	城镇	农村
领取最低生活保障金比例	19.7	12.5	21.3	19.6	22.6	23.6	24.0	28.6
得到救济的比例	22.2	26.6	26.7	28.8	26.6	27.2	26.9	27.7

资料来源：中国残疾人联合会，2010 年度全国残疾人状况监测主要数据报告，2011 年。

下，另一方面导致确实存在生活困难的老年残疾人被既定标准隔离在获取救助的范围之外。

残疾人群因为自身残障，其医疗康复及服务支出均要高于享受低保的健全人员，此外还要多支出一部分辅助器具和日常生活照料等费用，这就使得领取低保的残疾人员的实际需要除了包括健全低保人员的基本需要外，还包括必要的康复、护理等额外特殊需要。2003 年以前，中国的最低生活保障制度采取的是一种平均主义的救助方式，即不区分贫困家庭的类型，只是统一补足实际人均收入与低保标准的差额。这种平均主义的救助方式，根本无法满足残疾低保人员的实际需要和弥补其特殊支出。针对这种弊端，2003 年以后，低保制度开始实行"分类救助"的制度建设。在最低生活保障制度的基础上实施"分类救助"的目的之一，就是通过上调一定比例待遇的做法，对特殊困难群体给予重点救助，以提高救助水平、满足低保人员实际需要。然而这种政策初衷并未得到完满实现，目前"分类救助"的水平依然不高。其主要原因在于，目前的"分类救助"多是在低保标准的基础上上调一定比例，而作为基础参数的最低生活保障制度整体标准偏低必然导致调整后的标准也相应较低，无法切实有力地达到保障残疾人员等特殊困难群体的目的。另外，"分类救助"对象不仅仅是重病重残人员，还包括"三无"人员、优抚对象等，由于有限的财力资源分散于各个不同群体，"分类救助"实施后分配到残疾低保人员的低保上调比例或增发的补助金则更为有限。再者，根据目前各地实施的"分类救助"的有关规定，残疾人群体中只有享受低保的重残人员或基本丧失劳动能力的低保人员才能享受重点救助待遇，而其他残疾低保人员并没有被顾及，他们的实际需要自然不能得到有效满足。

2. 残疾人社会救助投入不足

社会救助通常被视为一国公民应有的基本权利与政府不容推卸的责任，残疾人社会救助更需要政府承担最主要的责任并提供直接的财政方面的扶助与支持。从实际状况来看，近年来随着中国社会保障体系的初步形成，社保支出占GDP的比例趋于稳定，大约保持在5.3%，但这仅相当于西方发达国家20世纪50年代的水平；同时财政用于社保的支出水平仍低于发达国家及中等发展中国家的状况，甚至低于诸如斯里兰卡等个别低收入发展中国家的相应水平。[①] 受以上宏观因素影响，中国的公共财政对社会救助的投入一直相对有限。1979年全国社会救济经费占GDP的比重仅为0.6%，但此后逐渐下降；2001—2004年全国社会救助资金占GDP的比重不足0.2%，占国家财政支出的比例不到1%。[②] 2005年，财政用于抚恤和社会福利救济费的支出，仅为19.37%，而社会救济福利费又只占前者的45.26%。2007年财政投入城乡居民生活救助的资金达到自改革开放以来的首个峰值，但仍不足500亿元人民币。2009年全年各级财政共支出低保资金482.1亿元，比上年增长22.5%。其中中央财政补助资金为359.1亿元；发放农村低保资金363.0亿元，其中中央补助资金255.1亿元。[③] 尽管如此，相对于广大残疾困难群众的实际需求而言，财政投入资金的增长幅度依然有限，特别是对农村残疾人群基本生活救助的投入更是明显偏低。

民政事业发展统计报告显示，截至2009年年底，全国共建立经常性社会捐助工作站、点和慈善超市3.3万个，基本形成覆盖全国城市的社会捐助网。[④] 但全年各级民政部门共接收社会各界捐款仅为68.6亿元，这其中还包括了捐赠物资折款2.2亿元。2009年民政系统共支出彩票公益金113.4亿元，其中资助用于福利类收养性单位49.3亿元，用于救助类单位的只有5.9亿元，用于城市医疗救助6.56亿元，用于农村医疗救助9.0亿元。残疾人福利基金

---

① 第三届社会保障论坛组委会. 中国社会保障的科学发展. 北京：中国劳动社会保障出版社，2008.
② 杨立雄. 社会救助研究. 北京：经济日报出版社，2008.
③④ 民政部. 2009年民政事业发展统计公报. 中国民政，2010（7）.

会作为支持残疾人群体的重要公益组织之一,其成立20余年来为残疾人康复、教育、就业培训和基层残疾人服务设施建设募集并投入资金约2.8亿元。截至2010年12月31日,其净资产总额为7.2568亿元。2010年度总支出为1.7959亿元,其中:公益项目支出1.7274亿元,管理费用支出480.91万元,筹资费用支出203.57万元,其他费用0.24万元。① 而上述社会资源能够切实分配到残疾人社会救助方面的数额并不大。政府财政投入不足加上社会资源动员能力有限,致使残疾人社会救助的总体投入严重不足,从而间接制约了政策运行效果。

3. 医疗救助制度尚不完善

医疗救助制度对残疾人康复具有特殊的意义。一方面,残疾人的健康状况普遍较差,两周患病率、慢病患病率等指标明显高于一般人群,医疗费用支出普遍高于一般人群;另一方面,残疾家庭无论是贫困发生率还是贫困深度都普遍高于正常家庭。如果以医疗负担系数(即残疾者全年医疗康复支出占全年家庭总收入的比例)作为衡量残疾人医疗负担的指标,可以发现即使是在经济比较发达的北京市,残疾人群的医疗负担也是相当沉重的,其医疗负担系数平均高达35.9%。② 家庭全年总收入高于19 920元的残疾人群,其平均医疗负担系数为15.5%;而家庭全年总收入低于5 100元的残疾人群,其平均医疗负担系数高达76.6%。残疾人的医疗负担系数还与其残疾的程度有密切联系,重残者的医疗负担系数要显著高于非重残者。在家庭全年总收入5 100~19 920元的残疾人群中,重残者的医疗负担系数为45.5%,非重残者为26.7%;在家庭全年总收入高于19 920元的残疾人群中,重残者的医疗负担系数为25.5%,非重残者为11.1%。总的来看,面临较重医疗负担的残疾人群包括低收入残疾人、中等收入残疾人中的重残者。

中国的医疗救助制度首先是从农村开始建立的。2003年民政部发布《关于实施农村医疗救助的意见》,标志着农村医疗救助制度的基本建立。2005年

---

① 残疾人福利基金会. 中国残疾人福利基金会2010年度财务决算与2011年度预算报告[EB/OL]. 2011-06-14, http://www.cfdp.org/wxzl/content/2011-06/14/content_30341682.htm.

② 齐心,厉才茂. 北京市残疾人医疗保障研究. 卫生经济研究,2007(2).

国务院办公厅转发了民政部等部门发布的《关于建立城市医疗救助制度试点工作意见的通知》，标志着城镇医疗救助制度的建立。2009年民政部发布《关于进一步完善城乡医疗救助制度的意见》。城镇医疗救助的主要对象为城市居民最低生活保障对象中未参加城镇职工基本医疗保险人员、已参加城镇职工基本医疗保险但个人负担仍然较重的人员和其他特殊困难群众。农村医疗救助办法有三种：一是开展新型农村合作医疗（简称新农合）的地区，资助医疗救助对象缴纳个人应负担的全部或部分资金，参加地区合作医疗，享受合作医疗待遇。因患大病经合作医疗补助后个人负担医疗费用过高影响家庭基本生活的，再给予适当的医疗救助。二是，尚未开展新农合的地区，对因患大病个人负担费用难以承担影响家庭基本生活的，给予适当医疗救助。三是国家规定的特种传染病救治费用，按照有关规定给予补助。已开展新农合的地区，由农合医疗定点卫生医疗机构提供医疗救助服务；未开展新农合的地区，由救助对象户口所在地乡镇卫生院和县级医院等提供医疗救助服务。从现有的制度看，针对残疾人的医疗救助方式主要有三种：一是参保资助，即对困难残疾群体参加城镇居民医疗保险和农村居民参加合作医疗个人应缴费用实行减免；二为住院补助，即残疾人住院发生费用后，政府给予适当补助；三是精神病免费服药和治疗，即对贫困精神病人实行免费用药和免费住院措施。[①]

从实际运行情况看，残疾人医疗救助的力度不大、针对性不强。例如，北京市出台了《北京市城市特困人员医疗救助暂行办法》和《北京市农村特困人员医疗救助暂行办法》，城乡贫困残疾人可以依据这两个办法享受医疗救助。抽样调查结果显示，48％的残疾人认为自己最需要获得帮助去解决的问题是医疗问题，高于排在第二位的生活救助问题的比例（39％）；而通过政府帮扶解决了医疗问题的残疾人比例只有8.6％，远低于解决了基本生活问题的比例（72.1％）。[②] 这说明目前的社会救助主要集中在基本生活领域，对医疗救助领域的投入严重不足。有限的医疗救助资金在使用上也存在针对性不强的问题。

[①] 杨立雄，兰花. 中国残疾人社会保障制度. 北京：人民出版社，2011.
[②] 齐心，厉才茂. 北京市残疾人医疗保障研究. 卫生经济研究，2007（2）.

目前救助对象的确定主要以低保线为标准,但医疗救助不应等同于生活救济,还要综合考虑救助对象的残疾、健康和疾病状况,使资金落到真正需要救助的残疾人手里。另外,应该将低保边缘残疾人群纳入医疗救助的潜在对象范围内。

4. 康复救助制度尚不完善

康复救助是由政府和社会举办的针对特殊困难残疾人的康复费用减免制度的总称。建立康复救助制度,对困难残疾人康复进行救济,减轻个人和家庭负担,对于实现"人人享有康复服务"的目标具有重要意义。为推进残疾人康复事业的发展,全国残疾人康复工作办公室制订了不同残疾类型的康复实施方案,康复救助项目是其中的重要组成部分。

康复救助的对象为城乡有康复服务需求的贫困残疾人,对家庭人均收入低于当地城乡居民最低生活保障线或农村领取社会救济金家庭的残疾人优先资助。与老年残疾人相关的资助范围涉及:视力残疾康复救助,为贫困患者免费实施复明手术;为贫困残疾人配发用品用具和助视器;以及贫困精神病患者医疗救助。在农村,残疾人康复救助体现为残疾人康复扶贫。即在各贫困地区经济开发领导机构、残疾人工作机构和有关部门的密切配合下,在采取生活、科技、教育、救济等扶贫措施的同时,针对残疾人的功能障碍,采取康复手段帮助残疾人改善功能、参加劳动,逐步摆脱贫困。部分地方政府也尝试建立了残疾康复救助制度。比如江苏省常州市对残疾人康复实行"三助一免"(助视、助听、助行、免费供药)工程,出台了《常州市残疾人"三助一免"康复救助工程实施方案》《常州市贫困精神病患者药品救助实施办法》,帮助贫困残疾人得到有效的康复服务。2008年"助视"工程为540名贫困白内障患者免费实行复明手术;"助听"工程为100名贫困听力残疾人配赠助听器;"助行"工程为110名贫困下肢残疾人免费装配假肢、矫形器,配赠轮椅622辆,为200名贫困肢体残疾人配赠拐杖、助行器;"免费供药"工程为2 000名贫困精神病患者免费发放治疗精神病的低价位常用药品。① 为加大康复救助力度,使更多

---

① 杨立雄,兰花. 中国残疾人社会保障制度. 北京:人民出版社,2011.

的贫困残疾人得到康复，中央财政从国家财政公益金中拨出 51 097 万元予以支持。2006—2010 年，中国残疾人联合会组织实施了"残疾人事业专项彩票公益金康复项目"。该项目受助对象为城乡有康复服务需求的贫困残疾人，对家庭人均收入低于当地城乡居民最低生活保障线或农村领取社会救济金家庭的残疾人优先资助。"残疾人事业专项彩票公益金康复项目"的资助范围涉及为贫困残疾人配发用品用具和助视器等。

近年来，康复救助力度不断加大，对贫困残疾人康复起到了很大的帮助作用。2011 年，通过实施一批重点康复工程，631.8 万残疾人得到不同程度的康复。视力残疾康复机构总数达到 991 个，完成白内障复明手术 75.8 万例；为 31.0 万名贫困白内障患者免费施行复明手术；为 3.6 万名低视力患者配用助视器，对 2.5 万名盲人进行定向行走训练。[①] 为残疾人减免费用装配普及型假肢 3.1 万例，供应辅助器具 74.3 万件，装配矫形器 1.5 万例。大力推广"社会化、综合性、开放式"精神病防治康复工作，在 2 423 个市县开展精神病防治康复工作，帮助 522.9 万重性精神病患者进行综合防治康复，监护率达到 80.5%，显好率达到 55.1%，社会参与率达到 43.4%；解除关锁 4 836 人。但由于总体上康复救助保障项目少，残疾人难以负担高昂的费用，许多人被迫延误甚至放弃康复治疗，造成终身遗憾。全国残疾人状况监测北京、河南、四川三省市问卷主要数据汇总显示，32.06% 的智力残疾人、60.76% 的精神残疾人需要治疗和康复训练但支付不起费用，42.53% 的听力残疾人、31.09% 的言语残疾人需要辅助器具但无钱购买。[②] 而在农村残疾人康复扶贫中，仍然存在"重扶贫轻康复"的倾向。

5. 最低生活保障制度尚不完善

上海市于 1993 年率先在全国探索并建立了最低生活保障制度，随后多个省市相继跟进。1997 年国务院下发了《关于在全国建立城市居民最低生活保

[①] 2011 年中国残疾人事业发展统计公报，中国残疾人联合会，http://www.cdpf.org.cn/ggtz/content/2012-03/29/content_30385493.htm.

[②] 康禾. 全国残疾人联合会康复工作会议召开，孙先德讲话，残疾人康复完成"十一五"任务的 90%. 中国残疾人，2009 (5).

障制度的通知》，1999年国务院颁布《城市居民最低生活保障条例》，2007年国务院下发了《关于在全国建立农村最低生活保障制度的通知》，至此最低生活保障覆盖了全体公民。目前，城乡居民最低生活保障稳步推进，城乡贫困人群的基本生活初步得到保证，社会安全网的效应正日益显现。在城乡居民最低生活保障制度实施过程中，各地针对残疾人的特殊情况采取了分类施保的做法，对原有制度进行了突破。其基本做法可以归结为以下四种方式。① 一为标准上浮法，即针对特殊群体（如儿童、老年人、残疾人）直接将其最低生活保障标准提高一定的比例（5%～10%）。如吉林省规定，最低生活保障家庭中的严重残疾（残疾级别由各地根据本地实际情况确定）成员，原则上月补助标准可在原享受保障标准的基础上提高30%～50%。② 二是系数法，即针对不同人群设置不同系数，最低生活保障标准按系数进行折算。北京市是这种做法的典型代表，其分类救助金等于最低生活保障金与救助系数的乘积。其中，救助系数又有具体细致的规定。③ 三是收入扣除法。即在对特殊群体进行家计调查时，核减一定数额或一定项目的收入，从而提高其补差。如天津市规定，对有残疾人的家庭，在申请最低生活保障待遇时，先将家庭收入扣除，剩余家庭收入按照家庭人数计算家庭人均收入，仍达不到城市最低生活保障线或当地农村最低生活保障线的，给予差额救助。④ 四是突破以家庭为单位的收入计算方法，给残疾人以单独保障。考虑到家庭中残疾人的特殊情况，一些地方政府在低保实施过程中将家庭中残疾人的收入单独核算，从而提高了残疾人的受助水平。

随着最低生活保障制度在全国的全面推开，残疾人整体的应保未保率有所下降，但仍然保持较高水平。2008年农村残疾人应保未保率高达37%，城镇

---

① 杨立雄，兰花. 中国残疾人社会保障制度. 北京：人民出版社，2011.
② 参见《吉林省民政厅关于全省城市最低生活保障对象分类施保的指导意见》（吉民发〔2004〕20号）.
③ 北京市民政局、财政局：《关于完善本市城市最低生活保障分类救助制度的通知》（京民救发〔2006〕200号）.
④ 天津市民政局、财政局：《关于建立和完善城乡最低生活保障分类救助政策的通知》（津民发〔2007〕78号，津财社联〔2007〕102号）.

残疾人相应比例也有21%。①农村仍有超过80万的绝对贫困残疾人口未能纳入保障范围，有近200万的相对贫困残疾人未被纳入保障范围。尤其是中西部地区，应保未保现象普遍存在。2005年湖北省人均年收入在693元以下的绝对贫困残疾人和年收入处于693～944元的相对贫困残疾人共113.3万人，但全省享受低保救助和定期补贴的残疾人只有21.2万，受助人口仅占应受助人数的18.7%。②抽样调查数据显示，残疾人享受最低生活保障和临时救助的比例均高于全国整体水平，这一方面反映了社会保障制度对弱势群体的倾斜与照顾，另一方面也反映出残疾人在贫困人口和低收入群体中仍占有较大的比例。③同时，相对于残疾人家庭较高的贫困发生率而言，残疾人群体的受助率仍然偏低。2007年，农村绝对贫困残疾人为464.5万人，相对贫困残疾人为580.7万人，贫困发生率分别是7.46%和9.33%。而同期农村绝对贫困发生率和相对贫困发生率只有1.6%和4.6%，残疾人口绝对和相对贫困发生率分别是正常人的4.4倍和2倍。2009年第一季度，农村最低生活保障对象为4 310.1万人，总受助率为5.92%。其中残疾人最低生活保障对象为383.2万人，残疾人受助率为6.16%，仅为正常人受助率的1.04倍。④部分困难残疾人未能纳入最低生活保障的主要原因在于，最低生活保障制度在实施家计调查时，以家庭为单位计算收入。而很多残疾人尤其是重度残疾人无劳动能力或者没有工作，很难独立生活，只能依靠家庭扶持。所以计算家庭收入时可能超过收入线，但其生活其实很困难。除此之外，还有部分残疾人因其行动不便或对政策不了解，没有主动申请，因而未被纳入保障范围。⑤社会救助制度中上述缺陷的存在，导致了相当比例的有救助需求的老年残疾人不能充分享有生活救助保障。

首先，老年残疾人口的制度覆盖率偏低。第二次全国残疾人调查数据显

---

①④⑤ 杨立雄，兰花.中国残疾人社会保障制度.北京：人民出版社，2011.
② 湖北省残疾人联合会、省社科院、省委政策研究室联合课题组：《湖北省农村残疾人社会保障问题研究报告》，首届中国残疾人事业发展论坛，2007年12月，北京.
③ 第二次全国残疾人抽样调查办公室.第二次全国残疾人抽样调查主要数据手册.北京：华夏出版社，2007.

示,老年残疾人口享受最低生活保障和不定期救济的比例非常之低,分别为 5.34%和8.65%,而老年残疾人口有贫困救助与扶持需求的比例为61.37%,两者之间形成巨大的差距。并且,老年残疾人口享受最低生活保障和不定期救济的比例不仅低于残疾人口整体水平,更低于劳动年龄段残疾人口的相应覆盖率水平,分别较两者低2.3个百分点、2.8个百分点和5.7个百分点、6.9个百分点。

分年龄残疾人口享受低保、救济情况见表5—16。

表5—16　　　　　分年龄残疾人口享受低保、救济情况

年龄		残疾人数	低保	救济
合计	人数（人）	161 479	12 356	18 446
	比例（%）		7.65	11.42
0~14岁	人数（人）	7 569	199	409
	比例（%）		2.63	5.4
15~59岁	人数（人）	68 650	7 601	10 665
	比例（%）		11.07	15.54
60岁及以上	人数（人）	85 260	4 556	7 372
	比例（%）		5.34	8.65

数据来源:根据第二次全国残疾人抽样调查数据计算整理而得,数据已进行四舍五入。

从分残疾类别老年残疾人口接受低保和救济的状况来看,各类别老年残疾人口享受保障的比例均较低,分别在10%和20%以下。其中老年听力残疾人口享受低保和救济的比例相对最低,分别为3.78%和5.27%,均低于其他残疾类别老年人口相应水平。而另一方面,老年视力残疾人口有贫困救助与扶持需求的比例为71.05%,老年智力残疾人口的相应需求比例为76.2%,老年言语残疾人口、肢体残疾人口、精神残疾人口、多重残疾人口的相应需求比例均在60%以上,老年听力残疾人口的相应需求比例为48.35%,远远高于各残疾类别老年残疾人口接受低保和救济的相应比例,两者之间存在巨大差距。

全国不同残疾类别老年人口享受低保、救济情况见表5—17。

表 5—17　　全国不同残疾类别老年人口享受低保、救济情况

	调查数（人）	低保			救济		
		领取（人）	比例（％）	构成（％）	领取（人）	比例（％）	构成（％）
视力	16 440	823	5.01	18.06	1 446	8.80	19.61
听力	29 495	1 114	3.78	24.45	1 555	5.27	21.09
言语	513	26	5.07	0.57	60	11.7	0.81
肢体	21 471	1 393	6.49	30.58	2 242	10.44	30.41
智力	1 087	108	9.94	2.37	196	18.03	2.66
精神	2 309	158	6.84	3.47	334	14.47	4.53
多重	13 945	934	6.7	20.50	1 539	11.04	20.88

数据来源：根据第二次全国残疾人抽样调查数据计算整理而得，数据已进行四舍五入。

其次，针对残疾老年群体的保障政策具有明显的临时性与应急性特征。从享受社会救助的项目内容看，各年龄段残疾人口均表现出享受最低生活保障的比例明显低于享受不定期救济的比例，老年残疾人口中享受最低生活保障的比例比享受不定期救济的比例低 3.31 个百分点，这表明老年残疾人口能够享受到的正式制度性保障偏少。特别是在农村地区，从目前的情况来看，针对农村贫困残疾人的最低生活保障制度尚不完善，残疾人的生活保障仍以家庭抚养及临时性的救助和救济活动为主。尽管从 2007 年以来就在全国农村建立最低生活保障制度，相当多的残疾人被纳入低保体系中，但总体而言，直接依靠制度性保障的残疾人还有限，特别是低保标准外处于边缘状态的大量城镇低收入残疾人家庭和农村贫困残疾人家庭，基本保障仍然主要依靠家属、亲友邻里的帮助以及干部节日走访、党团帮扶和一些亲友临时性救济。[①]

再次，残疾人最低生活保障线单一，救助倾斜不够。目前中国实行的最低生活保障制度，不是按照年龄和残疾程度等人口学方面的标准制定的，而是按照家庭成员人均收入是否低于当地最低生活保障标准来提供最低生活保障金的，因而，残疾人最低生活保障线单一，没有专门对残疾老人等特殊家庭进行

---

① 杨立雄，吴伟．中国残疾人扶贫政策的演变与评价．湖南师范大学社会科学学报，2009（1）．

救助，使他们无法应对附加的支出需求。在现实生活中，残疾人由于身体的特殊性，其贫困的程度和弱势化的程度要远远高于其他群体，理应将残疾人最低生活保障进行单独划分，分类施保。但是，现有的制度设计并没有将残疾人的特殊性考虑进去，没有对残疾人这个特殊困难的群体分类施保，更没有考虑到残疾人特别是重度残疾人的特殊需求，在残疾人低保救助中仍实行着与健全人同样的计算和补助标准。残疾人的最低生活保障是通过普通的最低生活保障制度来实现的。现行标准偏低，也未考虑对残疾人特别是重度残疾人、欠发达地区（民族地区）农村残疾人的特别扶助。[1] 因此，最低保障弱化了残疾人这个特殊群体应当享有的优惠政策，客观上也给残疾人家庭带来了社会救助的不公平。[2]

最后，城乡差距较大。2010年中国城镇居民低保覆盖率为5.4%，城市残疾人低保覆盖率为13.26%，农村残疾人低保覆盖率为5.5%，虽然残疾人的低保覆盖率较普通人群高，但残疾人的贫困状况仍很严重，特别是农村残疾人低保覆盖面偏低。另外，目前各地的社会救助标准偏低，在缓解贫困方面作用有限。如2008年的农村扶贫线只相当于当年农村家庭人均纯收入的19%，农村最低生活保障标准也只相当于农村家庭人均纯收入的30%左右，城市的比例更低，一般只相当于城镇居民人均收入的20%左右。虽然各地在低保实施过程中，普遍给予残疾人10%～30%的待遇提高，但是由于残疾人家庭的贫困程度普遍高于普通家庭，最低生活保障仍未能较好地解决他们的生存问题。农村虽然建立了最低生活保障、医疗救助、新型农村合作医疗以及临时救济救助等扶助政策，已将符合条件的农村贫困残疾人全部纳入其中，但受农村财政收入的限制，一直存在着补贴标准较低的现象。资料显示，2010年农村低保户人均月补贴为62元，一些贫困农村低保补贴仅有十几元，而且对残疾人也缺乏特殊的额外补贴。因此，农村贫困残疾人的基本生活普遍较为困难。特别是农村低保标准偏低，远不能满足农村贫困残疾人的实际需要，在一定程度上

---

[1] 包学雄. 残疾人最低生活保障标准的确定及调整机制探析. 学术论坛，2010（2）.
[2] 葛晓梅. 残疾人最低生活保障：问题与制度完善. 中共山西省委党校学报，2011（4）.

只是缓解了残疾人的困难，还达不到保障最低基本生活的效果，而每个月几十元的补差标准相对于当前的物价水平来说，也只是杯水车薪。①

（二）残疾人社会保险尚不完善

第二次全国残疾人抽样调查数据显示，16周岁及以上残疾人参加养老、医疗、工伤、失业保险的比例分别为27.87%、36.83%、1.11%和1.35%，同期城镇职工参加上述险种的人数占城镇总劳动力的比例分别为57.41%、45.24%、34.95%和27.83%。由于中国农村残疾人参与社会经济活动的比重小，且从事正式工作的比重更低，因此农村残疾人的社会保险的参保率也很低。根据第二次全国残疾人抽样调查结果，农村16岁及以上残疾人，无论何种残疾类别，未参加社会保险的比例均达到2/3以上。参加医疗保险的残疾人比重相对高一些，但也仅有30%左右。② 全国残疾人状况监测主要数据报告表明，2007—2010年度残疾人社会保险明显推进。城镇残疾人参加社会保险比例不断提高。2008年度城镇人口至少参加了一种社会保险的比例比2007年度增加19.5个百分点，2009年度在2008年度基础上增加1.7个百分点，2010年度又比2009年度增加11.8个百分点。城镇残疾人参加的社会保险中增幅最大的是参加基本医疗保险的比例，2010年度比上年度增加12.3个百分点，其次是参加基本养老保险的比例，比上年度增加5.3个百分点。③

城镇16岁及以上残疾人参加社会保险情况见表5—18。

表5—18　　　城镇16岁及以上残疾人参加社会保险情况　　　　%

项目	2008年度			2009年度				2010年度			
	合计	职工	居民	合计	职工	居民	个体	合计	职工	居民	个体
至少参加一种	62.6	70.9	46.4	64.3	92.6	63.7	3	76.1	95.6	75.8	6.3
养老	41.6	64.9	12.4	42.1	83.8	13.3	1.5	47.4	83.2	19.4	3.1

---

① 葛晓梅.残疾人最低生活保障：问题与制度完善.中共山西省委党校学报，2011（4）.
② 姜向群，胡立瑗，山娜.农村残疾人的社会保障状况及康复服务需求.人口学刊，2011（3）.
③ 中国残疾人联合会.2010年度全国残疾人状况监测主要数据报告，2011.

续表

项目	2008 年度			2009 年度				2010 年度			
	合计	职工	居民	合计	职工	居民	个体	合计	职工	居民	个体
医疗	58.6	70.6	43.6	62.1	89.6	61.4	2.5	74.4	93.5	74.5	5.1
补医*	—	—	—	0.0	—	—	0.1	0.0	—	—	0.4
失业	4.4	7.9		3.9	8.9			4.7	10.0		
工伤	2.2	3.9		2.7	6.1			3.1	6.5		
生育	1.6	2.9	—	1.6	3.5			2.1	4.6		

资料来源：中国残疾人联合会，2010 年度全国残疾人状况监测主要数据报告，2011 年。

注：*表示补充医疗保险，"个体"表示个体工商户。

新型农村合作医疗、农村低保与新型农村养老保险一起构成了农民的三大社会保障支柱。新型农村合作医疗是现阶段农村医疗保障的主要途径。农村残疾人参加新型农村合作医疗的覆盖面，在一定程度上反映他们的医疗保障水平。2010 年度农村残疾人参加新型农村合作医疗比例达 96.0%，已实现了 95% 的小康目标。残疾人基本上都参加了新型农村合作医疗，高于全国 95.0% 的水平。在政府和社会的帮助下，残疾人已成为新型农村合作医疗最大受益者之一。2010 年度全国残疾人状况监测主要数据报告显示，农村残疾人参加新型农村合作医疗比例稳步上升。2007—2010 年度农村残疾人中参加了新型农村合作医疗的比例，由 2007 年度的 84.4% 上升到 2010 年度的 96.0%。这说明，由于政府补贴政策的落实和残联的积极组织，绝大多数农村残疾人参加了"新农合"。2010 年度，参加"新农合"的残疾人中，有 91.5% 的人在 1 年内看过病，人均看病花费 1 631.1 元；看过病的残疾人中，人均报销 996.5 元，比上年度的 743.8 元增加 252.7 元。此外，农村残疾人参加新型农村养老保险比例提高。新型农村养老保险自 2009 年 8 月开始在全国 10% 的地区试点，由于在 10% 的试点地区落实了政府补贴，2010 年度农村 16 岁以上残疾人参加新型农村养老保险的参保率已达到 12.8%。

农村残疾人参加新型农村合作医疗保险的比例见表 5—19。

表 5—19　　　农村残疾人参加新型农村合作医疗保险的比例　　　　　%

年份	2007 年度	2008 年度	2009 年度	2010 年度
参加比例	84.4	93.5	94.4	96.0

数据来源：中国残疾人联合会，2010 年度全国残疾人状况监测主要数据报告，2011 年。

值得注意的是，城镇残疾人基本社会保险覆盖率低于全国 6.9 个百分点。2010 年度，16 岁及以上城镇残疾人基本养老保险和基本医疗保险覆盖率，比全国的 67.8%（估算）低 6.9 个百分点。其中，基本养老保险覆盖率为 47.4%，比全国的 56.3%（估算）低 8.9 个百分点；基本医疗保险覆盖率为 74.4%，比全国的 79.2%（估算）低 4.8 个百分点。2010 年度仍有 23.9% 的城镇残疾人没有参加任何一种社会保险，应当予以关注。2011 年残疾人享有社会保险状况进一步改善。残疾人参加新型农村和城镇居民社会养老保险试点工作全力推进，试点地区有 1 232.5 万残疾人参加了新型农村社会养老保险，参保率 68.4%。在参保的残疾人中有重度残疾人 294.9 万人，其中 289.6 万人得到了政府的参保扶助（全部代缴 247.7 万人，部分代缴 41.9 万人），有 229.2 万非重度残疾人也享受了全额或部分代缴的优惠政策。享受养老金待遇的人数达到 290.7 万人。在 2011 年 7 月推行的城镇居民社会养老保险试点工作中，已有 260.0 万残疾人参保，参保率 59.2%。在参保的残疾人中有 70.5 万重度残疾人，其中 67.5 万人得到了政府的参保扶助，有 55.5 万非重度残疾人也享受了全额或部分代缴的优惠政策。享受养老金待遇的人数达到 69.3 万人。城镇残疾职工参加社会保险人数达到 299.3 万人，城镇残疾居民参加基本医疗保险达到 433.1 万人，1 474.3 万残疾人参加了新型农村合作医疗。[①] 尽管如此，由于社会保险整体覆盖率偏低以及医疗保险制度尚不完善，相当比例的老年残疾人口无法充分获得社会保险对康复服务的有力支持。

1. 老年残疾人口整体的社会保险覆盖率水平偏低

由于残疾人整体的就业率水平较低，存在很大一部分个体劳动者，并且残

---

① 2011 年中国残疾人事业发展统计公报，中国残疾人联合会，http://www.cdpf.org.cn/ggtz/content/2012—03/29/content_30385493.htm。

疾人的主体生活在农村,部分劳动能力不足的残疾劳动者收入不高。而社会保险的制度设计总体上没有充分考虑到残疾人的上述特殊因素。目前社会保险制度在农村开展的范围还十分有限,其缴费、给付和管理运行方面也都是以参照正规就业的雇佣劳动者的情况设计的,并没有对个体劳动者参保制定比较切实的优惠措施,这直接导致了残疾人的参保困难。再者,残疾人就业质量不高、工资收入较低、对社会保险负担能力有限,而目前相关部门并没有出台有效的参保补贴措施。基于上述多种因素,制度设计对残疾人加入社会保险在某种程度上造成了客观上的负向激励,导致包括老年残疾人在内的残疾人整体的社会保险覆盖率水平偏低。

第二次全国残疾人抽样调查数据显示,老年残疾人口的各项社会保险覆盖率均较低,未参加任何一项保险的比重竟达到63.85%。对于老年残疾人来说,养老、医疗保险等制度性基本保障尤为重要。然而老年残疾人口的养老保险实际覆盖率仅为12.03%,医疗保险成为各险种中覆盖率最高的项目,但其覆盖率仅略微超过1/3,而工伤、失业保险的覆盖率更在1%以下,老年残疾人口的社会保险低覆盖程度可见一斑。

残疾人参加社会保险的总体情况见表5—20。

表5—20　　　　　　　残疾人参加社会保险的总体情况

年龄		调查人口	养老保险	医疗保险	工伤保险	失业保险	未参加
16岁及以上	人数（人）	153 170	15 362	49 057	649	850	100 859
	比例（%）		10.03	32.03	0.42	0.55	65.85
16～59岁	人数（人）	67 910	5 107	20 075	460	698	46 423
	比例（%）		7.52	29.56	0.68	1.03	68.36
60岁及以上	人数（人）	85 260	10 255	28 982	189	152	54 436
	比例（%）		12.03	33.99	0.22	0.18	63.85

数据来源：根据第二次全国残疾人抽样调查数据计算整理而得,数据已进行四舍五入。

从不同残疾类别老年残疾人口的社会保险覆盖情况来看,各险种参保比例均较低,处于38%以下。其中医疗、养老保险的覆盖率相对较高,而工伤保险与失业保险的覆盖率均在1%以下,各残疾类别未参保人群比重很大,均超过50%。视力残疾类别老年残疾人口的医疗保险参加率最高,达到32.4%,养老保险参加率次之,达到7.94%,未参保人群比重高达65.9%。听力残疾类别老年残疾人口的医疗保险参加率达到36.22%,养老保险参加率次之,达到14.78%,未参保人群比重超过60%。言语残疾类别老年残疾人口的医疗保险参加率达到37.82%,养老保险参加率次之,达到19.69%,未参保人群比重超过1/2。肢体残疾类别老年残疾人口的医疗保险参加率超过1/3,养老保险参加率次之,达到12.24%,未参保人群比重达到64.53%。智力残疾类别老年残疾人口的医疗保险参加率达到30.08%,养老保险参加率次之,达到11.04%,未参保人群比重超过2/3。精神残疾类别老年残疾人口的医疗保险参加率超过1/3,养老保险参加率次之,达到12.86%,未参保人群比重达到62.97%。多重残疾类别老年残疾人口的医疗保险参加率达到32.07%,养老保险参加率次之,达到10.38%,未参保人群比重接近2/3。

各残疾类别老年人口参加社会保险情况见表5—21。

表5—21　　　　各残疾类别老年人口参加社会保险情况

残疾类别		老年残疾人	养老	医疗	工伤	失业	未参加
视力残疾	人数（人）	16 440	1 305	5 326	20	8	10 834
	比例（%）		7.94	32.4	0.12	0.05	65.9
听力残疾	人数（人）	29 495	4 358	10 682	44	33	18 043
	比例（%）		14.78	36.22	0.15	0.11	61.17
言语残疾	人数（人）	513	101	194	1	1	292
	比例（%）		19.69	37.82	0.19	0.19	56.92
肢体残疾	人数（人）	21 471	2 627	7 173	81	72	13 855
	比例（%）		12.24	33.41	0.38	0.34	64.53
智力残疾	人数（人）	1 087	120	327	1	1	728
	比例（%）		11.04	30.08	0.09	0.09	66.97
精神残疾	人数（人）	2 309	297	808	5	5	1 454
	比例（%）		12.86	34.99	0.22	0.22	62.97
多重残疾	人数（人）	13 945	1 447	4 472	37	32	9 230
	比例（%）		10.38	32.07	0.27	0.23	66.19

数据来源：根据第二次全国残疾人抽样调查数据计算整理而得，数据已进行四舍五入。

从分年龄段老年残疾人口参加各项社会保险状况来看，低龄、中龄与高龄老年残疾人口参保人群占各年龄段人口的比例较低，均在35%以下。其中医疗保险参加率相对最高，养老保险次之，工伤保险与失业保险的参加率相对最低，均在0.3%以下，未参保在60%以上。具体而言，分年龄段老年残疾人口的医疗保险与养老保险覆盖情况如下：在低龄老年残疾人口中，有34.08%的人群参加了医疗保险，参加养老保险的人群仅占11.25%；在中龄老年残疾人口中，有34.8%的人群参加了医疗保险，参加养老保险的人群仅占13.09%；在高龄老年残疾人口中，有32.28%的人群参加了医疗保险，参加养老保险的人群仅占11.14%。

分年龄老年残疾人口参加社会保险状况见表5—22。

表5—22　　　　　　　分年龄老年残疾人口参加社会保险状况

年龄（岁）		残疾人口	养老	医疗	工伤	失业	未参加
60~69	人次（人）	28 925	3 255	9 857	75	58	18 409
	比例（%）		11.25	34.08	0.26	0.2	63.64
70~79	人次（人）	37 278	4 878	12 973	86	68	23 450
	比例（%）		13.09	34.8	0.23	0.18	62.91
80+	人次（人）	19 057	2 122	6 152	28	26	12 577
	比例（%）		11.14	32.28	0.15	0.14	66
合计	人次（人）	85 260	10 255	28 982	189	152	54 436

数据来源：根据第二次全国残疾人抽样调查数据计算整理而得，数据已进行四舍五入。

2. 残疾人医疗保险尚不完善

残疾人医疗保险是社会保险制度中免除残疾人疾病后顾之忧的重要政策安排，对于残疾人群的康复服务意义非凡。完善的医疗保障有利于残疾人的康复与救治，而且也能减轻残疾人及其家庭的负担。相反，如果没有参加医疗保险，由于医疗费用昂贵，部分困难群体放弃正规治疗，导致残疾发生率高企，而且加重残疾程度，使家庭不堪重负。保障人人享有基本医疗卫生服务是医疗保险制度建设的主要目标，残疾人显然是医疗保险制度的主要保障群体之一。中国医疗保险制度主要由公费医疗、城镇职工基本医疗保险、城镇居民医疗保险和新型农村合作医疗制度组成，基本形成了全民医保的局面。各地在探索残疾人医疗保险制度时，采取资助残疾人参保的做法，提高残疾人参保率，从而预防未来风险。2008 年年末，全国参加城镇基本医疗保险人数为 31 822 万人。其中参加城镇职工医疗保险人数 19 996 万人，参加城镇居民医疗保险 11 826 万人。此外，还有 4 266 万农民工参加了医疗保险。[①] 参加社会保险的残疾人达到 297.6 万人，其中大部分参加了医疗保险。2009 年年初对 23 个省、自治区、直辖市中开展的新农合医疗调查表明，残疾人口的参合率与全体农业人口的参合率基本相当。23 个地区均将白内障复明手术项目纳入新农合报销目录，有 360 个县将人工耳蜗植入手术列入报销范围，大部分地区将精神病医疗项目纳入新农合报销目录，另外还有少数县将康复治疗纳入报销范围。但总体来看，残疾人医疗保险仍然存在五个方面的突出问题。

一是医疗保险的参保率不高。据零点调查公司对中国城乡居民医疗保障享有情况的一项调查，2004 年城市（不含小城镇）居民中没有任何医疗健康保险者的比例为 32.3%。即使在北京市，抽样调查显示，这一比例在残疾人中达到 66.4%。[②] 可见，医疗保险在残疾人中的覆盖率远远低于健全人。残疾人的医疗保险覆盖率低与其就业状况较差有直接关系。在 18 周岁以上城镇残疾人中，在职在岗占 14.4%，在职不在岗占 8.2%，退休占 32.1%。2005 年农村残疾人参加医疗保险的比例为 29.39%；而同期农村居民参加农村合作医疗的人数占农村总劳动力的比例为 35.53%。与全部劳动力群体相比，残疾人参保率仍然偏低。同时在医疗保险方面，地区差距比较明显。浙江和上海残疾人的参保率远高于全国平均水平，而云南与西藏的残疾人参保率均低于 10%。第二次全国残疾人抽样调查数据显示，老年残疾人口的医疗保险实际覆盖率仅为 33.99%。残疾人群参保率低的原因主要有以下几个方面：首先是雇佣单位因为效益不好或逃避责任没有给残疾人缴纳社会保险费；残疾人的贫困程度高于正常群体，社会保险的缴费水平往往超出他们的承受能力，从而导致部分困难残疾人未能参保或续保，尤其是农村贫困残疾人在参加新农合制度过程中，

---

① 人力资源和社会保障部，国家统计局. 2008 年度人力资源和社会保障事业发展统计公报.
② 齐心，厉才茂. 北京市残疾人医疗保障研究. 卫生经济研究，2007（2）.

往往因贫困无法参保的现象较为普遍；城镇居民基本医疗保险和新型农村合作医疗目前仍然采取自愿投保原则，由于没有强制性措施，贫困残疾人往往选择放弃参保。再者是残疾人劳动参与率比普通劳动力低，且残疾人就业不稳定，多为非正规就业。[①] 还有很多下岗职工、灵活就业人员和城乡贫困居民游离在这一制度之外，残疾人就是其中主要的群体之一。

二是残疾人医疗保险的保障力度不足。医疗保险参保人的主体为正常人群，所有医疗保险待遇也以正常人群的医疗消费为基础进行测算，无论是报销比例还是报销范围，都有比较严格的限制。但是，残疾人因身体或心理原因，其医疗消费模式与正常人群有很大的区别，支出水平也远高于正常群体，尤其是残疾人的康复费用支出额度较大，给残疾人家庭造成沉重的负担。目前城镇职工基本医疗保险和城镇居民医疗保险中还没有针对残疾人的特殊情况制定优惠政策，新型农村合作医疗制度中也只有极少数地区针对残疾人制定医疗康复方面的特惠政策。新型农村合作医疗的保障水平较低，无法起到明显降低农村残疾人医疗负担的作用。北京市抽样调查表明，参加了新型农村合作医疗的残疾人的医疗负担反而大大高于未参加新型农村合作医疗的残疾人，前者的医疗负担系数平均为 61.7%，而后者仅为 23.7%。[②] 这一方面说明存在逆向选择，即医疗负担越重者参加新型农村合作医疗的积极性越高；另一方面也说明新型农村合作医疗在降低参保残疾人的医疗负担方面成效不显著，参保残疾人的医疗负担仍然在其可承受能力范围之外。抽样调查同时显示，仅有 46% 的农村残疾人在参加新型农村合作医疗时，个人负担部分得到过政府和村组织的资助。目前，报销范围窄和报销比例低是农村残疾人未参加新农合的主要原因[③]。

三是城乡政策分割明显。中国残疾人医疗保险政策在城乡之间存在着明显的制度分割现象，主要体现在医疗保险的资金补贴和待遇给付两方面。从医疗保险资金补贴对象来看，城镇补贴对象的范围要大于农村地区；在补贴方式和

---

① 杨立雄，兰花. 中国残疾人社会保障制度. 北京：人民出版社，2011.
② 齐心，厉才茂. 北京市残疾人医疗保障研究. 卫生经济研究，2007 (2).
③ 姜向群，胡立瑷，山娜. 农村残疾人的社会保障状况及康复服务需求. 人口学刊，2011 (3).

金额方面，城镇的标准也要优于农村地区。从医疗保险待遇给付来看，以职工医保为主体的城镇医疗保险待遇水平则要明显高于农村地区。形成这种城乡分割现象的原因在于残疾人医疗保险政策缺乏统筹城乡发展的长远战略规划。这一方面是源于中国医疗保障政策自身的城乡二元化问题，医疗保险体系存在着城镇职工基本医疗保险、城镇居民基本医疗保险以及新型农村合作医疗三套制度，因此各地在制定政策时，很容易将残疾人医疗保险政策割裂为城镇和农村两部分。另一方面，政策制定缺少公平、平等的价值理念，这是制度分割的深层次原因。由于城乡分割、制度碎片化，身份不同的两个残疾人即使在同一地区患同种疾病，享受的医疗保障待遇也会有很大区别，这将使政策的效果大打折扣。[①]

四是政策规定笼统不利于具体落实。从残疾人医疗保险的覆盖面来看，当前，以城镇职工基本医疗保险、城镇居民基本医疗保险和新型农村合作医疗为主体的医疗保险制度已经从制度上实现了对城乡居民的全覆盖。在残疾人医疗保险方面，各地的政策目标也是与中央精神高度一致，即残疾人医疗保险的覆盖范围是全体残疾人。但却没有一个省市对残疾人医疗保险的覆盖范围进行明确界定，大多数省市都仅模糊地规定为"将残疾人纳入城镇职工基本医疗保险、城镇居民基本医疗保险和新型农村合作医疗"。各地残疾人医疗保险遵循"普惠特惠相结合"的原则，在一般性医疗保险制度安排的基础上，对残疾人群体给予了更多的照顾，即残疾人医疗保险在保障残疾人所面临的一般性医疗风险基础上，内容有所扩展。这可以分为两种情况：一是将符合规定的残疾人医疗康复项目纳入残疾人医疗保险保障范围，但未明确列出项目名称，天津、上海、浙江、广东、海南、安徽、湖北、新疆、福建等省（区、市）属于这一类情况；二是将列明的医疗康复项目纳入残疾人医疗保险保障范围，各地根据本地的情况规定不同的康复项目，例如，山东、辽宁、山西、江西、河南、内蒙古、甘肃、重庆、广西、贵州。一般而言，各地的康复项目目前都包括了白

[①] 王琬. 残疾人医疗保险政策比较分析——基于全国 23 省《关于促进残疾人事业发展的实施意见》比较. 湖北经济学院学报，2010（1）.

内障复明手术、精神病治疗、畸残矫治手术等。前一种情况的政策尺度相对灵活，但操作起来缺乏客观的判断标准。① 在残疾人医疗保险的资金补贴方面，各地的规定也含糊不清，补贴资金从哪里来，补贴给谁，补贴多少，从各地现有的政策中很难得到满意的答案。在残疾人医疗保险的保障范围方面，很多省市也仅原则性地规定将"符合规定的残疾人医疗康复项目纳入医疗保险支付范围"，缺乏可操作性。残疾人医疗保险待遇给付方面的政策与此类似，也只是建议"提高残疾人报销比例""减免就医费用"等，但具体如何落实却没有下文。以上方面政策的规定过于笼统，以原则性的意见居多，缺少客观指标，不利于政策的落实。

五是资助参保的财政责任模糊。残疾人是社会中最弱势的群体之一，对于残疾人的保障，政府具有不可推卸的责任，资助残疾人参加医疗保险就是政府的主要职责之一。但就目前各地的政策来看，大多数地区仅泛泛地规定了政府应当资助残疾人参加医疗保险，仅有少数省市提到了"由县级以上财政承担责任""各级政府共同承担财政责任"。在残疾人医疗保险补贴的资金来源方面，各地的政策主要分为两种情况：一是规定了由政府为残疾人提供医疗保险补贴，但并未对政府资金性质进行明确说明，上海、天津、辽宁、福建、江西、湖北、重庆、新疆都属于此类。其中，湖北规定了补贴资金由县级以上政府提供，重庆规定的是由各级政府公共财政提供，而其他省市尚未对补贴资金的财政责任进行具体划分。二是规定由医疗救助资金为残疾人提供医疗保险补贴，例如，河北、广东、山西、河南、内蒙古、广西、甘肃等。从目前各地已有的政策实践来看，资助残疾人参加医疗保险的资金主要来源于残疾人就业保障金和医疗救助资金。此外，还有少量资金来自社会捐赠等其他渠道。虽然在相关的政策文件中对残疾人医疗保险补贴的资金来源有所规定，例如，残疾人就业保障金或是医疗救助基金，但这都属于政府的间接责任。所以，还有必要对政

---

① 王琬. 残疾人医疗保险政策比较分析——基于全国23省《关于促进残疾人事业发展的实施意见》比较. 湖北经济学院学报，2010（1）.

府在残疾人医疗保险中的责任边界、各级政府的财政责任进行更明确的划分。① 资金补贴的来源、对象和方式是落实残疾人医疗保险政策最为重要的环节，也是目前各地差异最为明显的部分。这在一定程度上体现了目前各方在残疾人医疗保险的具体政策上还存在着较大的分歧，残疾人医疗保险政策的落实还面临着很大的困难。

5.3.2 康复机构服务能力薄弱

残疾人专门康复机构是针对各类残疾人，为其进行临床诊断、功能测评、制订康复计划、实施康复治疗和必要的临床治疗，提供医疗、教育、职业、社会等全面康复服务，使其身心功能、职业能力和社会生活能力等得到补偿及改善，促进其融入社会的场所。同时，康复机构还承担康复医学培训、社区康复技术指导、康复信息咨询、康复研究与残疾预防等工作，是所在地区残疾人康复工作的示范窗口和技术资源中心。② 当前，由于残疾人康复机构数量少、康复服务机构建设缺乏规范、康复人才缺乏、康复服务水平低下、康复机构功能定位不明确、残疾人服务机构管理方式落后等原因，中国康复机构服务能力还很薄弱。2010年全国残疾人状况及小康进程监测报告显示：中国残疾人的医疗与康复服务需求比例远大于实际接受康复服务的比例，全国残疾人康复服务覆盖面仅为33.5%，现有康复机构服务半径远远不能覆盖全国残疾人。

（一）康复机构数量少

目前，全国共有各级各类康复服务机构1.5万个，在874个市辖区和1 823个县（市）开展了社区康复工作，累计建立社区康复站18.6万个。建立视力残疾康复机构总数达到991个，通过推进听力语言康复机构规范化管理，完善基层服务网络，已建设省级听力语言康复机构31个，基层听力语言康复机构1 028个；开展肢体残疾康复训练服务的机构达到1 106个，开展智力残

---

① 王琬. 残疾人医疗保险政策比较分析——基于全国23省《关于促进残疾人事业发展的实施意见》比较. 湖北经济学院学报，2010（1）.
② 姚志贤. 康复机构发展需整体规划. 中国残疾人，2011（6）.

疾康复训练服务的机构达到798个。① 残疾人托养服务工作稳步推进，残疾人寄宿制托养服务机构达到3 921个，其中事业单位1 072个，民办非企业1 353个，其他性质的1 496个，托养残疾人11.9万人。残疾人日间照料机构达到2 368个，为4.6万名残疾人提供托养服务。接受居家托养服务的残疾人达到44.2万人。"十一五"期间，有1 037.9万残疾人得到不同程度的康复。2010年，国家将9项医疗康复项目纳入基本医疗保障范围，减轻了残疾人的医疗康复费用负担。中国残疾人康复服务覆盖面逐步扩大，但残疾人医疗康复工作还有待进一步加强。目前，多数地方康复机构少、资源不足，无法为残疾人提供便捷有效的服务。从9个省、自治区、直辖市的调查统计来看，有相当数量的市、县迄今没有康复服务机构。②

目前，中国残疾人和伤病员是通过综合和专科康复医疗机构、综合和专科医院以及疗养院中的康复医学科临床科室、社区卫生服务中心的康复治疗室三种途径获得专业康复服务的。综合和专科康复医疗机构（康复医院或康复中心）是专业化的康复机构，进行恢复早期临床医疗和全面康复。综合和专科医院、疗养院中的康复医学科临床科室，是患者进行中、后期恢复治疗的全科康复医疗机构。现在综合医院的康复医学科大多没有设置专门的康复病床，设立康复医学科的疗养院也为数较少。社区卫生服务中心的康复治疗室，不设病房，为社区门诊患者提供后期的康复服务，称为康复门诊或康复诊所。它便于患者就近康复，受到群众的欢迎。但是，由于受环境条件的限制，康复治疗室开展的康复服务项目还较少。③ 在康复服务机构的体系中，不仅有农村社区康复站这一类社群性质的半正规机构，还有正式登记注册的民办非企业单位。无论公立还是民办的康复服务机构，都主要在城镇兴办，即便办在农村地区的少量民办康复训练中心，也主要服务于城镇而非农村的残疾人。农村残疾人康复

---

① 2011年中国残疾人事业发展统计公报，中国残疾人联合会，http://www.cdpf.org.cn/ggtz/content/2012-03/29/content_30385493.htm.
② 中国残疾人康复服务覆盖面扩大但仍存空白，中国广播网，http://www.cnr.cn/gundong/201208/t20120827_510686927.shtml，2012-08-27.
③ 姚志贤. 康复机构发展需整体规划. 中国残疾人，2011 (6).

服务除了公办康复站外，几乎没有机构支撑。① 目前农村地区尤其是中西部农村地区还未建立康复服务网络体系，二级医院甚至少数三级医院没有设立康复科，乡镇、街道卫生院以及社区卫生服务中心的康复医疗室尚未完全建立起来。再以托养机构为例，截至 2008 年，残疾人联合会部门主管的托养服务机构共 1 740 个，其中省级 5 个，地市级 273 个，区县级 1 426 个，托养残疾人 48 438 人，其中智力残疾人 22 246 人，精神残疾人 8 131 人。如果参照第二次全国残疾人抽样调查结果（全国有智力残疾人 558 万人，精神残疾人 607 万人，多重残疾人 1 342 万人，其中一级智力残疾人 52 万人，一级精神残疾人 143 万人，一级多重残疾人 645 万人），得到托养的残疾人占三类残疾人的比例仅为 0.2%，占三类一级残疾人的比例只有 0.6%。② 由于康复机构少，残疾老年群体的康复服务需求不能得到有效满足，从而产生严重的福利减损与福利丧失。

（二）残疾人康复服务机构建设缺乏规范

残疾人专门康复机构是一个城市公共服务的基本设施之一，加强残疾人专门康复机构的建设，也是当前残疾人社会保障体系和服务体系建设的重要内容。现在，一些地方残疾人专门康复机构建设之所以推进难度大、建设成本高，一个重要的原因，就是在部分城市的发展总体规划布局中，存在功能缺失或规划滞后的问题。③ 由于长期以来各地在残疾人服务设施发展规划方面的前瞻性不够、指标性和操作性不强，这在相当程度上造成了各类残疾人服务机构地域分布不合理、城乡比例失调、缺乏科学的设置规划，既存在重复建设又有片面求全的问题。

随着政府对残疾人事业认识的提高，各级政府加大了对残疾人服务体系的投入，逐步建立了残疾人康复中心、托养中心、职业培训中心和文化体育中心等。但是各级行政管理单位之间的重复建设问题也开始凸显出来。一些地方规

---

① 中国社会科学院社会政策研究中心. 北京市农村地区残疾人康复服务现状与政策研究，中国社会学网，2008 年 9 月 10 日.
② 杨立雄，兰花. 中国残疾人社会保障制度. 北京：人民出版社，2011.
③ 姚志贤. 康复机构发展需整体规划. 中国残疾人，2011（6）.

定每个县区要建立一定标准的服务设施,配备必要的设备。不管有无能力,或者有没有需求,也不管残疾人口多少,以行政区划为标准统一要求建立残疾人托养机构、残疾人康复机构、假肢安装厂等。最为典型的情况是,市本级建立了残疾人综合服务中心,各区县也均建立残疾人综合服务中心,街道一级也建立了残疾人综合服务中心。① 中国残疾人服务设施分为民政主管服务机构、教育主管服务机构、人力资源与社会保障主管服务机构、卫生主管服务机构、残疾人联合会主管服务机构。各部门在长期工作中,形成不同的业务分工,各管一块、各守一摊。受部门利益的影响,分工多而合作少,造成部门之间的服务机构重复建设。

残疾人康复是一个系统工作,由医疗、功能训练、辅助器具适配、社会适应性训练、心理与家庭辅导等环节组成。但由于机构分布不均衡、专业性差、重复建设反而不能适应残疾人康复的实际需要。残疾人综合服务设施的资源主要集中于省级行政单位,然而,残疾人口主要分布于县级及以下地区。比如,智力和肢体康复机构建设,从机构的层次看,省级康复训练机构和县级康复训练机构增长较快,增长幅度超过1倍。地(市)级机构有小幅下降,而县(市区)以下机构则呈现出明显下降的趋势。这反映出残疾人康复训练的资源在非适度地集中。甚至部分基层残疾服务中心也出现了求大求全的现象。如某省的一个县级市新建的一个残疾人康复服务中心,占地35亩,总投资7 000万元,工程总建筑面积为2万平方米,建了三栋楼,分别为康复医院、康复楼和综合楼。②

残疾人设施建设存在片面追求大而全问题的同时,还呈现出残疾人设施布局远离社区的特征。国务院残疾人工作协调委员会在《关于加强基层残联建设的决定》的通知中要求各地按照行政区划而不是按照残疾类型、残疾人数分布等因素建设残疾人服务设施,这种地理布局不但导致残疾人服务机构的集中,而且导致残疾人服务重心的上移,与康复服务社区化的发展趋势背道而驰。与此同时,国务院残疾人工作协调委员会在《关于加强基层残联建设的决定》的

---

①② 杨立雄,兰花.中国残疾人社会保障制度.北京:人民出版社,2011.

通知中要求县级残联的残疾人综合服务设施的功能要集办公、残疾人就业服务、职业技能培训、扶贫解困、康复训练服务、用品用具供应服务、残疾人文化活动等多种功能于一体,这必然挤压了社区服务的生存空间,最终可能导致县级以下服务设施的发展受到限制。残疾人服务的受益对象受交通和环境的影响极大,在业务向残疾人服务中心集中时,必然增加残疾人的交通出行成本,降低残疾人对服务设施的可及性,导致设施的利用率不足。调查显示,成都市残疾人综合服务中心是"大而全"的发展模式,在一个地区建设一个规模相对大的机构,预设残疾人服务的各个相关项目。[1] 这就给区县内部不同地区的残疾人到其区县综合服务中心使用服务带来时间、交通和经济上的机会成本,即使服务中心提供的服务是免费的。残疾人综合服务中心周边交通不是非常便利,除了当地临邛镇的残疾人,极少有其他乡镇的人员到中心进行康复活动。因此,新建的残疾人公共服务设施没有得到充分利用,甚至有些设施和场地也闲置起来。

(三)康复人才缺乏

中国康复机构的发展在很大程度上取决于人员结构和人才状况。目前,大部分康复机构的人员结构不合理,突出表现为"两少一低",即在职工总数中业务技术人员所占比例少;在业务技术人员中,康复专业技术人员所占比例少(甚至没有正规的康复医师和康复技术人员),受过高等教育的人员比例低。[2] 这种人员结构状况既无法形成康复机构在医疗康复上的优势,又严重影响各级康复机构康复功能的发挥和业务发展。

在人才状况方面,专业康复人才与管理人才严重短缺。中国残疾人康复事业近年来虽然有了较大的发展,但是,与需求相比还有相当大的缺口。从国家康复工程师数与人口比率这一指标看,美国为2.17/10万,日本为2.3/10万,意大利为3.8/10万。在中国,《中国统计年鉴》《中国劳动统计年鉴》《中国卫

---

[1] 杨立雄. 残疾人综合服务设施利用情况研究——基于四川省成都市的调查. 社会保障研究,2012(4).

[2] 程军,密忠祥,崔志茹等. 中国残疾人康复机构建设现状及对策研究,人民网,http://medicine.people.com.cn/n/2012/0827/c196873-18839458.html.

生统计年鉴》中都没有专门给出"康复师"一栏。与发达国家相比,中国的康复技术人员占人口的比例非常低。以物理治疗师为例,目前世界各国物理治疗师和作业治疗师的人数与人口的比值在平均大约 70/10 万,其中挪威为 145.63/10 万,荷兰为 67.97/10 万,而中国仅为 0.4/10 万。[1] 由于各个康复机构、医院和社区卫生服务中心严重缺乏康复技术人才,为残疾人群提供康复服务的能力非常有限,还达不到 20%,康复效果难尽人意,康复服务缺乏专业性。中国康复技术人才的缺口非常大,目前各类康复技术人员不到两万人,其中,康复治疗师只有 5 000 多人。中国目前急需各类康复人才 35 万人,其中康复医师 3 万人,物理疗法师 18 万人,作业疗法师 9 万人,假肢与矫形器制作师 3.5 万人,语言治疗师 1.5 万人。随着生活水平的提高和"人人享有康复服务"目标的提出,中国对康复人才的需求迅速增长,2005 年社会需要的康复治疗师数量为 15 000 名,2010 年达到 35 000 人。且康复机构的专业技术人员也十分匮乏,即使在省市一级的康复机构,专业人员所占比例偏低。以肢体和智力康复的机构专业人员为例,省级康复机构的医技人员平均为 3.1 人,教师 1.1 人,管理 0.8 人。地市级康复机构的医技人员平均为 2.2 人,教师 1.1 人,管理 0.6 人。县级康复机构的医技人员平均为 0.7 人,教师 0.4 人,管理 0.8 人。[2] 康复专业人员的严重匮乏将直接影响残疾人康复事业的发展,特别是残疾人的自身发展。

与此同时,中国的康复服务业建立的时间短,缺乏经验,更缺乏人才和规范,管理专才更加稀缺。许多省市的残疾人服务体系建设还处于起步和发展阶段,急需一大批素质高、能力强、具有现代管理理念的人才。但是由于缺乏有效的激励措施,过低的待遇水平无力吸引学过管理的人才从事这个行业的机构管理。残疾人服务机构很难在社会上招收到管理能力强的管理型人才。而现有的服务机构管理人员和工作人员,虽然长期从事残疾人服务工作,具有丰富的实践经验,但管理方式陈旧、管理理念过时,多数管理人员未受过系统培训,

---

[1] 孙树菡,毛艾琳. 中国残疾人康复服务需求与供给研究. 湖南师范大学社会科学学报,2009(1).

[2] 杨立雄,兰花. 中国残疾人社会保障制度. 北京:人民出版社,2011.

缺乏现代的经营管理知识，从而制约了服务机构的健康发展。[①] 其结果，是不仅管理人员对机构的服务定位、长远发展缺乏全局考虑，而且服务机构在服务运转、工薪福利、人员培训、项目开发、筹款公关、宣传组织、财务管理等内部治理的各方面将出现诸多漏洞。特别是创办人的思想素质、管理水平对于民办机构的管理有决定性的影响。民办机构的不断发展壮大，对于领导者的管理水平和管理能力的要求也不断提升。而有些创办人并不擅长管理，也没有接受过相关培训，却一直主持日常管理工作，管理中随意性较强，规范性较差。即便这样民办机构也还不能维持，一些运行多年的民办机构面临主要管理者后继乏人的问题。[②]

（四）康复服务水平低下

目前为止，只有少数医学院试办了本科和大专康复治疗师专业，北京、广州、南京、上海、武汉、重庆、河北等医学院招收了康复医学专业研究生。2000 年首都医科大学与中国康复研究中心合作成立康复医学院，覆盖本科、硕士和博士教学，但是招收人数有限，每年培养的康复治疗师仅有 700 多名。[③] 因为专业护理人员和管理人才缺乏，服务手段落后，服务较窄，大部分只能提供简单的低水平的技术服务。一些康复服务机构仅仅将其业务定位于开展一般性照料或低层次的服务。在具体服务中表现出大众化服务较多、个性化服务较少；共性化的项目多、特色化的内容少；低层次服务多，专业化服务缺乏的特点。[④]多数服务机构没有形成自身的特色和品牌，残疾人所能选择的符合自己需求的服务机构较少。除少数二级医院康复医学科已成规模，并形成特色科室外，多数二级、一级医院的康复相对薄弱，学科带头人层次偏低，开展治疗项目也比较少，基本上还停留在原理疗科和"体疗"的层次上。有些医院为了达到升级的标准，不得不建立康复医学科，而采用非康复的手段进行临床治疗，或者是在门诊以简单和单一的"物理因子"治疗，或者是将针灸与推拿

[①④] 杨立雄，兰花. 中国残疾人社会保障制度. 北京：人民出版社，2011.
[②] 中国社会科学院社会政策研究中心课题组. 民办残疾人康复机构发展状况报告. 学习与实践，2008（5）.
[③] 陈仲武. 中国现代康复医学事业的发展历程. 中国康复理论与实践，2001（3）.

合并。在一级医院中，除了极少数将康复服务做出特色外，多数康复医学是最为薄弱的。这些医院在只有几张床位的病房中，收治各类慢性疾病为主的病人，"康复治疗"与"临床"无任何差别，更不要提什么"技能康复""职业康复"，给人以康复医学病区就是慢性疾病的疗养病区的概念，从而使医疗资源不能合理得到运用，而伤病患者根本不能得到及时正确的康复治疗和训练。[①]

其次，目前在残疾人事业领域工作的人员绝大多数没有专业的社会工作背景，也很少受过系统的社工专业训练。从提供专业服务角度看，康复服务总体上还没有跳出传统的服务范围和服务方式，更没有建立专业化、职业化的社工队伍，当然也无从吸纳社工专业毕业生。有些机构考虑用人成本，招聘一些文化程度低、毫无专业背景、经验不足、专业能力差的社会人员，而且对从业人员的专业培训没有形成制度化，导致服务机构专业水平低，不能满足残疾人对服务的要求。再者，多数机构的服务技术和方法相当落后，缺乏规范，无序竞争，服务质量低。[②] 由于资金困难，专业人员素质参差不齐、流动频繁，缺乏专才管理等原因，多数机构没有建立残疾人个案管理档案及其追踪复核制度，仅有的服务对象基本资料都残缺不全。满足残疾人康复服务需求的基本的康复训练、康复指导和跟踪服务做得很不理想，而同类机构之间无序竞争的事件却时有发生，服务质量更无力顾及。

另外，残疾人康复工作必须在基层落实，但康复服务机构却苦于缺编制、缺合格人员，少数几个人成年累月面对超工作量的康复任务，手忙脚乱，疲于奔命，长此以往养成了应付上级的工作习惯。同时，康复服务组织网络还存在"空洞化"问题，有场地、有网络，但是没有合适的管理人员与服务人员，现有人员无法胜任工作。近些年在村一级设立的残疾人康复协调员的公益性岗位，其设置思想并不明确，既想解决残疾人就业问题，又要康复协调员承担基层的康复服务指导、组织联络等多项工作。多目标的结果是，选不出合格的人

---

① 孙树菡，毛艾琳.中国残疾人康复服务需求与供给研究.湖南师范大学社会科学学报，2009(1).
② 中国社会科学院社会政策研究中心课题组.民办残疾人康复机构发展状况报告.学习与实践，2008(5).

才。目前,各村的残疾人康复协调员尽管人在岗位上,也接受过几天培训,掌握了少量的康复知识与信息,不过,其现有能力和知识水平,无法承担哪怕是简单的康复服务指导任务。①

(五) 康复机构功能定位不明确

由于中国康复机构建设发展起步较晚,缺乏已有的成功经验,建立各级康复机构没有现成的模式可供借鉴。因而,各级康复机构在具体建设及运营管理的过程中,其机构性质定位不准、认识不足,这在一定程度上成为各级康复机构发展不平衡的原因。有的省级康复机构的管理者认为其机构定位就是开展简单的康复训练或聋儿语训康复,未将省级康复机构定位为省一级残疾人综合性康复的资源中心,以致从建制到人员配备上没有考虑综合性康复问题,甚至把康复训练等同于健身训练。还有的康复机构为谋求暂时的经济利益,把大部分房屋用于出租、餐饮、宾馆等非残疾人康复服务项目。② 因此,上述主导思想导致各级康复机构缺乏康复功能,影响其作用的发挥。

再者,在中国现行的医疗体制下,由于利益的驱动和某些客观因素的存在,特别是在以"治疗"为主导的现行医疗卫生体系下,新中国成立以来逐渐形成的"预防"机制被"挤"掉不少,而"康复"则几乎被忽略,只在近几年才得到重视,但多数医院康复医学科工作开展不足,致使相当部分的患者不能及时得到康复服务,甚至因此而留下严重的后遗症,给家庭和社会造成了负担。不少医院虽然建立了康复医学病区,但是尚未开展早期的康复介入,且科室间协作的松散,管理不到位,致使"康复"形同虚设。③ 康复医学在一些三级医院比较强,人才较为齐全,由于国际交往机会较多,开展项目多,康复水平亦高,尤其是一些医疗卫生资源相对较为充足的高校附属医院和市属医院,甚至可以成为康复医学的示范性医院。但相当多的综合医院或三级医院的工作

---

① 中国社会科学院社会政策研究中心. 北京市农村残疾人康复服务现状与政策研究总报告,中国社会学网,2008 年 9 月 10 日.

② 程军,密忠祥,崔志茹等. 中国残疾人康复机构建设现状及对策研究,人民网,http://medicine.people.com.cn/n/2012/0827/c196873-18839458.html.

③ 孙树菡,毛艾琳. 中国残疾人康复服务需求与供给研究. 湖南师范大学社会科学学报,2009(1).

重点仍偏重于医疗，为缩短平均住院时间，急性期刚过，就急催病人出院。而急性期治疗中，伤残病人心理障碍无从治疗，早期康复的介入亦被忽视，导致致残率很高，达不到真正康复的目标。浙江省残联的调查显示，目前康复训练类服务的主要提供部门也是卫生部门。医疗卫生机构的康复训练类服务主要是针对致残性疾病（如中风、脊脑外伤等）治疗后的早期康复训练。由于医院病床周转率的要求，患者一般在病情稳定后数周即出院回家。许多患者回家后即停止了进一步的正规康复训练，从而贻误了康复训练的最佳时机，导致不可恢复的残疾。① 不少综合医院的"康复科"仅仅是个"挂牌康复科"，治疗手段以推拿、针灸、拔罐等中国传统治疗手段为主，或偏重于各种理疗仪器，或只有药物治疗，康复医学特色不明显，相当数量的医院出现了"康复科"与中医科、针灸推拿科或理疗科重叠现象。而且在经济利益驱动下，医院科室之间相互争夺病人，有些科室甚至出现了生存危机，而现代意义上的康复并未真正在病人身上体现出来。此外，康复医疗并未走进临床，而是等临床科室"送病人"。②

从民办康复机构来看，大部分非工商登记机构的服务定位同样相当模糊。多数服务机构以经济效益而非专业效果为定位依据。③ 有的为了增加收入，没有条件、没有必要也要开房出租，美其名曰托养或养护服务。服务定位模糊的最大弊病，就是弱化了民办机构的专业服务能力，服务的专业性不强，就不可能真正满足残疾人康复服务的个体化需求。残疾人服务机构大都开展住宿服务，其目的主要是为了房租收入，而不是专业康复。早期干预康复效果最优已经成为共识，而绝大部分服务机构都不愿从事这项源头和上游的专业服务，其主要原因在于这样做要投入很多专业资源，却难以得到较高的经济效益回报。从经济效果而非专业效果出发，尽可能用整托或者托养方式收租，成了大多数民办康复机构应对财务窘况的主要经营策略。

---

① 邵建. 残疾人康复服务需求与服务能力建设：上. 中国残疾人，2009 (2).
② 孙树菡，毛艾琳. 中国残疾人康复服务需求与供给研究. 湖南师范大学社会科学学报，2009 (1).
③ 中国社会科学院社会政策研究中心课题组. 民办残疾人康复机构发展状况报告. 学习与实践，2008 (5).

（六）残疾人服务机构管理方式落后

首先，标准化管理依然滞后。近年来一些地方加强了残疾人服务规范化建设步伐，提升了残疾人服务机构的管理水平。如江苏省下发了《县级残疾人康复中心建设标准》，广东省出台《广东省区县级康复技术指导中心建设规范》，北京市印发《北京市精神康复服务机构服务质量评估办法》。当前，中国残疾人标准化工作主要集中于技术标准。一些地区积极开展了社会福利标准化工作。中国残疾人联合会也开始重视残疾人标准化工作。但是从全国总体来看，残疾人服务标准化仍然还处于起步阶段，绝大多数地区还未制定任何服务标准；在实际操作过程中，不规范的管理行为仍然较为普遍，服务中随意性很大，甚至时有事故发生。[①] 各地残疾人服务标准化管理水平还有待提高。

其次，普遍缺乏行业规划、行业指导和行业规范。各类残疾人服务机构中，有些是事业单位，有些是民办非企业。由于性质不同、所有制相异，加上缺乏统一规划和有效的行业管理，管理责任不明确，标准不统一，短期行为突出，随意性较强。特别是兴办主体的资格论证、准入制度、机构等级和专业人员资格评定以及监督检查等方面，还没有形成比较成熟的管理办法和体制，从而影响了服务机构的健康发展。[②] 由于没有完善的行业规范与标准的训练指导纲要，各类残疾人康复训练机构从康复理念到训练方法都存在很大差异，不同方法上还相互排斥。同业机构之间挖墙脚多，相互交流少，导致残疾人哪怕不适合在某个机构做康复训练也没法顺利转移出去。[③]

最后，管理体制落后。许多残疾人服务机构隶属或者挂靠于残疾人联合会，不是独立的市场主体。其体制不活，资源配置不合理，激励政策和机制不完善，从业人员的积极性、主动性和创造性没有得到充分调动，主动为残疾人服务的意识不强，适应市场变化的能力较差，致使服务机构难以按照市场化方式运作，影响服务机构的正常发展。特别是一些经济欠发达地区，服务平台尚

[①] 杨立雄.中国残疾人托养服务标准化研究.残疾人研究，2011（4）.
[②] 杨立雄，兰花.中国残疾人社会保障制度.北京：人民出版社，2011.
[③] 中国社会科学院社会政策研究中心课题组.民办残疾人康复机构发展状况报告.学习与实践，2008（5）.

处于起步阶段,发展层次不高,有些服务机构经费来源严重不足,收不抵支,难以正常运转。[①] 另外,多头登记、多头管理不利于全行业的治理。政出多门,不仅给规范化的管理带来难题,而且形成了明显的管理真空,表面上看大家似乎都管,而实际上却是谁也不管。在多部门参与的客观形势下,残联作为主要职能机构协调力不足。残疾人康复是多部门参与的一个广阔领域,民政部、教育部、卫生部、劳动部以及各级地方政府都在其中承担重要角色。由于历史的原因,自1989年成立了中国残联之后,中央政府赋予中国残联系统代行部分政府职能。1993年,又成立了专事协调的国务院残疾人工作领导小组,要求各部委的主要负责人参加。尽管从高层决策体制上基本理顺了各部门与残疾人服务事业的关系,不过在实际操作中,由于市场体制下各个利益主体各为其主,形成了错综复杂的关系,这使得中层和基层的协调工作出现了大量的难题。作为发展民办残疾人康复事业的主要职能机构,残联的协调力显然不足。在残疾人康复事业需要全面启动、快速推进的战略目标指导下,残联需要积极、慎重地考虑和选择增强协调能力的新方式。[②]

5.4 小　　结

理解和分析影响老年残疾人口康复服务供给的相关因素,可以从以家庭和社区为代表的非制度性康复服务供给与康复服务保障制度供给两大方面入手。老年残疾人口的非制度性康复服务供给主要来源于家庭与社区两个方面。从来自老年残疾人口家庭方面的供给看,残疾人家庭户规模偏小,一家多残或全残的比重不低,老年残疾人口的家庭结构严重制约家庭的康复服务供给能力;同时,残疾人在婚有配偶比例低、离婚及丧偶比例高,老年残疾人口的婚姻状况严重制约家庭的康复服务供给能力;另外,残疾人家庭人均可支配收入低、恩格尔系数高、贫困问题仍然比较突出,老年残疾人口的家庭收入状况严重制约

---

① 杨立雄,兰花. 中国残疾人社会保障制度. 北京:人民出版社,2011.
② 中国社会科学院社会政策研究中心课题组. 民办残疾人康复机构发展状况报告. 学习与实践,2008(5).

家庭的康复服务供给能力。从来自老年残疾人口社区方面的供给看，社区康复服务设施薄弱、社区康复服务人员匮乏、社区康复经费投入不足、社区服务机构的可及性较差、农村社区康复未能有效融入社区卫生体系、城乡社区康复发展不均衡、人们对社区康复存在认识上的偏差等因素严重制约了社区为残疾老年群体提供康复服务的水平和效果。

从康复服务保障制度供给来看，康复服务政策支持不足与康复机构服务能力薄弱制约了针对老年残疾人口的康复服务保障制度供给能力。一方面，就康复服务政策安排支持不足而言，残疾人社会救助既存在整体标准偏低与投入严重不足的宏观问题，又存在医疗救助、康复救助、最低生活保障等单项制度功能尚不完善的微观问题；同时，残疾人社会保险整体覆盖率偏低，医疗保险制度存在参保率不高、保障力度不足、城乡政策分割明显、政策规定笼统、财政资助责任模糊等问题。另一方面，由于残疾人康复机构数量少、康复服务机构建设缺乏规范、康复人才缺乏、康复服务水平低下、康复机构功能定位不明确、残疾人服务机构管理方式落后等原因，残疾人康复机构的服务能力依然薄弱。

6. 优化老年残疾人口康复服务的路径与对策

发展和优化老年残疾人口康复服务,需要明晰老年残疾人口康复服务的先进理念、确立符合国情的老年残疾人口康复服务模式体系、完善老年残疾人口康复服务的相关支撑配套条件等。本章通过总结归纳发达国家的有益经验,从基本理念、模式体系、配套支撑条件等方面,提出优化老年残疾人口康复服务的基本路径与发展对策。

6.1 明晰老年残疾人口康复服务的先进理念

国际残疾人康复服务保障的历史进程表明,明晰先进理念是发展和完善残疾人康复服务保障的重要前提和基础条件,价值理念的广泛认同直接关联着康复服务模式体系的整体设计。本节通过梳理总结国际社会从慈善救济理念、医疗模式理念、社会模式理念、社会适应理念、肯定性模式理念到公民权利理念的残疾人康复服务理念演进过程,提出中国老年残疾人口康复服务的发展理念。

6.1.1 国际残疾人康复服务理念的发展演进

不同国家和地区由于历史、经济、社会、文化等多种因素的交互影响,在制定和实施残疾人康复政策时都会以不同的价值理念为基础。在如何对待残疾人的问题上及相应的立法中,各国都经历了对残疾人实行慈善救济、医疗康复和权利主体三个阶段①，并且这些理念仍将随着社会经济的发展而不断深化。

(一) 慈善救济理念

在慈善救济理念下，残疾通常被看作是个体的悲剧，残疾人则被视为自身残损的牺牲品；残疾人通常被描绘成病态和残损的个体，被置于一种不幸或可怜的地位，被认为是贫困无能的孱弱者，需要外界的怜悯、同情和关照。慈善家和慈善组织处于资金筹集者的地位，扮演着救世主的角色，向残疾人提供服务和帮助；残疾人则处于资助和服务的接收端。其基本前提假设是：残疾人具有极强的依赖性，是不能自立的，需要外界的照顾。

尽管慈善救济理念在很多方面值得赞扬和推崇，有利于发扬人道主义精神，但是它也带来了许多问题和潜在的风险。因为在该理念中，残疾人被描绘成可怜的贫困失能者，只是感恩戴德地被动接受外部援助，该理念没有认识到残疾人作为个体天然的自立和自强倾向及处理问题的能力。因此，如果对残疾人过于溺爱，将会导致其丧失生存和生活的基本能力，变得越来越具有依赖性。另外，批评者指出将残疾人视为贫困无能者，认为其需要外界的救济才能维持生计的观点是歧视大量产生的根源。因为慈善的捐款物通常承载着一种盼望感恩的预期和一系列对受惠者的附加条款及权益约束，接受施舍往往容易带来被救济者的尊严伤害和权益丧失。

当然，这不是说要取缔慈善事业或宣布其非法。该理念所提倡的那种人道主义精神是值得肯定和发扬的。但是，我们需要对慈善事业的管理者和从业人员进行教育和监督，从而确保慈善资金和物资能被用于提升残疾人的处境和人权改进上。同时，应采取各种方式和渠道力争让残疾人能够自立自强，能够作为平等的公民融入社会当中来。②

(二) 医疗模式理念

19世纪中期，许多医生和其他社会有识之士开始关注残疾产生的医学根源，致力于为残疾人寻找治疗方法。从19世纪到20世纪早期，欧洲对待残疾

---

① 林广华. 西欧三国残疾人保障制度的特点及其对中国的启示. 中国发展观察, 2008 (3).
② 郑雄飞. 残疾理念发展及"残疾模式"的剖析与整合. 新疆社科论坛, 2009 (1).

人的观念逐渐由漠视转向关注，传统的残疾观即"医疗模式"的残疾观得以确立。随着医学的不断发展和医生社会地位的提升，医疗模式变得越来越流行。该模式认为，残疾是由于个人的身体残损或精神障碍导致的，与社会或地理环境没有太大的联系。残疾是一种缺陷，残疾人是一个病态的、低能的群体，不能对社会有所贡献，所以个人应该对残疾负责，社会属于非残疾人，社会不会改变环境和设施以适应残疾人，残疾人应该通过自己的努力来适应社会。[①] 这一模式有时被称为生物劣势或功能受限模式。医疗模式的核心观点是：残疾是问题的根源所在；残疾人需要治疗；残疾人不能为自己的生活做出正确决策；残疾人需要专业技术人员的照料；残疾人由于自身的缺陷不可能拥有与非残疾人一样多的机会。根据这一模式，残疾问题是医疗问题，社会为残疾人提供福利和服务的主要途径就是医疗康复和收养照顾，通过治疗、救助使残疾人的生活状况有所改善。单纯的医疗模式认为残疾人所经受的问题是他们自身伤残的直接结果，所以，专业工作人员的主要任务是使残疾人适应残疾后的特殊条件，从而重返社会。这包括两方面的工作，一是个体功能的调整和恢复，即通过康复计划和训练，使身体机能尽可能康复到接近正常状况；二是心理调适，即帮助残疾人认可身体受限的事实。同时，医疗模式认为，残疾就意味着需要医学专业人员的治疗和护理，残疾人对社会有严重的依赖性。如果一个人身患残疾，那么就意味着其被赦免了许多正常人所必须承担的社会责任和义务，因此，残疾人的权益受到约束或者损害就是情理中的事了。

由于许多残疾人都具有医学上的缺陷，人们认为医学的发展将会给残疾人带来极大的益处。如果残疾治愈了，那么一切问题就都解决了。社会没有必然的责任为残疾人提供一个合适的空间，这种模式试图从个体出发寻求问题的解决之道，主张帮助残疾人克服个人损伤以适应社会。由于医疗模式过于聚焦个人，认为一切问题的根源都来自残疾人而排除了社会因素或环境因素的存在，并且认为解决办法的第一步是找到一种医学治疗方法使残疾人"正常化"。这就必然决定它是狭隘的，其不能真正全面地解决残疾人问题，难以建立优质的

---

① 陈新民. 残疾人权益保障——国际立法与实践. 北京：华夏出版社，2003.

残疾人事业及和谐的社会关系。因为有些残疾是不可能治愈的，或者不可能通过医学治疗得到完全康复。余下的唯一办法是接受这种"不正常"，并向其提供必要的服务来支持或帮扶具有不可治愈缺陷的残疾人。政策制定者可以选择的范围是提供康复计划、职业培训、收入维持和辅助器具等各种形式的帮扶和援助。① 在康复服务政策实践中，医疗模式理念的影响较为深远。传统的康复服务主要是"机构式的康复服务"，这种服务模式的出发点是对残疾人的身体缺陷进行一定的医学补偿和恢复。这种传统的服务方式试图去改变或者"正常化"残疾人，让残疾人"恢复"到某个"正常"的标准来使其符合一般的社会生活要求。这种思路忽略了提高残疾人的生活质量和增进他们融入社会的机会等方面的努力。同时在这种模式中，医院等专业机构拥有权威的资源和专业人员，因而这种服务集中在发达的城市中，在偏远农村地区，残疾人享受这种服务的机会很少。而且即使在城市，这样的服务也只能由医疗中心提供，不可能在家里或者社区中享受到。② 总之，这一模式的不足在于忽视了社会环境以及社会期望与个人能力之间的互动，使残疾人无法摆脱"社会排斥"的阴影。其重点在于强调个体的责任，这也正是它招致广泛批评和存在局限性的根源。③

（三）社会模式理念

20世纪70年代初，欧洲社会的残疾观出现根本性转变，英国学者迈克尔·奥利弗首先提出社会型残疾的全新概念，社会型残疾思想开始形成。④ 他认为，对残疾的理解应有一个基本的转变，即"由关注于加在某个个人身上的限制，转变为关注自然环境和社会环境施于某些团体或某几类人的限制""就社会型残疾观来看，调整是一个对社会进行调整的问题，而不是对残疾人个人进行调整的问题"。社会模式是对医疗模式的反击和回应。社会模式理念的核心观点是：残疾不是个人问题，其根源在社会和环境；残疾人不能参与公平竞争是由于社会上存在太多的障碍造成的；政府及其隶属的各种机构有责任扫除

---

① 郑雄飞. 残疾理念发展及"残疾模式"的剖析与整合. 新疆社科论坛，2009（1）.
② 刘鲲. 残疾人社区康复的理念和策略. 社会福利，2010（12）.
③ 丛晓峰，李沂靖，唐斌尧. 国外社区康复的现状及启示. 理论学刊，2002（6）.
④ ［英］迈克尔·奥利弗. 残疾人社会工作. 北京：华夏出版社，1990.

这些障碍；残疾人应该拥有与非残疾人一样多的完全平等的权利。从社会模式的角度来看，残疾是社会失灵的结果，是社会在调整自身结构以满足残疾人群需要和抱负方面失能的结果，是由社会环境各种障碍造成的。在现实生活中，这些障碍广泛存在于教育、信息通信系统、工作环境、医疗卫生和社会支持服务、交通、住房、公共建筑和公共场所中。另外，对残疾人的轻视也广泛存在于各种媒介当中，如电影、电视和报纸等。

因此，社会和环境必须改变以适宜残疾人参与社会。该理念还主张改变社会组织的运行方式和价值观；扫除障碍，让残疾人能够获得与其他人一样多的决定自己生活方式的机会；改善残疾人的生活质量，使他们拥有与其他人一样多的机会。残疾问题首先是人权问题，任何对残疾人的歧视都是对其基本人权的侵犯；同时，残疾问题也是社会和发展问题，是不健康的社会态度与政策造成了对残疾人的社会排斥与社会隔离。残疾人是平等的权利主体，是促进其自身发展及国家经济增长的主导者，他们有权以行动者和参与者的身份充分切实地参与社会发展。[①] 社会模式面临的挑战主要存在于两个方面：第一，在人口老龄化日益加剧的今天，具有残损的人口数量会不断上升，社会调整的弹性会越来越小，将难以满足所有人的需要；第二，对于很多人特别是那些献身于慈善事业和康复事业的人来说，社会模式中的部分理念很难被接受，比如，社会模式中"残疾"不是个人问题，其根源在社会和环境的观点。因而，社会模式也遭受到了不少的批评：其忽略了残疾人本身存在的缺陷和不足，忽略了这些缺陷妨碍残疾人日常生活和行动的客观事实。

(四) 社会适应与肯定性模式理念

社会适应模式是建立在社会模式之上的新模式，其继承的社会模式的主要观点是认为残疾的主要问题或者说根源存在于社会和环境当中，是由于社会和环境当中的大量障碍造成的。但与社会模式不同的是，社会适应理念也吸收了医疗模式的部分成分，即承认残疾人个体明显具有医学意义上的身体上的

---

① 李莉，邓猛. 近现代西方残疾人社会福利保障的价值理念及实践启示. 中国特殊教育，2007 (7)：4-9.

"残损"。

社会适应理念认为，如果采取合理的措施并通过残疾人的努力来改变自身"失能"状态以适应社会需要的话，那么残疾人的处境或福利将会有很大的改进。当然，这种模式依然坚称残疾的根源在于社会和环境的失灵，在于社会不能充分满足"残疾公民"的正常需要；认为并不是所有的身体残损都能够通过医学得以治愈，相反，如果我们承认环境中存在着对残疾人的歧视和偏见并加以改变的话，残疾人将会获得充分参与社会的机会，并能获得很好的自我实现。社会适应模式的优点在于：相比社会模式而言，其认识到了残疾人的缺陷，并不完全排斥对个体残损的认同；同时，相比医疗模式而言，其又不拘泥于残疾个体的不足，而更加关注残疾人的能力提升和潜力挖掘，对于推动残疾人事业的建设和发展具有重要的意义。[1]

肯定性模式理念反对任何具有价值负荷的前提假设，反对任何认为残疾就是不正常和残疾人具有依赖性的偏见和歧视。肯定性模式起源于残疾人艺术运动，根源于残疾文化的发展和繁荣。它从艺术的角度出发，挑战了传统的关于"正常"的定义，认为"残损"不是一种错，也绝对不是一种不正常的状态。它倡导正确对待残损，重新整合和认识现有的价值体系，承认残损是人类社会的一种常态。它向那种认为残疾和非残疾有着本质不同的观点发出挑战；指出任何人都面临着残疾的风险，都有成为残疾人的可能。那种把残损视为残疾人生活与工作障碍的观点是错误的，如果认为残损是导致残疾人机会和人权缺失的根源，那更是不可原谅的。

肯定性模式理念主张残疾人以合法的正常人的身份自主决定其生活方式、文化和个性的生活经历。有学者根据肯定性模式出现的社会历史背景指出：肯定性模式的核心概念是"全纳"。政策、规定和实践应当充分尊重残疾人并且积极鼓励残疾人的参与。肯定性模式已经而且还将在残疾理论的发展过程中扮演重要的角色。该模式主张通过集体行动而不是医学或其他专业疗法来确认和解决问题，主张消除社会排斥和社会障碍，主张残疾人拥有充分参与社会的公

---

[1] 郑雄飞. 残疾理念发展及"残疾模式"的剖析与整合. 新疆社科论坛，2009 (1).

民身份和自由权。在肯定性模式中,残疾人拥有积极的自我认同,积极进取。这种观念不仅意味着残疾人个体观念的自觉转变和残疾一词意义的改变,还意味着对残疾人正常化和群体内文化认同的宣誓。① 肯定性模式是在社会模式的理念上发展起来的,但它又认为社会模式在识别社会是怎样排斥残疾人的问题上表现得有点苍白,没有考虑到积极的社会认同和生活经历。它指出并不是残疾人不正常,而是非残疾人关于残疾的定义不正确。残疾问题的根源在于社会排斥和社会压制,真正影响残疾人生活和工作质量的是社会偏见和歧视。因此,人们应当尊重个体的多样性,应该求同存异,肯定残疾人的价值,平等对待残疾人,赋予其应有的权利,消除各种社会结构、态度和环境的障碍,为残疾人的生活和工作营造一个优质的、无障碍的全纳环境。

(五) 公民权利理念

人权理论起源于西方,其基本观点认为,人人生而平等,人人都有自己神圣的、不可剥夺、不被侵犯的权利,如生存权、人身自由权等。② 1948 年 12 月 10 日联合国大会通过并公布的《世界人权宣言》指出,人人生而自由,在尊严和权利上一律平等;人人有资格享受本宣言所载的一切权利和自由,不分种族、肤色、性别、语言、宗教、政治或其他见解、国籍或社会出身、财产、出生或其他身份等任何区别;人人在行使他的权利和自由时,只受法律所确定的限制,确定此种限制的唯一目的在于保证对旁人的权利和自由给予应有的承认和尊重,并在一个民主的社会中适应道德、公共秩序和普遍福利的正当需要。③ 人权理论对医疗模式等传统模式提出了挑战和批评。它将"残障"视为社会压制的结果,认为残疾人之所以残障——不能充分参与社会活动,是因为残疾人面临太多的障碍;而这些障碍并不是来自残疾人个体本身的残损,而是来自社会剥夺,即对残疾人基本权利的剥夺。

20 世纪 60 年代,英国学者马歇尔 (Marshall) 通过阐述公民权利及其与

---

① 郑雄飞. 残疾理念发展及"残疾模式"的剖析与整合. 新疆社科论坛,2009 (1).
② 张宝林. 中国残疾人事业理论与实践研究:人道卷. 北京:华夏出版社,2007.
③ Universal Declaration of Human Rights, http://www.un.org/rights/50/decla.htm,2008-6-12.

社会福利政策的关系，对维护残疾人福利权利起到了重要的推动作用。马歇尔把公民权利分为民权、政治权和社会权利三种类型，其中社会权利，即公民享有国家提供的经济保障、教育、基本的生活和文明条件等的权利。[①]他还进一步指出，公民的社会权利主要体现在教育制度和社会福利方面，即意味着所有拥有完全公民资格的公民都有享受社会服务和社会福利的权利。[②]这一理论引发了西方社会福利思想的重大变革，把社会福利从一般的道德要求提升到了政治道德的高度，使福利脱离了慈善救济的人道关怀的局限性，变成人人拥有的经济与社会权利。它改变了社会福利的慈善救济性质，将现代社会福利与传统社会福利从根本上区分开来，在消除残疾人的福利救助中的社会歧视方面迈出了重要的一步。公民权利作为一种由法律规定并受法律保护的公民的利益、资格或自由的诉求，在维护人的基本价值尊严和社会正义、促进人的发展特别是残疾人的发展方面，起到了积极作用。

20世纪80年代以来，欧洲各国政府对残疾人事业予以了极大关注，并为残疾人的权益保障提供了法律上、组织上和物质上的准备。自20世纪90年代以来，各国逐渐认识到残疾人不单是应受照顾的对象，更是平等权利主体。歧视残疾人的问题引起欧盟各国的普遍关注，欧盟于2000年制定了有关反残疾歧视的规定，要求各成员国于2006年年底前普遍制定国内法，明确禁止残疾歧视的措施。欧盟每2年公布一次残疾人状况报告。在有关残疾人的立法理念上，荷兰、比利时、卢森堡均一直强调残疾人与其他公民是具有同等价值的公民，强调残疾人与其他公民权利平等，国家保障其平等权利的实现。[③]另一方面，国际社会也从推动残疾人平等参与社会生活和融入社会的角度出发，相继颁布了多项关于残疾人权利和康复的公约和决议。其中具有代表性的包括1975年联合国大会发布的《残疾人权利宣言》、2005年5月第58届世界卫生大会审议通过的《残疾，包括预防、管理和康复》的决议和2006年12月13日第六十一届联合国大会通过的《残疾人权利公约》等。

---

① Marshall T. H.. Class, citizens and social development. NewYork: Anehor Books, 1965.
② 王希. 原则与妥协：美国宪法的精神与实践. 北京：北京大学出版社，2000.
③ 林广华. 西欧三国残疾人保障制度的特点及其对中国的启示. 中国发展观察，2008（3）.

公民权利理念对残疾人问题的论述角度从"个体残损"转向"个体权利",强调了残疾人作为社会成员应拥有的基本权利,指出了政府和社会在残疾人问题上的"缺位"和"失责",从规范的角度提出政府和社会应当做什么,开辟了残疾人问题的新视角和政策选择的新取向。① 在现实社会生活中,残疾人作为特殊弱势群体,由于自身的缺陷往往处于劣势地位,他们的公民权利经常受到忽视,因此必须运用国家机构、社会组织等各方面的力量积极建立健全康复服务保障体系以保障残疾人的尊严和权利,使其充分融入社会生活。关注残疾人的康复服务需求状况,将满足残疾人康复服务需求以实现其基本社会权利视为全社会应承担的义务,这也是推动人权实践、实现公民权利的题中之意。

6.1.2 以权利保障理念发展中国老年残疾人康复服务

综上可知,从慈善救济理念到公民权利理念,特别是从《残疾人权利宣言》到《残疾,包括预防、管理和康复》决议再到《残疾人权利公约》,充分体现了整个人类社会致力于促进残疾人康复权利保障的决心与行动。1975 年联合国大会发布的《残疾人权利宣言》②,明确指出残疾人有权享有经济和社会保障,并过着体面的生活③。1993 年起实行的《联合国残疾人机会均等标准规则》,要求各国承担坚定的道义和政治责任,在残疾人机会均等方面采取行动,并且指明了对于提升残疾生活质量和使其实现充分参与及平等具有决定性重要意义的领域。④ 2005 年 5 月,第 58 届世界卫生大会审议通过了《残疾,包括预防、管理和康复》的决议。决议要求各会员国加强执行联合国关于残疾人机会均等标准规则,促进残疾人在社会中享有完整的权利和尊严,促进和加强社区康复规划,在卫生政策和规划中纳入有关残疾的内容。《残疾人权利公约》,旨在促进、保护和确保所有残疾人充分和平等地享有一切人权和基本自

---

① 郑雄飞. 残疾理念发展及"残疾模式"的剖析与整合. 新疆社科论坛,2009 (1).
② United Nations. Human Rights and Disabled Persons. Human Rights Study Series. United Nations publication,Sales No. E. 92. XIV. 4 and corrigendum, n. d.
③ 中国残疾人联合会,http://www.cdpf.org.cn/zcfg/content/2007-11/29/content_77691.htm.
④ United Nations. The Standard Rules on the Equalization of Opportunities for Persons with Disabilities. New York,1994.

由,并促进对残疾人固有尊严的尊重。联合国《残疾人权利公约》[①]明确要求,缔约国确认残疾人有权为自己及其家属获得适足的生活水平,确认残疾人有权获得社会保护;缔约国应当采取适当步骤,保障和促进这项权利的实现。其中第 25 条健康条款指出,缔约国确认,残疾人有权享有可达到的最高健康标准,不受基于残疾的歧视;缔约国应当采取一切适当措施,确保残疾人获得考虑到性别因素的医疗卫生服务,包括与健康有关的康复服务。[②]一系列国际公约法规都明确地赋予了残疾人群体平等拥有享受康复服务的正当权利,并且对残疾人群的保护逐渐开始超越了单一的权利保障的个人关怀,进而升华到所有残疾人融入社会生活、平等共享社会发展成果的美好愿景。

这些国际公约和有关康复的决议传达了如下的核心理念。其一,康复是实现残疾人权利的重要手段。要建立一种观念,即残疾人是社会的重要贡献者,为其康复分配资源是一项投资;发展康复事业,不仅要为残疾人提供医疗等相关的服务,更为重要的是康复是实现残疾人的权利的重要手段,通过康复的过程,残疾人不仅能够恢复或者代偿部分的身体功能,更重要的是可以提高日常生活的能力,提升社会参与的水平,充分享有社会的教育权利、就业权利和其他社会生活权利。因此,康复的过程是一个赋权的过程。要充分认识到发展康复对残疾人事业发展的重要意义,提升社会对康复事业的认识。将对康复资源作为重要的社会发展资源去建设,提高对残疾人是社会的重要贡献者、为其康复分配资源是一项投资的认识。为残疾人提供有关残疾预防、康复和护理服务,是保障残疾人机会均等并提高其生活质量的重要措施。其二,康复需要采用权利为本的方法。康复作为保障和实现残疾人权利的重要措施,需要采用以权利为本的方法。在发展康复事业的过程中,国家和社会需要彻底改变仅仅把残疾人作为医疗对象或者社会救济对象的传统观念,应认识到残疾人是权利的享有者,是整个社会生活的积极参与者,是社会财富的创造者和拥有者;国家和社会应当以权利为本位、以人为本位全面保障残疾人的权利;康复就是要确

---

① 中国残疾人联合会,http://www.cdpf.org.cn/zcfg/content/2007-11/29/content_74429.htm.
② 邱卓英,李智玲. 现代残疾康复理念与发展策略研究. 社会保障研究,2008 (1).

保残疾人能够与社会其他成员一样拥有平等的发展机会；这种均等的机会涉及各个方面，包括物质和文化环境、信息、住房、交通、社会服务、社会保健、教育机会、就业机会、体育运动、娱乐设施等。康复就是要通过改善残疾人的身体功能，提高他们的活动和参与能力，通过改善物理和社会环境，使残疾人像社会其他成员一样享受社会物质文化生活，全面融入社会，作为社会生活的积极参与者，享受平等的权利和承担相关义务，参与与自身密切相关的决策过程，身心全面融入社会之中。[①]

因此，残疾人权利保障理念逐渐成为国际社会公认的有益于残疾人康复事业发展的先进理念。而中国政府所提倡和高举的促进残疾人"平等·参与·共享"的理论旗帜，与国际社会所推动的残疾人权利保障理念在本质上是一致的。"平等·参与·共享"是在总结中国残疾人事业实践的基础上，借鉴国际残疾人运动的经验而提出的残疾人事业发展的崇高目标。[②] 中国的《残疾人保障法》也针对促进残疾人"平等·参与·共享"做出了相关规定。

在残疾人事业领域，"平等"是指残疾人在政治、经济、文化、社会和家庭生活等方面，享有同其他公民平等的权利。这种权利受宪法和法律保障，不得因为残疾等原因而受到限制或排斥，禁止任何歧视、侮辱、侵害残疾人的行为。残疾人作为人类社会中的一个特殊群体，他们有着特殊的社会需求、特殊的思维方式以及生活方式。但他们在人格上，在政治权利、生存与发展权利方面同其他社会群体应该是平等的。这也是近现代西方社会发展残疾人福利体系时所遵循的首要道义原则。"平等"是残疾人"平等·参与·共享"这一目标的基础。在康复服务保障领域中，残疾人的平等权利应体现为获得康复服务保障权益的机会均等，即国家和社会应采取相应的措施，使残疾人在医疗康复、基本生活保障等各个方面能够同其他社会成员一样，享有同等的保障待遇。"参与"是指残疾人参与社会生产与生活，参与经济、政治、文化和社会的发展，并从中实现自身的价值，获得自身的发展。"参与"是残疾人对环境和社

---

① 邱卓英，李智玲. 现代残疾康复理念与发展策略研究. 社会保障研究，2008（1）.
② 张宝林. 中国残疾人事业理论与实践研究：人道卷. 北京：华夏出版社，2007.

会的积极意识和行为。"参与"是残疾人"平等·参与·共享"这一目标的中介。在社会生活中，老年残疾人因为大多退出劳动力市场，该群体的参与更多地表现为要求参与社会活动、积极融入社区生活。因此国家和社会应积极利用各种社会资源予以引导和支持，特别是通过康复服务保障事业提高老年残疾人融入社会生活的能力。这样残疾人通过参与社会生活，才能使自己与环境和社会相融合而不是隔离，使自己跻身于社会发展的主流从而消除不同程度的边缘化状态，并从参与中实现自身的价值，获得自身的发展。只有促进残疾人参与社会，才能更有利于残疾人认识社会、适应社会、融入社会，实现人生价值；有利于其展示自身能力，增进社会理解，转变整个社会对待残疾人的不正确观念。"共享"是指残疾人与其他公民共同担负为人类、国家和社会做贡献的义务，共同创造精神和物质财富，同时也共同享受经济社会发展所带来的文明成果。"共享"是残疾人"平等·参与·共享"这一目标的归宿。[①] 在社会生活中，老年残疾人的共享应表现为与健全人一道共享物质文明、政治文明、精神文明、生态文明建设的成果。如果老年残疾人不能共享这些成果，就根本谈不上发展，甚至连生存也可能得不到保障，"共享"是社会公平、社会公正的客观要求，也是贯彻以人为本的科学发展观与建设社会主义和谐社会的基本要求。在履行公民义务和享受社会文明成果方面，残疾人与健全人应该是完全平等的。因此国家和社会应自觉地承担义务，确保残疾人共享社会文明成果的权利。

综上所述，坚持以"平等·参与·共享"理念发展残疾人事业有利于促进和推动残疾人的权利保障，而残疾人权利保障的实现有赖于"平等·参与·共享"理念应用于政策与实践，"平等·参与·共享"成为实现残疾人权利保障的具体表现方面。2008 年 6 月 26 日，中国十一届全国人民代表大会常务委员会第三次会议批准了《残疾人权利公约》[②]；2009 年 4 月，国务院发布《国家人权行动计划（2009—2010 年）》，就残疾人权益保障提出了阶段性目标；

[①] 张宝林. 中国残疾人事业理论与实践研究（人道卷）. 北京：华夏出版社，2007.
[②] 全国人大常委会第三次会议批准"残疾人权利公约"，中央政府门户网站，http://www.gov.cn/jrzg/2008-06/26/content_1028670.htm.

2010年3月，国务院下发了《关于加快推进残疾人社会保障体系和服务体系建设的指导意见》①，保障和实现残疾人的康复权益、促进其融入社会已经成为中国政府不可推卸的责任和庄严承诺。2011—2015年《中国残疾人事业"十二五"发展纲要》明确要求：完善康复服务网络，通过实施重点康复工程帮助1300万残疾人得到不同程度的康复，普遍开展社区康复服务，初步实现残疾人"人人享有康复服务"目标。《国家人权行动计划（2012—2015年）》提出全面开展社区康复服务。《国家基本公共服务体系"十二五"规划》第十一章"残疾人基本公共服务"中阐明，建立健全以专业康复和托养服务机构为骨干、社区为基础、家庭为依托的社会化残疾人康复、托养服务体系。有鉴于此，中国应在权利保障理念的指导下致力于构建和发展老年残疾人康复服务模式体系。

6.2 确立符合国情的老年残疾人口康复服务模式体系

英国、美国、日本、韩国等发达国家的残疾人康复服务保障经过多年的不断完善，已经形成一个覆盖绝大多数甚至全部残疾人口、涵盖各种福利的相对完整的体系，从而有效地保证了残疾人群体能在各方面得到很好的照顾。这些国家的宝贵经验在一定程度上可以为中国提供参考依据。同时，发达国家的残疾人康复服务保障整体上既秉承了残疾人事业的一般性发展规律与特点，也呈现出各国特有的国情与现实基础。其发展实践是与各自国家的社会经济发展进程相辅相成的。各国的残疾人康复保障模式体系均是根据自身社会结构与文化特性做出的合理选择。中国同样存在着自身的国情与特色，如何通过合理扬弃、审慎借鉴国际经验并使之生长于中国的现实土壤，成为确立老年残疾人康复服务模式体系过程中需要认真思考的关键议题。

---

① 国务院办公厅转发中国残联等部门和单位关于加快推进残疾人社会保障体系和服务体系建设指导意见的通知，中央政府门户网站，http://www.gov.cn/zwgk/2010-03/12/content_1554425.htm.

6.2.1 发达国家残疾人康复服务保障实践的有益经验

（一）英国残疾人康复服务保障概览

英国现行康复服务保障制度的基础是众多复杂的补贴方案，制度的具体内容涵盖很广，按其性质可分为三大子系统，即社会保险、社会补贴和社会救济。其中社会保险包括养老金、工伤保险、医疗保险、失业保险等；社会补贴主要包括子女津贴、住房补助、家庭补助、病残看护补助等，只要符合项目要求即可向有关当局提出申请，不需要缴费，同时补助的数额基本采取统一标准；社会救济主要面向特殊困难群体，不需要缴纳捐税，但领取者需要经过严格的资格审查。① 此外，英国大部分地区的社会服务需要交费，但如果申请人负担不起，政府可根据审计检验的结果为其减免部分费用甚至全部费用。这些社会服务具体分为老年人社会服务、残疾人社会服务以及儿童社会服务等项目。②

虽然社会保险是英国康复服务保障体系的基本组成部分，但英国康复服务保障体系为残疾人和疾病患者提供了大量的补贴项目，构成了社会保障预算的第二大部分，仅次于养老金方面的支出。这些补贴项目涉及残疾人生活的各个方面，不仅数量庞大，而且相互之间的联系十分复杂。这主要是因为，尽管英国社会保障体系中需要缴纳保险费的险种对残疾人做出了某些优惠政策，但是对于大多数残疾人而言，残疾和疾病常常导致其在生命周期中不能正常工作或者工作时间不足因而无法得到缴费性补贴；同时，残疾不可避免地导致某些额外花费，即使取得相同收入残疾人的生活也更为困难，而且残疾人的收入通常要低于健全人。③ 因此英国政府在制定残疾人康复服务保障制度时，更多的是提供一系列补贴和其他帮助以扶持残疾人的生活，如看护津贴、残障生活津贴、残障护理津贴、丧失工作能力补贴、残疾补贴等。设立残疾补贴项目有三个主要目标：一是作为收入替代的一种方式，包括法定病假工资、丧失工作能

---

① ［英］内维尔·哈里斯. 社会保障法. 北京：北京大学出版社，2006.
② 周弘. 国外社会福利制度. 北京：中国社会出版社，2005.
③ K. Rowlingson, R. Berthoud. Disability, Benefit and Employment. DSS Research Report No. 54 (London: HMSO, 1996), 17.

力补贴、残疾人收入补助;二是以自 20 世纪 70 年代推行的看护津贴和残疾生活津贴为主,这些津贴用来支付残疾人因残疾而需要花费的与生活相关的额外费用;三是工伤保险方案和战争养老金方案,通过额外收入的方式为在工作地点或军队所发生的伤残和疾病提供某种程度的补偿,获得该补贴的唯一依据是丧失工作能力和残疾的起因。① 此外,英国政府针对残疾人还提供了积极的教育、就业等方面的支持和帮助。

1. 残疾人津贴项目

20 世纪 90 年代以来,英国残疾人补贴经历了几次重大改革:1992 年开始实行残疾生活津贴和残疾工作津贴;1995 年以丧失行为能力补贴替代疾病补贴和病残补贴;1998 年以绿皮书《福利新契约:为残疾人提供补助》为标志,废除了严重伤残津贴,由一项年龄在 16~19 岁、不需满足缴费记录的丧失工作能力的人享有的补贴取代;2001 年废除残障工作津贴,改为残疾人税收抵免;新近的一项变革是欧洲法庭于 2007 年 10 月 18 日做出的判决,残疾人生活津贴(护理部分)、残疾人看护津贴以及护理津贴应向从英国移民至欧洲经济区其他国家的残疾人支付,而不应仅向居住在英国的国民支付。目前涉及残疾人的财政补贴非常广泛,几乎覆盖了所有残疾人需求。按照其相关领域,可以将之归纳为九个大类,主要包括生活津贴、健康和独立生活方面的津贴、特殊群体支持、雇佣与就业方面的帮助、住宅和房屋方面的支持、交通方面的帮助、教育方面的帮助、工伤、职业病和军队津贴、与工作收入相关的津贴等。②

残疾生活津贴(disability living allowance)由活动津贴和护理津贴合并而来,并于 1992 年 4 月开始推行。该津贴是一个免税津贴,用于补贴年龄在 65 岁以下因身体或精神残疾而需要护理的人。津贴由护理部分(a care component)和活动部分(a mobility component)两个独立的部分组成,申请人根据自己的情况和相应评估可以申请其中一项津贴或者两项同时申请,这两部分

---

① [英]内维尔·哈里斯. 社会保障法. 北京:北京大学出版社,2006.
② 岳晨. 英国残疾人社会福利制度研究. 中国人民大学,2008.

的支付金额都根据残疾对申请人生活的影响程度分为不同等级。如果领取人在满 65 岁后还有护理需求或行动困难，可继续申请享受此项津贴。

残疾看护津贴（attendance allowance）从 1975 年开始实行，旨在为 65 岁及以上疾病者或伤残者提供帮助和照顾。《1995 年社会保障补贴法》规定，该津贴是一种不需要财产调查、非缴费型的补贴。领取护理津贴的条件为：残疾看护津贴申请者应是 65 岁以上（65 岁以下申请残疾生活津贴）、在身体或者（和）精神上因有残疾需要照顾者；这包括在清洗（进出浴室或淋浴）、穿衣、吃饭、使用厕所、沟通时需要帮助，需要看护以避免给自己或者他人造成实质性危险，例如需要有人留意健康状况或者饮食、需要有人陪伴做透析。

连续护理津贴（constant attendance allowance）是向那些已经获得工伤残疾补助和战争伤残退休金的、需要日常护理和照顾（如家庭护理或吃饭护理）和 100％残疾（经过医疗检验）的残疾人士提供的津贴，视残疾的情况和需要照顾的程度该项津贴有四种不同的支付率。

独立生活基金（independent living fund）用来帮助严重伤残人士，使他们通过接受专业人士或相应机构的照顾，能够在家中独立生活而不是居住在护理院中。独立生活基金可以用于支付护理机构或个人护理为个人或家庭提供的以下服务：洗澡、如厕、清洗和穿衣；做饭及购物；洗衣、清洁和其他家居任务；社交活动或工作中的个人护理。但是该项津贴不能用于：雇佣居住在家中的配偶、父母或其他亲属充当个人护理；包括暖气、衣物在内的家庭开支；对外的洗衣费；育儿；园艺；轮椅或其他设备和家具；改建住宅；护理除自己以外的其他人；汽油和其他旅行支出；私人医院或住宅服务费；理发店或手足护理（除非必需）；按摩、理疗、水疗费用。

2. 残疾人医疗康复

英国定义的残疾人包括生理残疾人和精神残疾人两类，因此英国残疾人医疗康复分为针对身体残疾人和精神残疾人的医疗康复两部分。在英国国民健康服务体系中，大多数医疗康复都是免费的，此外根据残疾人的实际情况，一些付费的治疗、服务或项目会降低费用标准。一般来说，英国残疾人的治疗及其在医学意义上的康复是由国民保健服务系统提供的，康复和日常照料则依赖于大量的社区服务以及慈善机构和社会工作者。

针对生理残疾人的医疗康复主要有两种形式。一种是"集中式康复",即建立康复中心和康复医院集中对残疾人提供良好的医疗康复。英国各个地方都建立了康复中心,里面配备了各种训练器具,以及织机、编机、厨房等设备和用品,指导残疾人进行适应日常生活的训练,同时康复中心还组织舞会、体育比赛等活动,不仅帮助残疾人恢复生理机能和生活能力,还尽量丰富残疾人的精神生活。另一种是"分散式康复",即社区康复,残疾人在自己居住的社区或家庭接受医疗康复,这不仅使残疾人得到了医疗康复服务,还使其得到教育和职业方面的康复,使残疾人更好地适应新的生活,现在这种模式已经成为英国医疗康复服务的发展趋势。

英国一直很重视精神残疾人的治疗康复以及权利保护工作。早在 1983 年英国就颁布了精神健康法案,对有精神问题者的评定、治疗以及权利都做出了详细的规定。2007 年 10 月 1 日,精神能力法案正式生效,该法案致力于保护那些因为有学习障碍、精神疾病或其他原因而无法自己做决定的残疾人。对于精神上有损伤的残疾人,首先会对其进行一个精神健康评估,然后按症状的轻重缓急,将之转到医院的门诊部、短期住院部、中期疗养部或长期疗养部治疗。一般来说,精神病人入院治疗需要经过本人及家属的同意,但是在该病人会对自己或者他人产生实质性危害时,在满足一定条件的情况下可以强制其入院治疗。如果其病情得到控制,选择出院进行康复,他将在社区接受进一步的治疗和康复,这时会有一个专业小组应用各种技巧和方法提供医疗和日常生活方面的帮助。

(二) 美国残疾人康复服务保障概览

美国的社会保障制度以市场取向、低福利支出为特点。作为全民社会保障制度的有机组成部分,美国的残疾人社会保障制度以社会保险为主、补充保障收入为辅,自成体系。其中,残疾人社会保险 (Social Security Disability Insurance,简称 SSDI) 和补充收入保障 (Supplemental Security Income,简称 SSI) 是美国联邦政府两个最大最重要的残疾人康复福利项目,为由于身体或心理精神残疾不能工作的群体提供现金和医疗帮助。据估计,在美国约 1 700

万工作年龄阶段的成人因为残疾不能工作,有将近一半的人获得 SSDI 和 SSI 社会残疾保障。获得保障的人群情况多样,通常 SSI 项目中的人残疾最严重。根据最近的 SSDI 项目登记,残疾妇女人数比例有所增加。过去十年,心理精神疾病的人数增加,年龄比过去低,肌肉骨骼疾病、心血管和神经系统疾病的残疾占重要部分。获得 SSI 的成人平均年龄为 45 岁,在所有获得 SSI 的成人中,3/5 的人有各种心理精神疾病和损害,包括精神发育迟缓;65 岁以下的残疾成人中,55%是妇女。一半以上的残疾成人除了获得 SSI 福利以外没有别的收入。与 SSDI 不同的是:SSI 项目中 18 岁以下未成年的残疾人占相当大一部分比例;在获得 SSI 项目的未成年人中,64%是因为心理精神疾病,包括精神发育迟缓,约 90 万获得 SSI 福利的未成年残疾人生活在贫困线下。[①]

残疾人社会保险与补充收入保障项目均由美国社会保障署管理,二者构成了美国残疾人社会保障的独立体系。其目的与宗旨在于,为个人和家庭提供基本物质需要的帮助,保护老年人和残疾人,防止他们因为疾病而耗尽自己的积蓄;保持家庭完整,提供儿童健康成长的机会和保障。残疾人社会保险面向符合补助标准的残疾人及其家属,但前提是这些人已加入保险。补充收入保障则是面向低收入的老年人和残疾人,资助的依据是申请者是否生活有困难,是否确实需要资助。除了残疾人社会保险和补充收入保障项目之外,满足相关规定条件的残疾者还可以享受医疗救助、特殊教育及对特殊家庭的临时救助[②]。

1. 残疾人社会保险

1935 年美国政府通过了《社会保障法》,其中包含了与残疾人保障有关的内容。第二次世界大战后,美国开始努力扩大社会保障的范围,1950 年规定永久性和重症残疾人可适用于《社会保障法》。[③] 1954 年"老年和遗属保险"部分内容加入了残疾保险的条款,发展为"老年、遗属和残疾保险"。1956 年美国政府正式通过了残疾人社会保险制度,使之成为一项全国性的社会保险项

---

① 黄翠清. 美国的社会残疾保障福利项目 SSI 和 SSDI. 中国卫生事业管理,2001 (10).

② [美] A. H. 罗伯逊. 美国的社会保障. 金勇进,马岚等译. 北京:中国人民大学出版社,1995.

③ Samuels B., V. Fusco. Social Security and SSI Disability. N. Y: Practising Law Institute,2002.

目。1967年其领取者为210万人，1979年则达到480万人，这期间年度直接转移支付增长6倍多。① 至20世纪90年代，该项目的申请与给付再次大幅上升，1990—1997年受益人从430万人增长到620万人，年均增幅达到6%；年度直接给付从320亿美元飙升到460亿美元。② 目前，它已成为美国最庞大、最显著的收入转移政策之一。③ 美国社会保障署在资助残疾人时对残疾人的定义有严格的要求。只有符合定义标准的残疾人才可以享受残疾人社会保险的补助，而这些申请者必须是因为残疾而无法工作，并且残疾的程度符合社会保障署的定义。要享受残疾人社会保险必须符合三个条件：其一，必须是残疾保险受保人；其二，索赔者必须达到法律确定的伤残等级标准；其三，等候期需满5个月。

领取残疾人社会保险不仅要满足上述定义方面的要求，还应符合收入方面的限制要求。对收入方面的测定主要依据两项评估，即"近期工作评估"（根据何时开始残疾来判断需要有多长的工作年数才可以获得经济资助）和"工作时长评估"（用来鉴定加入保险的时间是否足够长）。④ 不同年龄的申请人领取资助所需要的工作年数的标准也不一样。申请人可通过网络或电话预约面谈进行申请，但须提交一些规定的材料，如社会保障号、出生证以及工作和健康的相关证明。审核一份申请需要3~5个月，历经五大审核步骤。包括：申请人是否在工作；申请人的残疾程度是否足够"严重"；申请人所报残疾类别是否在社会保障署的病单之上；申请人是否还能重做原来所做的工作；申请人是否能做其他类别的工作。⑤ 申请若得到批准，申请人将从政府认定残疾发生后的第六个月开始得到补助。

同时满足这些条件的被保人就可以享受SSDI的保险待遇。给付标准主要

---

① Halpern J., J. Hausman. Choice under uncertainty: a model of applications for the social security disability insurance program. Journal of Public Economics, 1986 (31): 131-161.

② Brent K. Social security disability insurance: applications, awards, and lifetime income flows. Journal of Labor Economics, 1999 (4): 785.

③ Marvel H. P. An economic analysis of the operation of social security disability Insurance. The Journal of Human Resources, 1982 (3): 393.

④⑤ 朱逸杉. 美国残疾人社会保障政策概况. 残疾人研究, 2012 (2).

分三种：残疾人收入给付、医疗给付和职业恢复服务。残疾收入给付是指受保人通常在残疾期间应得到的基本保险金；医疗给付针对 65 岁以下有资格领取残疾年金 24 个月或 24 个月以上的残疾工人；职业恢复服务是指受保人可以通过各州的就业机构接受职业恢复训练。补助的金额要根据申请人终生平均收入来判定。因此，残疾人社会保险的资助额度因人而异，无法用一个标准来表示，但社会保障署有一套方法来计算申请人应该得到多少资助或补助。所发放的补助资金来源于社会保障税。如果申请人同时获得政府的其他补助，其残疾人社会保险补助金额就可能受到影响。

据美国劳工部资料，在美国有少于 25% 的雇员得到雇主提供的长期残疾保险，现在年龄 20 岁的人，几乎 1/3 的男青年和 1/4 的女青年有可能在 67 岁退休前变成残疾，而获得 SSDI 残疾福利。如果没有 SSDI，许多美国人一旦残疾便没有任何保险。[①] SSDI 平均给每个有 2 个孩子的青年工作者提供 200 000 美元，相当于残疾收入保险的金额，这就为残疾丧失工作能力的人提供了一个社会保障。1998 年大约有 1 100 万人因为自身或家属的残疾，每月获得联邦政府的残疾福利，这些福利 540 亿美元来自 SSDI 项目，230 亿美元来自 SSI。SSDI 福利平均比 SSI 的福利高，平均每月男性为 733 美元，女性为 608 美元，造成这一差别的原因是女性的收入比男性的收入低。SSDI 的福利计算根据收入情况决定，一个人工作收入越多，就业福利覆盖越多，获得的 SSDI 福利越多；但是，除此之外，也考虑其他因素，以便使更多低收入的人获得项目服务。SSDI 福利由社会保障系统支付。当残疾人得到残疾人社会保险后，也会自动享受一些其他类别的资助。例如在申请 2 年后申请人就可以自动获得联邦医疗保险的优惠。申请人的申请状况一旦发生变化，个人也有责任主动向社会保障署说明，比如残疾状况有所改善、工作状况和收入有所变化、申请了其他相关的补助等。

2. 补充收入保障

补充收入保障是美国政府利用一般性税收为收入低甚至没有收入的 65 岁

---

① 黄翠清. 美国的社会残疾保障福利项目 SSI 和 SSDI. 中国卫生事业管理，2001 (10).

或以上的老年人、盲人和残疾人提供的补助。补助形式为现金，用来帮助符合条件者维持一定水平的生活。补充收入保障，作为残疾人社会保险的补充项目，大大降低了残疾人的生活风险。SSI 属于社会公共扶助的福利项目，于 1972 年颁布，1974 年开始实行，代替了州管理的帮助老年人、失明人和残疾人的项目。领取补充收入保障的判断标准为收入和自身拥有的资源。社会保障署对 SSI 面向的各类人群以及收入最低标准的计算都有详细的解释。

获得增补保障 SSI 的条件是：其一，必须是至少 65 岁的老年人或失明（完全失明，最好眼睛的矫正视力等于或少于 20/200，视野等于或少于 20 度）、残疾严重的（身体或心理精神残疾导致无法工作持续至少 12 个月或终身）。其二，必须有一定的经济收入和来源，包括工作收入和其他来源于社会保障、老兵事务部、亲戚和朋友所提供的收入、免费食品、衣物或住房。收入来源包括现金/存款、土地、个人财产、生活保险。经济收入和来源的数额要求：2 000 美元/人，每 2 人（如夫妻、配偶）3 000 美元。在美国多数州，SSI 福利者也能得到医疗帮助支付住院费用、医生账单、处方药和其他卫生费用、食品券。

与残疾人社会保险补助额度不一的情况不同，通过资格审定的 SSI 申请人可以领取多少补助金虽然根据个人的收入有所变化，但是存在上限标准。这一额度每年会有一些变动。例如，2009 年 1 月 1 日开始申领补充收入保障的申请人每月最多可以领到 674 美元（单身）或 1 011 美元（夫妻）。有些州在联邦补充收入保障补助金之上再提供州的额外补助，因此在这些州满足条件的申请人就会领到比其他州更高一些的补助金。[①] 与申请残疾人社会保险类似，申请补充收入保障也可以通过上网或电话预约进行。申请所需的材料包括社会保障号、证明申请人年龄的文件如出生证明、申请人现今住所的信息、证明申请人收入和自身拥有的财产价值的文件、残疾或失明申请人的医疗相关信息、美国公民证明或有资格获取补充收入保障的外国人的身份证明。

残疾人社会保险和补充收入保障在某些方面有所差异。例如，SSI 没有考

---

① 朱逸杉. 美国残疾人社会保障政策概况. 残疾人研究，2012（2）.

虑申请人以前是否有过工作,即补充收入保障的获得与此前工作的积累无关。该项目的资金来源于联邦政府、州政府和地方政府,而行政管理主要由州政府和地方政府负责,并由其决定接受援助的资格标准和受益水平。绝大多数州的补充收入保障补助金受益者都能够得到政府医疗保险的优惠,多数州的补助金申请人可以同时得到食品券或其他食品补助,凡获得补充收入保障的人群可以在第一个月就领到补助。① SSI 的申请门槛比 SSDI 要低一些,但在身份方面则有更细的要求。例如必须在美国居住,未在美国生活的时间不得超过 30 天,必须是美国公民或美国政府认可的一些国家的公民。

同时,国会还制定了最低受益标准和工作激励方案,旨在使伤残者有更多获取收入的方式和机会。该项目的限制条件非常苛刻,符合领取条件的多数是盲人和残疾人,因此其在历次的福利改革中所受冲击较小,运行一直比较稳定。1975—2001 年,美国政府 SSI 福利支付不断增加,1975 年为 157.7 美元/(人·月),每 2 人 236.6 美元/月;到 2001 年为 530 美元/(人·月),每 2 人 796 美元/月,比 1975 年增加了 236.29%。② 1975—2005 年每年盲人和残疾人 SSI 项目支付总额占总支出的比重始终呈上升势头,1975 年为 55.97%,1995 年已达到 84.32%,2005 年则高达 86.67%。

3. 残疾人医疗康复

美国国会 1973 年通过了《残疾人康复法》,强调对重度残疾人进行康复治疗,以联邦康复服务署为法定主管机关,地方政府则设立职业康复机构以执行康复计划。美国在残疾人的职业康复以及医疗康复方面加大了非政府力量的投入,形成了国家与地方政府的分权以及国家与私人、志愿机构互动互补的格局。社会工作者的加入以及与社会福利工作人员的密切配合,大大提高了对残疾人服务的质量。在美国,以残疾人为对象的医疗服务一般都是由普通医院或护理机构提供,或由保健局或护理机关提供护理人员,美国的"访问护士制度"是其提供残疾人福利的主要支柱。对于精神病患者,美国从隔离保护的政

---

① 朱逸杉. 美国残疾人社会保障政策概况. 残疾人研究,2012(2).
② 黄翠清. 美国的社会残疾保障福利项目 SSI 和 SSDI. 中国卫生事业管理,2001(10).

策走向社区护理,由社区卫生中心、州立精神医院、康复中心等机构协作进行,现在分布点很广的以精神残疾人为对象的美国精神卫生中心已经在精神残疾人的治疗和恢复方面发挥了重要的作用。

(三) 日本残疾人康复服务保障概览

日本作为一个后起的发达国家,尽管其残疾人康复服务事业起步较晚,但在残疾人社会保障建设方面已经取得了显著成果,目前其发展水平已不亚于欧美发达国家。作为东亚福利模式的典范,日本结合本国固有文化,以低福利支出为特点构建了卓有成效的统分模式的残疾人社会保障制度。[①] 针对残疾群体的福利被逐步纳入由国家、市场、社会和家庭共同担当的社会安全网之内。在与社会经济发展水平相适宜的基础上,有限的社会资源得到合理而有效的利用,为特殊的社会成员建立了有力的支持网络。其诸多成功经验非常值得具有类似文化范式的中国学习。

早在1949年日本就制定了《身体残疾人福利法》,1970年又制定了《身心残疾者对策基本法》(1993年改为《残疾人基本法》)。此后,一系列保障残疾人权益的法律相继出台,为残疾人保障制度的建设搭建了完善的立法平台。从第二次世界大战后到20世纪70年代的短短30年间日本已经系统地建立了涉及残疾人就业、教育、康复、福利、残疾恤金等方面的保障制度。[②] 其主要包括社会保险、社会福利和社会救济三个部分。[③] 其一,残疾人原则上免费享受医疗保险、年金保险、健康护理保险、雇佣保险等社会保险。其二,在康复机构的康复治疗、训练等相关费用基本上也由政府承担,这也包括在职业康复机构接受教育培训所需费用以及为残疾人重返家庭、重返社会所需要的其他费用,如居室改造、汽车改造、假肢与矫形器以及生活、娱乐器具的配备等。其三,对生活较为困难的残疾人实施社会救济。具体看来,在涉及老年残疾人保障方面,年金制度、残疾人养老保险与护理保险制度是比较有特色的主要康复

---

① 韩央迪. 制度的实践逻辑:发达国家残疾人社会保障制度的比较研究及启示. 中国地质大学学报: 社会科学版, 2008 (6).
② 刘翠霄. 各国残疾人权益保障比较研究. 北京: 中国社会科学出版社, 1994.
③ 姚建红. 日本康复事业现状、主要特点及对中国康复事业的启迪. 中国初级卫生保健, 2002 (4): 13—14.

保障项目。

1. 年金制度

年金制度即为通俗意义上的社会保险，不同的社会成员在享受残疾保险时有一定的区分。从雇佣角度进行区分，其包括雇员年金制度和国民年金制度。国民年金制度为残疾人群体设立了第一道保障防线。日本残疾年金的享受条件为：适用雇员年金保险制度的，全额残疾恤金为完全丧失谋生能力并曾缴纳6个月保险费者；部分残疾恤金领取者为丧失能力70%者；丧失能力30%～60%者，发给一次性恤金。适用国民年金制度的，为丧失劳动能力75%者且最近一年曾缴纳保险费，这一制度覆盖广大的残疾人群体。同时，对因工伤致残者还设立了特殊的保险制度。[1] 1922年工伤保险首次建立"劳动者灾害补偿保险制度"。1960年，原有的一次性补偿待遇被取消，真正建立起工伤致残者的年金制度。但享受残疾补偿年金的人员，在达到养老条件（男60岁，女55岁，矿工55岁，缴纳20年保险费者）并领取养老金后，要相应减少残疾补偿年金。另外，工伤致残者接受内外科治疗、住院、护理、牙科诊治，领取药品或辅助器具，往返医院的交通费等均由政府提供医疗补助。

2. 残疾人养老保险

日本残疾人养老保险是从属于公共养老保险的非独立制度，可以细分为国民养老保险制度中的残疾人基础养老金和厚生养老保险制度中的残疾人厚生养老金。[2] 凡20～60岁的国民养老保险制度参保人，如果其身患残疾且残疾程度达到一级或二级残障，有权领取国民养老保险制度中的残疾人基础养老金。但是原则上，如果参保人滞缴保费时间超过其应缴保费时间的1/3，其将无法获得残疾人基础养老金。

初诊日（导致身体残疾的伤病第一次接受医生诊疗的日子）时未满20岁的国民，其20周岁后基于国民养老保险法第30条第4项的规定可以领取残疾人基础养老金。这实际上是一种不需要事前缴纳保费的无保费型养老金。养老

---

[1] 刘翠霄. 各国残疾人权益保障比较研究. 北京：中国社会科学出版社，1994.
[2] 百濑优. 日本的残疾人养老保险：现状与课题//第五届中日韩社会保障国际论坛论文集. 北京：中国人民大学中国社会保障研究中心. 2009：70—75.

保险金额分为两级：二级残障的金额与老年基础养老金（满额）相同；一级残障的金额是老年基础养老金（满额）的1.25倍。当残疾者的残疾程度不再符合残障标准时，或其收入达到规定的一定水准以上时，将停止支付基础养老金。原则上，残疾人基础养老保险中不存在收入限制，但是国民养老保险法第30条第4项规定，收入达到一定水准以上时将停止支付残疾人基础养老金。残疾人基础养老保险的资金来源主要是养老保险的保费收入和国库负担，其中后者占60%。

民间工薪阶层职工参保的厚生养老保险的参保人，如果其身患残疾且残疾程度达到一级至三级残障，有权领取厚生养老保险制度中的残疾人厚生养老金。其领取条件与残疾人基础养老金的条件相同。一级残障和二级残障的残疾人领取的残疾人厚生养老金是残疾人基础养老金之上的追加支付。初诊日时厚生养老保险参保人拥有领取残疾人厚生养老金的资格。当残疾程度不再符合一级或二级残障标准时，将停止发放厚生养老金。原则上，残疾人厚生养老保险中不存在收入限制。

残疾人基础养老保险的作用较大。但是，领取残疾人养老保险的人数较少。从1994—2006年，国民养老保险制度中有权领取残疾人养老金的人数大约增加了41万人。其中，大约31万人属于智残人员（精神障碍与智力障碍）。残疾人基础养老金的月平均金额为：一级83 251日元，二级67 500日元。残疾人厚生养老金的月平均金额为：一级（包括基础养老金部分）162 615日元，二级（包括基础养老金部分）125 189日元，三级56 051日元。

3. 护理保险制度

日本于1997年12月制定了《护理保险法》，决定建立护理保险制度，并于2000年4月1日开始实施。护理保险制度是一种新型的老年人康复服务保障制度。建立护理保险制度的目的之一，是依靠全社会的力量来解决老年人的护理问题。通过建立护理保险制度，把老年人的护理问题纳入社会保障制度的框架之内，并以保险的形式解决和确保稳定的财源。根据这一制度，40岁以上的全体国民将全部加入护理保险，并为自己在今后能够得到公共护理服务而缴纳一定的保险费。其保障对象又具体分为两类被保险人：第一类被保险人为

65岁以上的老年人；第二类被保险人为40岁以上不满65岁且参加了医疗保险的人。当被保险人在因卧床不起、痴呆等原因需要起居护理或需要有人帮助料理家务和日常生活时，其通过申请和认定，将得到护理保险制度所提供的各种护理服务。这种护理服务可以是居家服务，也可以是设施服务。护理服务的费用主要由护理保险支付，个人只承担其中的一部分。被保险者缴纳的费用占保险费用的50%，另外由公费负担50%，被保险者缴纳的保险费在不同地区间存在较大的差异。

日本的护理服务项目分为两种护理类型：一是居家护理，二是专门机构护理。[①] 居家护理是以老人的家庭为中心向老人提供护理性服务，专门机构护理是老人住在特定的机构内接受护理服务。专门机构有"老人护理保健机构""护理疗养型医疗机构"等，在专门机构养老的老人一般为需要时刻给予护理的老人。这两种护理类型又分为六个不同程度的等级，即"要支援""要护理1""要护理2""要护理3""要护理4"和"要护理5"。从"要支援"到"要护理5"的每一个护理等级都有具体的护理费用规定。居家护理的老年人多数属于"要护理1"，其主要护理内容规定为，每周进行一次访问护理、一次访问看护、一次设施康复训练。日本实施的护理保险制度，一方面是其急剧的人口老龄化所带来的必然结果；另一方面也是解决和满足老年人日益增多的护理需求的有效途径之一。

（四）韩国残疾人康复服务保障概览

韩国残疾人福利发展历程可以划分为初创期、转换期、发展期和跃进期四个阶段。在残疾人福利的初创期（韩国政府建立以后到20世纪70年代），韩国陆续创立了针对残疾军人的国家抚恤事业，制定了特殊教育振兴法及针对身心残疾人的综合对策等。20世纪80年代可谓是韩国残疾人福利制度的转换期（1981—1987年）。在联合国确定1981年为世界残疾人年的国际大环境的影响下，1981年6月5日韩国制定颁布了历史上最初有关残疾人福利的综合法律——《身心残疾人福利法》。1988—1997年是韩国残疾人福利正式发展的时

---

① 杨立雄，兰花. 中国残疾人社会保障制度. 北京：人民出版社，2011.

期。1988年首尔残疾人奥运会结束后,韩国建立了向残疾人运动员提供年金的制度。1988年9月15日设立了总统所属机构——残疾人福利对策委员会。1989年12月30日,韩国全面修订了《身心残疾人福利法》,制定了《残疾人福利法》。随后,制定及修订有关残疾人雇佣促进等法律,修订《特殊教育振兴法》,开设国立特殊教育院,制定保障残疾人、老年人、孕妇等群体福利的法律,旨在通过重整制度框架力图扩大对残疾人的正式服务。在残疾人福利的跃进期(1998年至今),韩国建立并实施了系列残疾人福利发展五年计划。1999年修订了《残疾人福利法》和《特殊教育振兴法》,2000年完成了促进残疾人就业及职业康复法的修订,2007年通过了《禁止歧视残疾人法》,以此在制度层面上保障残疾人作为社会成员的基本权利。总体上,韩国政府通过建立综合性的福利服务制度体系对残疾人群体给予特别帮助。该体系主要包括残疾人收入保障制度、医疗康复保障制度、出行权及信息获取权保障制度、雇佣保障制度、教育制度等。其中前三种制度的稳健运行对残疾人康复事业起到了重要的保障作用。[①]

1. 残疾人收入保障

残疾人收入保障制度是指使公民因残疾所导致的经济上的负面影响最小化、保障他们过有尊严生活的社会政策。包括直接收入保障制度和间接收入保障制度两大类。

直接收入保障制度涉及残疾年金、残疾津贴、工伤保险等。韩国的残疾年金是向参加国民年金后发生疾病或负伤、治疗完毕后仍在身体或精神上留下残疾的人提供的年金。《残疾年金法》规定,"本人和配偶"的收入处于认定额标准以下时可以成为残疾年金的给付对象,并且仅向18岁以上的残疾人支付,给付额根据其残疾程度来确定。收入认定额的计算方式适用"残疾人年金事业介绍"的标准。残疾人年金根据年龄与收入标准每月给付9万韩元(不适用减额时)到15万韩元。

[①] 金炳彻. 韩国残疾人福利服务的发展状况与未来展望//第六届中国残疾人事业发展论坛论文集. 南京:南京大学残疾人事业发展研究中心,2012.

残疾津贴是指向无他人帮助就无法维系日常生活的重度残疾人提供的补助金。该制度旨在保障低收入残疾人家庭的稳定生活，其依据源于残疾人福利法。残疾津贴除了以18岁以上残疾人为对象的重度残疾津贴、轻度残疾津贴之外，还包括向18岁以下的残疾儿童提供的残疾儿童津贴。重度残疾津贴于2010年7月以后转变为残疾人年金（重度残疾津贴与残疾人津贴不重复支付）。轻度残疾津贴向轻度残疾人每月支付3万韩元，残疾儿童津贴根据其残疾程度（重度与轻度），每月支付10万～20万韩元。残疾津贴适用"国民最低生活保障事业介绍"中的标准，以"家庭"为单位进行收入财产调查。

工伤保险适用单位的劳动者，因工作原因负伤、生病、残疾时，劳动者本人或其遗属无论其单位是否参加工伤保险，都可以要求保险给付。劳动者根据工伤保险补偿制度可得到的给付包括疗养补助、误工补助、残疾补助、遗属补助、伤病补偿补助、丧葬特别补助等。韩国工伤保险不论个体受害程度的大小都根据比例给予补偿。

间接收入保障制度是指并不直接提供现金给付，由行政机构提供实物或通过各种减免制度来减轻残疾人的经济负担，最终通过减少费用支出来有效保障收入的一种方式。间接收入保障包括残疾人医疗费援助、子女教育费援助、创业资金贷款、提供康复辅助器械、医疗进口物品减免关税、减免残疾人车辆高速通行费用、通信费折扣等。

医疗费援助通过向生活困难的低收入残疾人援助医疗费，但仅覆盖残疾人本人，非残疾的家庭成员不包括在援助范围内。残疾人子女教育费援助是向低收入的残疾人家庭提供子女教育费援助，旨在最低限度地保障家庭成员的受教育机会和家庭的稳定生活。残疾人创业资金贷款是通过金融机构向可自力更生的低收入残疾人发放创业资金贷款帮助其获得稳定生活的制度，而贷款数额在家庭单位中设定了上限。残疾人康复辅助器械提供事业是指向生活困难的残疾人提供便于日常生活的康复辅助器械，提高残疾人生活能力并增进福利的制度。残疾人用品进口、残疾用具关税减免制度是指进口以残疾人使用为目的的特殊物品和用于残疾人诊断及治疗的医疗器械时减免关税的制度。残疾人车辆高速公路通行费用减免是为了保障不便于使用公共交通工具的残疾人使用私家车通过高速公路时减少通行费的50%。

2. 残疾人医疗康复

2007年根据《医疗给付法》对残疾人的医疗费援助中有权受助人在一级医疗给付机构就诊时，本人负担额1 000韩元中将援助750韩元，不交付处方或就诊时将根据《药师法》第21条5项规定直接调剂医药品则每1 500韩元援助750韩元，在第二、三级医疗给付机构或国立、公立结核医院就诊时将援助医疗给付可适用本人负担诊费的15%（癌症、心脑血管疾病时给付额为本人负担诊疗费的10%），本人负担额中餐费的20%将不予援助。残疾人辅助器械中医疗给付适用对象购买辅助器械时，将由健康保险管理机构援助适用品目标准额范围内的全部或85%。健康保险对象将在适用品目标准额范围内援助购买费用的80%。考虑到残疾人的医疗费用负担，健康保险给付期延长到了365天。

2005年韩国在全国范围内设立了16个康复医院，旨在提供残疾分级、康复治疗、医疗咨询等服务。康复医院主要是社会福利法人运营的医院，大部分集中在大城市。韩国的残疾人综合福利馆中设有物理治疗室、工作治疗室、言语治疗室、诊疗室、牙科、循环康复服务中心等以实施医疗康复服务。为构筑康复医疗服务体系，政府一方面积极推进以重度残疾人中长期康复治疗为中心的康复疗养医院体系建设；另一方面引导那些难以经营的中小医院将部分病床转换为康复病床。此外，政府还促进康复治疗灵活化和各地区康复医院的设立，保障公共医院和保健机构的残疾人治疗及康复功能，持续改善和扩大医疗费援助制度。

3. 保障出行权及信息获取权相关制度

增进残疾人、老年人、孕妇等《便利保障法》第1条中明确规定，保障残疾人出行权的便利设施旨在为残疾人的一般生活与社会生活提供方便，将残疾人的不方便程度最小化。实施残疾人便利增进法以后，韩国逐步设立了便于残疾人实施出行权的各种设施。韩国于2005年制定了《交通弱势群体的移动便利增进法》，由此"出行权"以法规形式得到了保障。

残疾人信息化指通过有效使用信息通信技术与服务，实现残疾人与非残疾人社会融合的一切努力。韩国于 2001 年 1 月制定实施了有关消除信息差距的法律。此法保障因经济、地域、身体或社会条件无法正常获取或利用生活所需的信息通信服务的低收入者、农渔村居民、残疾人、老年人、女性等弱势群体以提高其生活质量。2010 年国立中央图书馆实现了针对残疾人的替代资料目标信息的标准化，开发出了残疾人图书馆资料统合管理系统，保障所有残疾人可共享图书馆信息。随着这一系统普及全国残疾人图书馆，残疾人可在家中通过因特网对全国残疾人图书馆的资料进行检索和享用。与此同时，国立中央图书馆开设有声书籍分享中心。其基本功能体现为，出版社或作者等在出版新书的同时将电子文件捐赠给国立中央图书馆，而国立中央图书馆将这些转换为可供残疾人阅读的盲文或音像图书等。此外，国立中央图书馆还引入"通信费用补贴制度"，即残疾人通过电话等通信工具使用"残疾人图书馆阅读服务"时可减免 50% 的通信费用。这一补贴制度的目标在于改变现在视力残疾人因经济负担无法正常使用"残疾人图书馆阅读服务"的状况。

6.2.2 选择以需求满足为基础的全面康复保障模式

通过考察发达国家残疾人康复服务保障的基本状况可以发现，目前残疾人康复保障主要由残疾人保险和救助两大核心政策组成，辅之以其他相关的福利性康复服务。在英国，针对残疾人的康复保障主要涉及残疾年金、各种残疾津贴以及国民保健服务。在美国，残疾人的康复保障主要以社会保险为本、补充保障收入为辅，此外还涉及比较有限的医疗康复服务。在日本，残疾年金制度、残疾人养老保险和护理保险及相关服务，为残疾人提供了主要康复保障。韩国的残疾人康复保障，主要包括残疾人收入保障制度、残疾人医疗康复、无障碍保障措施等。从残疾人康复保障提供的内容来看，在经济保障方面，残疾保险与福利津贴项目受到重视，在此基础上残疾人的康复、护理等服务性保障处于相对突出的位置。另外，为促进残疾人融入社会，各国均比较重视残疾人社区服务。从残疾人康复保障满足需求的特征来看，各国康复保障政策安排及相关服务既充分考虑了残疾人与普通大众相同的普遍性需要，更注重于残疾人的特殊需求，体现了以人为本、致力于维护和充分实现残疾人康复权利的精神与宗旨。以上都为中国老年残疾人口康复服务保障的发展与完善提供了宝贵经验。

中国目前正处于急剧的社会转型进程当中,残疾人群体在社会融合方面,由于自身条件与复杂社会环境的相互作用而面临着比健全人更多的困难和障碍。作为一名普通社会成员,残疾人有与健全人一样的一切正常需求,要切实保障残疾人的公民权利,就必须确保残疾人康复服务保障首先满足残疾人群体的大众性一般需求。残疾人因其身体特征,又有着区别于大众的特殊性需求,要切实保障残疾人的公民权利,更需要残疾人康复服务保障满足其特殊需求。同时,中国作为联合国《残疾人权利国际公约》的倡导国与签约国,更应当把公约的权利保障理念融入国内立法和康复服务体系建设之中,把残疾人视为与其他公民一样具有平等政治、经济、文化、社会和家庭生活权利的主体,针对各类残疾人的不同特点,设计和实施符合他们特点和需要的康复服务体系模式,为他们发展个人潜力、发挥价值作用创造社会条件。[1] 从残疾人权利保障的理念出发,残疾人康复的目的是促进所有残疾人享有均等的机会,更好地融入社会生活。康复服务涉及预防、医疗、教育、职业等诸多方面。而早期的残疾人康复主要与医疗相联系,残疾人受益范围较窄,当前中国残疾人康复服务仍主要停留在医疗康复层面,而且缺少针对不同类别、不同需求残疾人群的专项康复服务。国家大力推进的社区康复刚刚起步,其康复内容在实践中仍以肢体康复为主,心理康复、自身增能等社会康复内容还基本是空白。因此,通过充分满足残疾人康复服务需求、实现权利保障理念的全面康复应成为残疾人康复保障所应努力追求的根本目标。针对残疾人群的两种不同层面的需求,旨在维护老年残疾人群康复权利的康复保障模式应是一个"以需求满足为基础的全面康复保障"模式。全面康复的新模式,包含传统的医疗康复、教育康复、职业康复以及常被忽视的社会康复等康复服务内容。一方面,以需求满足为基础的全面康复保障模式应为残疾人提供医疗护理、辅助器具、康复训练等专项医疗康复保障满足其特殊性需求,通过增进残疾人群体的能力、弥补和消减残疾人在享有公民权利方面相对于健全人的弱势;另一方面,应通过全面康复保障模式,把残疾人纳入基本生活保障、生活服务、无障碍设施、信息无障碍、文

---

[1] 林广华. 西欧三国残疾人保障制度的特点及其对中国的启示. 中国发展观察,2008 (3).

化服务等一般性康复保障项目特别是社会康复中,以满足其一般性需求,从而确保残疾人能与健全人一样平等地享受公民权赋予的社会待遇,消弭社会环境的障碍与排斥,促进残疾人群的社会融合。

6.2.3 形成多层次复合型的老年残疾人康复服务体系

在以需求满足为基础的全面康复保障模式的宏观构架下,中国残疾人康复服务保障体系应具有自身独特的本质特征。第一,具有普遍性。残疾人作为社会公民,有权利普遍、充分地享受与其他公民一样的康复保障项目和服务。第二,具有补偿性。国家应该补偿由残疾带来的生活和社会参与的障碍与能力不足,以及由此产生的基本生活和服务的支出。按照《残疾人权利公约》的规定,对残疾人的这部分特殊保障和服务,不应视为对其他群体的歧视,而应看作是公平保障和均等服务的前提。[①] 第三,具有社会性。在克服残疾的过程中,不仅强调政府的责任,更强调社会、家庭的参与和支持,强调促进残疾人能力的提高。第四,具有制度性。通过国家法律法规和政策,对给予残疾人的特殊康复保障和服务予以规定。以上特征决定了残疾人的康复服务保障必须更加突出以权利为本、以需求满足为导向。因此,残疾人康复服务保障体系必须包括两个基本方面:一方面是作为残疾人可以享受的国家给予特殊扶助的医疗康复保障;另一方面是作为社会成员可以依法享受的社会康复保障内容。中国老年残疾人康复服务保障体系的构建与发展不是通过从无到有的探索来创造一个全新的完全独立的制度系统,而是应在已有康复保障基本框架的基础上进行系统内容的充实与完善,形成一个多层次复合型的康复服务体系,进而突出对老年残疾人全面康复服务需求的满足,以促进老年残疾人权利保障的实现。在继续完善现有残疾人康复相关政策和提升康复服务能力的同时,康复服务保障体系的内容充实应兼顾残疾人社会保险和残疾人津贴的制度创新,以及社区康复的全面推进。

(一)进一步完善城乡残疾人社会救助制度

社会救助制度是社会保障体系的基础支撑,也是保障残疾人基本生活的重

---

① 残疾人权利国际公约,http://www.un.org/chinese/disabilities/convention/convention.htm,2008-11-2。

要支柱之一。针对残疾人社会救助方面存在的现实问题建议如下:

首先,合理优化政策设计。其一,以社会救助制度化逐步取代临时的非制度化的救济式保障。继续不遗余力地积极扩大城乡残疾人社会救助的覆盖面,使符合低保基本条件的人员实现应保尽保。进一步降低残疾人进入低保的门槛,提高低保制度在残疾人中的覆盖率。在计算残疾人家庭收入时应给予优惠,重残无业等特别困难的残疾人及其家庭甚至可以不计算家庭收入,全额享受低保补助金待遇。完善残疾人低保户动态管理机制,实现残困户应保尽保,逐步解决低保边缘户残疾人的基本生活保障问题。① 其二,残疾人社会救助的内容除低保之外,还应关注残疾人群体的医疗保健、康复护理和生活照料等方面,并提供相应救助资金与服务。现在中国大部分地区对残疾人的救助内容不够全面,大多集中在对残疾人的现金救助、实物救助、就业救助、教育救助等几个方面,而残疾人所需要的救助内容远远不止这些,还需要康复救助、心理救助等。面向残疾人的最低生活保障制度只保障了残疾人的物质生活,缺乏对其心理和精神的救助,残疾人由于生理缺陷往往容易产生自卑、逃避社会的心理,而一些地区并没有专门的残疾人心理咨询机构。由于救助内容不够全面,一些需要救助的残疾人不能获得相应的、及时有效的救助,并长期处于贫困之中。②

其次,适度提高社会救助标准。以最低生活保障为例,当前大部分城市的最低生活保障标准相当于当地居民人均实际收入的比重低于20%。在全国36个主要城市中,最低生活保障的公布标准最高的相当于当地居民月人均实际收入的30%,最低的只有16%,均值约为22%;实际补差相当于当地居民月人均实际收入的比重最高为18%左右,最低的只有6%,大部分不足10%。③ 根据《2006年民政事业发展统计公报》相关数据,2006年城镇居民最低生活保障人均补差额82元/月,仅相当于当年城镇居民人均可支配收入(979.79元/月)的8.46%;2006年农村居民最低生活保障平均补差金额33.2元/月,仅

---

① 齐心,厉才茂,陈晓芬,郭勇.北京市残疾人社会保障研究报告.人口与发展,2008(3).
② 杨立雄,吴伟.中国残疾人扶贫政策的演变与评价.湖南师范大学社会科学学报,2009(1).
③ 杨立雄.社会救助研究.北京:经济日报出版社,2008.

相当于当年农村居民人均纯收入（3 587元/月）的11.10%。全国很多地区的城市居民最低生活保障标准低于当地的实际贫困线，即维持起码生活需求的保障线，一般只占实际贫困线的80%，有些地区的相应标准更低于实际贫困线的60%。① 特别是针对老年残疾人以及享受低保后基本生活仍有困难的低收入残疾人家庭，应结合其现实生活中的特殊性需求提高救助待遇水平。

再次，随着最低生活保障制度的发展和完善，救助模式应从单一化的生存救助逐渐发展为多元化救助模式，在应保尽保的基础上实行"分类施保"。分类救助可以将救济资源重新分配，并向更弱势者倾斜，这有助于提高政府对特殊低保对象的救济标准，使之更能满足特殊救助对象的实际需求。② 建议根据残疾程度、经济收入、消费需求的不同，使残疾人享受相应的最低生活保障待遇，同时适当提高对残疾人的保障水平。具体来说，对重度残疾人一般在当地低保标准基础上，上浮10%~50%的比例发放低保金，对轻度残疾人视情况增加一定数额的低保金。③ 精神病残疾人也应成为分类救助的重点保障对象。具体可以分为三种情况：对家庭贫困、有子女赡养的精神病残疾人，由政府给予部分生活补助；将无法定监护人、无固定收入、无劳动能力的"三无"精神病残疾人送到福利机构，进行集中收养；对于受到家庭歧视、虐待的精神病残疾人的情况，应由政府部门出面干预。

最后，完善残疾人社会救助还应加大公共财政对社会救助的投入力度和注重充分调动社会资源。其一，应合理调整政府财政用于社会保障支出的结构，使公共财政资源制度化、常态化地适当向残疾弱势群体倾斜。同时，还应科学审慎地抓紧研究设计随物价和生活水平变动的社会救助金调整机制，这部分待遇调整补助资金由财政负责是由国家作为福利制度的主体所决定的。同样重要的是，加强对农村残疾人及其家庭的扶贫力度应是相关政策的重中之重。④ 其二，积极动员和鼓励社会资源参与和推动残疾人事业发展。鼓励支持残疾人福

---

① 杨立雄. 社会救助研究. 北京：经济日报出版社，2008.
② 葛晓梅. 残疾人最低生活保障：问题与制度完善. 中共山西省委党校学报，2011（4）.
③ 杨立雄，吴伟. 中国残疾人扶贫政策的演变与评价. 湖南师范大学社会科学学报，2009（1）.
④ 杜鹏，孙鹃娟，和红，尹尚菁. 中国农村残疾人状况及政策建议. 人口与经济，2009（2）：14.

利基金会筹集善款和开展捐助的相关活动以及推广残疾人慈善品牌项目。通过推动红十字会、慈善会等社会组织开展残疾人慈善项目,树立榜样和典型,以经济奖励与名誉表彰相结合的方式鼓励和引导社会单位、团体和个人投身于残疾人福利事业。此外,还需要在全社会范围内进一步宣传弘扬扶残助困、共享和谐的人道主义思想和现代文明观,通过扩大和示范效应创造有利于残疾人事业健康发展的社会氛围。

(二)探索完善残疾人社会保险制度

第二次全国残疾人抽样调查结果表明,残疾人社会保险参保率较低,与健全人群相比差距十分明显。为此,残疾人社会保险领域还有大量工作需要去做。首先,坚持政府组织管理和扶持、单位和个人共同承担相结合,集中精力和现有财力,用较短时间解决好在职残疾职工的社会保险,逐步实现残疾职工社会保险的全员覆盖。凡在职残疾职工,无论其因何种原因未办理参加社会保险手续的,均应当依法为其办理社会保险手续,并一次性补缴应缴的社会保险费。有条件的企业应对生活困难的残疾员工在个人缴费等方面给予优惠。对于经营确实困难的企业,由残疾人就业保障金给予一定的社会保险补贴。其二,切实加大劳动监察力度,督促用人单位依法为残疾职工办理基本养老、医疗、失业、工伤、生育等社会保险,防止残疾人社会保险费产生新的拖欠。对于无故不为残疾人办理社会保险的企事业单位,不算按比例吸收了残疾人,照常征收残疾人就业保障金。其三,对目前已退出单位、在职期间未办理参加社会保险手续的失业残疾职工,均应当根据其实际工龄补缴应缴的社会保险费,其中因单位原因造成残疾职工享受社会保险待遇损失的,由企业负责赔偿。其四,对于不符合劳动保障部门社会保险补贴政策范围的灵活就业残疾人员,达到一定困难程度的由残疾人就业保障金给予一定社会保险补贴。其五,对于城镇重残无业等特别困难残疾人群体,争取将之纳入基本医疗及养老保险范围。其六,要积极帮助农村残疾人加入新型农村合作医疗,由政府代缴或减免贫困残疾人个人缴费部分。还应体现对残疾人的特别保障,如将白内障复明手术、贫困精神病人免费服药等项目纳入医疗保险的报销和救助范围。同时利用新型农村社会养老保险制度努力推进全覆盖的时机,通过加大政府补助的比例,使农村残疾人得到社会养老保障。其七，充分考虑残疾农民工经济压力和生活困难，逐步实现城镇与农村社会保险体系的合理衔接：一是提高参加基本养老保险残疾农民工的待遇标准，完善发放方法，适当缩小与城镇职工的待遇差；二是解决基本医疗保险与农村合作医疗的衔接问题，实现残疾农民工在参加保险时的自由转化并保障其享受保险待遇水平，以适应残疾农民工在城乡第一、第二和第三产业间就业的频繁变化。[①]

除了把残疾人尽可能纳入现行社会保险体系外，还应进行制度创新，开辟适合残疾人特别需要的新的险种。尤其是应考虑适时尝试建立残疾人护理保险制度。护理保险制度可以通过由社会提供必要的保健及医疗等护理服务将家庭护理社会化。以社区为依托使家庭护理和设施护理相结合，既可减轻国家为老人提供护理服务而建立大量福利设施的财政压力，又可以减轻家庭成员的护理负担，还有利于增加就业岗位，可谓一举多得。

根据实施主体的不同，护理保险可分为两大类：第一类由商业保险公司作为经营主体，属于商业保险的经营范畴，采取自愿保险的方式，以美国为代表；第二类由政府作为管理主体，属于社会保险范畴，采取强制保险的方式，以日本和德国为代表。[②] 这两类保险各具特色，均有自身的优势与不足。美国长期护理保险制度的商业性决定了其灵活性、多样化和高效率特色，同时有利于成本控制，但不利于控制道德风险和扩大覆盖面。实际上相当多的人群因为经济能力而不能加入制度中来。社会保险模式下的护理保险，因其具有强制性，在较大程度上解决了全社会共同面临的老年护理问题，体现了公平性，且便于全国统一调配、福利性较高。但在满足高需求方面有其缺陷，同时由于家庭护理对护理保险的替代性，以及对日后身体健康状况的高估和对护理保险效益的低估使得强制性的保险受到抵触。

德国是世界上社会保险最为发达的国家之一，也是第一个以社会立法形式保障社会保险的国家。1994 年德国颁布了《护理保险法》，1995 年 1 月 1 日正

---

① 齐心，厉才茂，陈晓芬，郭勇. 北京市残疾人社会保障研究报告. 人口与发展，2008（3）.
② 杨立雄，兰花. 中国残疾人社会保障制度. 北京：人民出版社，2011.

式实施,护理保险成为继养老保险、医疗保险、事故保险、失业保险之后的第五大支柱险种。[①] 德国护理保险的对象为全体公民,国家官员、法官和职业军人在其患病和需要护理时,由国家指定专门人员负责并承担有关费用。工作时间最长不超过两个月的人,或者每周工作不足 15 小时,并且在原联邦州月工作仅为 15 小时,且月收入在 610 马克以下或者在新联邦州月收入 520 马克以下的人,不需要缴纳保险费。德国将护理分为三类:第一类护理,主要是指在个人饮食、卫生、日常行动方面一周至少需要几次服务,每日至少 90 分钟,比基本医护的时间多了 45 分钟;第二类护理,主要是指 1 天内至少需要 3 个不同时间内的 3 次服务(每日至少 3 小时,比基础医护时间多了 2 小时),并且一周需要几次家务服务;第三类护理,指需要日夜服务并且一周需几次家务服务,每日至少 5 小时,比基础医护的时间多 4 小时。[②] 德国的护理服务分居家护理和住院护理两类,其标准有所区别。第一类至第三类的居家实物护理待遇每月分别为 750 马克、1 800 马克、3 750 马克,居家护理补贴分别是 400 马克、800 马克和 1 300 马克,住院护理待遇从 2 500 马克到 3 300 马克不等。

借鉴和综合德国与日本的制度发展经验,我国在护理保险制度的设置上,应采取政府主导型方式,政府必须给予老年护理制度必要的政策引导和资金支持。同时应合理确定个人、社会和政府在老年护理制度中的责任和各自应负担的比例。在护理保险的体系设置上应采取因地制宜、循序渐进的方针,根据各地经济发展水平和社会保险负担水平适当拉开档次,从发达地区开始逐步推广完善以扩大覆盖面;对欠发达地区则可以通过建立护理补贴制度加以推进。

(三)建立健全残疾人福利津贴制度

残疾人福利津贴制度是对现有残疾人康复服务保障内容的充实与完善,建立残疾人福利津贴制度的宗旨在于适当提高残疾人的福利保障水平和康复效果。残疾人福利津贴制度应包括残疾人救助型津贴、保险型津贴和纯福利型津贴。残疾人救助津贴制度是为配合最低生活保障制度而设立的一种补充性经济

---

① 戴卫东. 德国 LTCI 及其改革. 卫生软科学,2007(1).
② 和春雷. 当代德国社会保障制度. 北京:法律出版社,2001.

保障制度，主要对象应为贫困边缘人群。残疾人保险津贴制度是对现有社会保险制度的补充，旨在提高在业残疾人参加社会保险的能力，通过提供适度的养老保险津贴、医疗保险津贴，以确保现在的残疾人能够保持健康和恢复机能、能在老年期获得比较稳定的收入保障从而预防其陷入贫困。纯福利型津贴主要是为特殊群体的需要而设立的。比如应给予重度老年残疾人生活补贴，对老年高龄、女性残疾人给予特别补贴，对生活不能自理的老年残疾人实行特别护理补贴等。

残疾人救助津贴制度的主要受益对象为中低收入家庭中"永久失能"的残疾人，目的是维护残疾人的"生存权""健康权"和"生活质量权"，从功能上体现的主要是消极补救性质。[①] 关于残疾人救助津贴制度，建议一是给予低保及低保边缘残疾人家庭定期生活补助，以弥补低保金的不足；二是给予完全丧失劳动能力的重度残疾人生活补助；三是对生活不能自理的残疾人实行特别护理补助；四是对一户多残的困难残疾人家庭给予补助；五是对于无房、危房的残疾人家庭给予补助；六是对女性残疾人给予特别补助；七是对因自然灾害和突发事件导致生活困难的残疾人家庭给予救助。[②] 在残疾人救助津贴的基础上，应全面实施贫困残疾人保险补贴制度。对自谋职业残疾人、低保残疾人、失业残疾人和无业重度残疾人等给予社会保险缴费补贴。积极倡导各类商业保险机构增设针对残疾人和其监护人的各种意外伤害、伤残、事故风险的专项险种。[③] 另外，还应积极探索建立符合实际需要的残疾人纯福利型津贴政策。积极争取政府和有关部门的支持，逐步制定对残疾人家庭从基本生活护理到交通、通信、娱乐、文化消费的减免等各种补助福利制度，让残疾人都能共享改革发展的成果。[④]

应尽快研究建立和实施长期护理津贴。实行长期护理津贴，可以减轻家庭负担，既是对家庭护理的一种鼓励，有利于残疾家庭和谐；又有助于充分发挥市场作用，形成托养机构良性竞争。实际上，经济较为发达的少数省市已经开

[①] 杨立雄，吴伟. 中国残疾人扶贫政策的演变与评价. 湖南师范大学社会科学学报，2009 (1).
[②][③] 齐心，厉才茂，陈晓芬，郭勇. 北京市残疾人社会保障研究报告. 人口与发展，2008 (3).
[④] 包学雄. 残疾人最低生活保障标准的确定及调整机制探析. 学术论坛，2010 (2).

始独自尝试建立了残疾人长期护理津贴制度。比如,从 2009 年开始江苏省政府向生活不能自理的残疾人发放护理补贴,苏州和无锡部分地区根据重度残疾人的家庭收入状况发放重残护理补贴。① 针对残疾人和老年人的护理问题,目前发达国家采取两种做法:一是建立长期护理保险制度,对因为年老、严重或慢性疾病、意外伤残等导致身体上的某些功能全部或部分丧失,生活无法自理,需要接受长期康复和支持护理的残疾人给予补偿的一种健康保险。二是将残疾人护理问题整合于现行的医疗保障政策之中,再辅以各种津贴制度,构筑较为完善的护理体系,这种做法在实行全民免费医疗的福利国家比较通行。在中国,目前没有建立长期护理保险制度,同时,又没有实行全民免费医疗,即使参加了医疗保险制度,也因为护理问题没有纳入保障范围,从而造成残疾人的护理问题较为严重。

中国的长期护理津贴可以根据残疾等级分类发放,在实施之初,考虑到财政状况,只将重度残疾人纳入保障范围,等条件成熟之后再逐步将其他残疾等级的残疾人纳入保障范围。目前,中国建立了工伤保险制度和五保供养制度,解决了因工伤致残和无依无靠残疾人的医疗、康复和护理问题。因此长期护理津贴制度的受益对象为未享受工伤保险待遇和机构全托的残疾人。受益条件为:残疾等级达到一级的残疾人;残疾等级达到一级的时间超过一年。残疾人长期护理津贴可以以现金形式发放,也可以以消费券的形式发放。凡是居家护理的,以现金形式发放给残疾人本人;残疾人护理实行日托型的,则发放消费券,由残疾人自由选择托养机构;残疾人护理实行全托型的,护理津贴由政府按人头直接与托养机构结算。残疾人长期护理津贴的一项重要工作是审核残疾人的残疾等级及残疾年限,即审查残疾人证,而这一工作是由各级残联负责的,因此建立长期护理津贴由各级残联经办管理。程序如下:第一步,由残疾人提出口头或书面申请,并提供中华人民共和国残疾人证及其复印件;第二步,由街道、乡镇负责残疾人事业的机构或人员进行初步审核,并进行公示,

---

① 中国残联"两建办"调研组.江苏省残疾人社会保障体系和服务体系建设调研报告.中国残疾人,2009 (8).

审核合格后,报区县残联;第三步,区县残联复审,公示,告知;第四步,发放长期护理津贴。残疾人长期护理津贴根据残疾等级和残疾类型两个标准确定,并适当参照最低生活保障标准。在制度建立之初,为减轻财政负担,可以将受益人群限定为一级残疾人;待积累经验之后,并且财力允许,再将受益人群扩展至二级残疾人甚至三级残疾人。各类残疾人长期护理的初始标准设立之后,每年根据物价指数进行调整,以保持护理标准的绝对价值不变。每3~5年对初始标准进行调整,调整的主要依据为平均生活水平和最低生活保障标准。[1]

(四) 进一步提高残疾人机构康复与社区康复的服务能力

国际上目前提供康复服务的两种最基本的组织形式是专业机构康复和社区康复。专业机构康复主要是依靠综合医院的康复医学科(部、中心)、康复中心或康复医院。它们是康复医疗中的骨干力量,设备较完善,有经过较正规训练的康复医师和康复技师,康复专业技术水平较高,能提供较高质量的康复服务,而且能够开展医疗、教学、科研工作,培养康复医学人才。社区康复主要利用本社区的资源,因地制宜地开展社区和家庭的康复。它主要提供病伤恢复期及后期康复服务,开展残疾的预防工作,同时也提供教育、社会、职业康复。社区康复不仅能使患者方便、快捷地就医,而且相比之下价格低廉,同时还有利于他们回归家庭和社会,是普及康复服务的基础和主要形式。[2]《残疾人保障法》中曾明确要求有计划地在医院设立康复医学科,卫生部在《综合医院康复医学科管理规范》中也提出,二、三级综合医院应根据需求和条件设置康复医学科,归属临床科室,不仅提供临床早期的康复医学诊疗服务,而且也要对所在社区提供康复医学培训和技术指导。由于专业机构康复对患者就诊不方便,且费用较高,因此必须大力发展社区康复。世界卫生组织大力倡导社区康复,《残疾人保障法》也明确提出开展社区康复,卫生部同时要求一级综合医院和社区卫生服务网络要积极开展社区康复。机构康复和社区康复各有所

---

[1] 杨立雄,兰花. 中国残疾人社会保障制度. 北京:人民出版社,2011.
[2] 孙树菡,毛艾琳. 我国残疾人康复服务需求与供给研究. 湖南师范大学社会科学学报,2009(1).

长，在为残疾人提供服务时，应取长补短，相互配合。由于机构康复具有专业性、规范性、集中性三个突出特点，因此机构康复在满足残疾人的医疗康复服务需求、健康护理需求、家属照顾资源不足等方面有优势，比较适合所在家庭规模较小、无固定长期照顾者的重症残疾人；而社区康复服务对象的分散性、服务内容的多元化及服务方式的人性化等特点，使得社区康复更适合精神残疾人、残疾程度较轻者以及有固定家属照顾者的重症残疾人。另外，考虑到残疾者不同阶段的不同需求，处在康复早期的残疾人更需要专业的机构照顾，[①]而其他阶段的残疾人通过社区康复更能满足其情感方面的多元需求。可见，要实现"人人享有康复服务"，必须走机构康复与社区康复相结合的道路，即以专业机构康复为骨干、社区康复为基础、残疾人家庭为依托，建立一个完整、系统的康复服务网络。

1. 完善专门康复机构服务体系

残疾人专门康复机构的职能是其他医疗机构所不能替代的。1988年中国康复研究中心落成，中国残疾人事业历经了四个五年规划（"八五"到"十一五"），残疾人专门康复机构从无到有，步入制度化发展轨道，并在逐步满足残疾人迫切的康复服务需求方面发挥着积极作用。[②]未来时期应进一步制订残疾人专门康复机构的设置发展规划，完善各级各类残疾人专门康复机构的设置。目前，中国康复研究中心已通过主管卫生行政部门的评审，达到了三级甲等综合医院标准。各省应建立一所综合性的残疾人专门康复机构，也应使其达到三级医院的标准，成为当地残疾人康复工作的示范窗口和技术资源中心及人才培养基地；地市级行政区域可根据当地的《医疗机构设置规划》，结合本地区残疾人类型比例构成及服务需求等总体情况，综合考虑，设置所需要的专科康复机构；区（县）级残疾人专门康复机构应具有发挥基层服务和社区康复指导作用。只有形成以中国康复研究中心为龙头、省级康复机构为骨干、地（市）级康复机构为支撑、区（县）级康复机构为基础的四级残疾人专门康复

---

① 肖小霞，黎敬兴. 机构照顾与居家照顾的比较——以残疾人服务为例. 广东工业大学学报社会科学版，2012（3）.

② 姚志贤. 康复机构发展需整体规划. 中国残疾人，2011（6）.

机构服务体系，互相配合，互相补充，不断扩大残疾人享有康复服务的覆盖面，才能最终满足残疾人的不同康复服务需求。[①]

2. 着力推进社区康复的全面发展

由于中国康复资源整体不足，加之受老年残疾人口的自身经济条件制约，现有康复资源主要被一些工伤、公疗、医疗保险及经济状况良好的患者享用，大多数普通低收入人群，特别是农村老年残疾人往往被排斥在康复资源之外。而国内外的康复实践表明，康复机构仅能为10％的残疾人提供医疗康复服务，而社区康复则可以为70％的残疾人提供全面康复。[②] 为使老年残疾人口享有康复服务、融入社区生活，社区康复应成为残疾人康复未来发展的主流。从宏观层次来讲，发展社区康复首先需要各级政府（省、市、街道、乡镇）、残联有关单位及残疾人康复工作办公室的大力支持，制定康复保障措施，实施社区康复计划。具体而言，要制定社区康复服务规范及各项技术标准，加强社区康复人才培养和队伍建设，不断提高社区康复服务的质量，积极探索在广大农村地区开展社区康复的有效途径。特别是社区居委会、村委会应配备专职或兼职的社区康复员，为残疾人提供就近的康复服务。同时，要注意整合当地康复资源，县（区）建立康复技术指导中心和残疾人辅助器具供应服务站，为残疾人提供服务，并发挥普及知识、人员培训、社区家庭指导、咨询转介等服务作用，将残疾人社区康复纳入城乡基层卫生服务范围，依托社区卫生服务中心（站）和乡镇卫生院、村卫生室开展残疾人康复工作。另一方面，应发挥社区服务中心、福利企事业单位、工疗站、残疾人活动场所的作用，建立适应各类残疾人康复服务需求的康复站，以社区和家庭为重点形成社区服务网，为各类残疾人提供综合性的康复服务。就微观层次而言，发展社区康复应从建立康复资源共享机制、形成多维社区康复服务网络、注重社区康复的人力资源开发、完善多层次的技术指导网络、扩展社区康复服务内容、健全康复服务需求表达机制等方面着力推进。

[①] 姚志贤. 康复机构发展需整体规划. 中国残疾人，2011（6）.

[②] 李建军，杨明亮，王方永，卫波，武亮，高峰. 中国康复服务的未来发展方向探讨. 中国康复理论与实践，2008，14（11）：1082.

一是建立社区康复资源共享机制。残疾人社区康复可共享社区卫生服务网络的现有资源,无须另行投资设立残疾人社区康复专业机构体系。[①] 凡是可以共享的资源都应当被充分利用,只有统筹规划现有的康复资源,才能使已有的康复设备、专业人员、服务体系充分发挥潜能,社区康复服务的效率也才能在系统潜能的充分发挥中获得提升。社区康复服务比机构康复更简便和经济。即使没有昂贵的辅具,一些地区通过自制康复器具,自创一些手语符号,也能帮助残疾人进行康复训练和融入社会。立足于当地经济社会发展状况,统筹规划现有资源是顺利开展社区康复服务的关键。社区资源可以是当地弃置房屋的再利用,也可以是经过培训的当地教师、医护人员、政府及社会组织等。政府可以通过向专业机构、人员购买服务的方式为残疾人提供社区康复项目,也可以向残疾人、残疾人家庭、其他社区成员等提供购买服务或提供相应补贴。很多康复训练是简单和重复的,熟人是开展日常训练和为残疾人提供必要的照料最好的资源。[②] "资源共享"还有一层含义是残疾人社区康复与老年人、慢性病患者的社区康复共享资源,不必专设独立的体系。在目前经济条件有限,不足以给残疾人配备专门的医疗机构、医护人员及活动场所的条件下,可依托社区现有的老年人"星光计划",充分利用"星光计划"比较完善的医疗设施、服务条件,让残疾人和老年人一样共享这些资源,以达到残疾人和老年人共同康复、共同发展的目的。[③]

二是形成多维社区康复服务网络。以社区为基础,因地制宜,发挥优势。在社区内,以家庭为依托,充分发挥社区居民委员会、社区服务中心、社区卫生服务网点、医院、学校、驻区单位、残疾人活动场所、志愿者等现有机构、设施、人员的作用,实现社区资源共享,使社区康复服务融入社区服务中,形成纵横一体的康复服务网络,即"中心、站、点"三位一体和"预防、治疗、康复"三位一体。目前,很多国家在社区康复服务方面已经形成了各具特色、

---

① 李莉. 残疾人社区康复模式探讨——从社会保障实施社会化的视角. 河南师范大学学报(哲学社会科学版), 2007 (6).
② 袁晶. 关于完善我国社区康复服务的思考. 辽宁医学院学报, 2012 (1).
③ 李宗华, 龚晓洁, 丛晓峰. 关于残疾人社区康复与社会支持状况的调查分析. 山东社会科学, 2003 (1).

完善的服务网络，努力把残疾预防和康复与现有的社区服务，特别是与初级卫生保健服务融为一体。例如，澳大利亚成功地把康复工作纳入区域性卫生服务网络之中，根据人群分布、年龄结构、区域特点，开展临床、多病种康复、老年常见病康复、伤残康复、精神康复等，提供住院康复、日间康复、门诊康复、康复预防、老年护理中心、社区康复、长期家庭医疗等多种康复服务形式。正是因为有了健全的管理体制和服务网络，许多发达国家和地区才能够保证居民的康复服务问题在社区内解决。因此，残疾人社区康复应整合到社区服务以及社区卫生服务中，通过整合提升社区各种资源在康复功能评定、康复治疗、家庭康复病床、流动康复医疗服务、康复功能训练等方面的利用率和工作效率。①

三是注重社区康复的人力资源开发。以各级康复资源中心为核心，强化康复管理和技术培训，形成一支社区康复队伍。社区医生作为提供服务的重要人力资源基础，要起到龙头作用。同时，应注重现有专业机构及人员的参与。发达国家都把现有的康复专业机构的工作人员当作最宝贵的资源，大力鼓励他们参与社区康复服务和培训康复人员。同时，也根据需要提高现有的专业机构的质量，使其在适当时候能够作为转介中心进行服务，可以把需要特种服务或康复的残疾人送到这里接受短期治疗。例如，在英国，每一健康区中的总医院、各类型医院以及健康中心，在社区康复开展过程中，均起着资源中心的作用。英国一些较大的医疗机构，也常成为社区康复的资源中心。如伦敦皇家内科医师学会就积极参与社区康复工作，规划了责任区，规定了咨询服务的时间、培训课程的内容及安排。② 再者，社区康复服务的实施应当重视依靠本社区的成员。因此，很多国家和地区在开展社区康复服务的过程中，强调残疾人本人、残疾人家属或社区的其他成员必须接受培训，承担起有关训练残疾人的日常任务，使残疾人能得到应有的和就近的方便康复服务。同时大力推进志愿者队伍的建设；发挥社区和家庭的作用，对志愿者、社区和家庭的相关人员进行康复

---

① 卓大宏. 社区康复与社区卫生服务. 中国全科医学, 2002 (5).
② 丛晓峰, 李沂靖, 唐斌尧. 国外社区康复的现状及启示. 理论学刊, 2002 (6).

所需相应知识的培训。有的国家重视培养残疾人中的骨干领导，提高他们的领导能力，使他们能在社区康复服务中发挥有力的作用，同时也使他们自身获得独立自主能力，达到康复目标。另外，还可以采取"政府购买服务"的支付方式提高残疾人社区康复服务提供者的自主意识和内驱动力。政府的资助方式是值得探讨的问题。如果政府补贴直接指向残疾人家庭，可能导致政府补贴的方向改变，残疾人家庭可能把这种补贴购买其他商品或服务；如果补贴直接指向专业康复机构，则无法调动社会化服务提供主体的积极性。在政府补贴的支付方式上，惠州农村社区康复实践模式是值得借鉴的。[①] 其特点是采用政府购买服务及购买岗位的方式，解决关键的工作动力问题。惠州市残联每年以乡镇辖区内残疾人总人数，人均3元补助给设在乡镇卫生院的康复指导站（康复指导站负责每月汇总、分类、整理残疾人需求信息），同时采用劳务费的方式，给农村康复员一定报酬，每上门进行康复服务1次，给予10元，由患者及其家属监督。这样，既调动了康复员的积极性，也组建了一支相对稳定的康复员队伍。

四是完善多层次的技术指导网络。与专业医疗康复相比，社区康复对专业康复设备、专业人员、专业环境的依赖程度较低，所需康复知识的层次也相对容易掌握，更强调来自心理的人文关怀，因此，社区康复的"多层次"技术指导也较容易操作。"多层次"技术指导网络遵循的逻辑是：由专业到非专业，由机构到个人。这也就意味着专业人员要对非专业人员进行培训，专业康复机构要对社会化康复服务提供主体进行培训。专业人员的康复技术知识应传播给社区卫生服务机构的医生、社区康复人员以及残疾人家属，使社区卫生服务机构的医生能掌握社区康复服务的适宜技术，使社区康复人员和残疾人家属能掌握简单的康复训练方法，而专业康复机构再对他们提供的康复服务进行管理与评价，最终形成合理化的多层次康复技术体系。专业康复机构和社区卫生服务机构可作为不同层级的培训机构，以集中授课、网络信息共享以及实习的方式对康复服务提供主体实施培训。

---

① 张鸣生，郭伟，赖书扬，朱洪翔. 惠州农村社区康复模式. 中国康复医学杂志，2005（12）.

五是扩展社区康复服务内容。多元化的社区康复服务内容,其一,应包括康复理念传播与康复知识普及。通过树立残疾人自立自强模范,借助媒体宣传,开展康复知识讲座等活动消除偏见和提高对残疾的预防、康复意识。特别是要借助互联网等现代信息技术,推进社区康复知识技术的普及和传播,要使残疾人及其家庭分享现代家庭康复和自助康复的信息。加强诸如残疾人权利、康复知识和社区康复理念等的宣传,不仅使残疾人及其家庭能从社区康复服务中受益,也能使社区的其他成员感受到实实在在的好处,比如知悉一些预防残疾的知识,从而能够更好地调动起社区各成员的参与积极性。其二,提供医疗康复服务。由社区卫生服务中心开展功能训练、康复治疗,专业人员负责进行随访、上门服务和记录康复档案,以便采取贴身的康复治疗方案和对残疾人总体情况有客观上的把握,建立转诊支持系统,实现医疗信息共享;进一步加强社区康复服务体系建设,加大基础设施投入和完善康复人员的培训机制,切实保障残疾人的医疗康复服务需求。[①] 其三,通过定期开展社区文娱活动,丰富残疾人精神生活。丰富、活跃残疾人群众文化体育生活,发展残疾人特殊艺术,是残疾人自强不息、平等参与社会生活的重要内容。开展社区文化活动,有益于逐步消除残疾人与非残疾人的隔阂,解决残疾人参与社会生活可能出现的问题,帮助残疾人无障碍地融入社会。2010年度,全国残疾人社区活动参与率仅为33.7%,还有约2/3的残疾人没有真正走出家门,融入社会。因此,有必要加强政府基本公共文化服务,活跃残疾人文体生活,满足残疾人基本文化需求;将残疾人群众文体活动纳入和谐社区建设,鼓励和吸引残疾人参加形式多样、健康有益的社区文化、艺术、健身、娱乐等活动,大力发展残疾人群众性体育健身项目;鼓励、支持各类公共文化体育设施管理机构普遍对残疾人开放,并提供特别服务和优惠。全民健身运动项目、设施等要充分考虑残疾人参加体育锻炼健身的需求,推广适合残疾人身心特点的健身康复体育项目。政府和社会应为残疾人走出家门融入社会创造更加适宜的社会环境。其四,加强无障碍建设和改造,方便残疾人参与社会生活。无障碍环境,是残疾人走出家

---

① 袁晶.关于完善我国社区康复服务的思考.辽宁医学院学报,2012(1).

门、参与社会生活的基本条件,也是方便老年人、妇女、儿童和其他社会成员的重要措施。目前,无障碍设施建设还没有引起社会的重视。无障碍设施仅仅停留在少数盲道、坡道建设上,而且多数集中在广场、公园及高级酒店和购物中心,社区内的设施数量很少,远远不能满足残疾人的要求。政府要在目前较好的工作基础上,加快城乡社区内部的无障碍建设与改造,加强信息交流无障碍建设,努力为残疾人等群体创造安全、方便的无障碍环境,促进他们的社会参与。

六是健全康复服务需求表达机制。社区康复服务的中心是满足残疾人的基本需求,有针对性地帮助其克服困难、康复并融入社会。但是残疾人因为自身条件所限,即便有畅通的诉求渠道,也很难明确表达出自己的需求,特别是智力和精神残疾老人。从社区康复的国际发展趋势看,残疾人已渐渐地从康复的受益人角色转为参与人。如何发挥残疾人的主体身份,引导残疾人参与社区康复服务项目,主动选择和帮助调整社区康复的服务内容和服务方式,有效行使质询和监督的权利,提高社区康复服务的针对性和实效是一大难题。[①] 因此,完善诉求表达机制极为必要。健全需求表达机制,就是发挥残疾人(及其家庭)、残联在社区康复中的积极作用。残联作为残疾人共同利益的代表,需要更好地发觉和为残疾人的需求发声,承担起维护残疾人合法权益的职责,积极为残疾人提供各种服务。残联好比政府、社会与残疾人之间的沟通桥梁,在参与研究、制定和实施政策法规时应始终以满足残疾人诉求为目标,协调好多方利益。当然,信息收集离不开专业的康复人员,通过残疾人康复档案的建立和完善,用统计分析的方法客观反映残疾人生活状况和康复服务需求,并进行随访和评估,实施康复档案动态管理。全国残疾人状况监测主要数据报告显示,截至 2010 年年底,全国残疾人人口基础数据库已覆盖全国 3 400 多个县级残联,残疾人信息资源共享为更有针对性地制定残疾人社区康复战略提供了有力的支持。

---

① 袁晶. 关于完善我国社区康复服务的思考. 辽宁医学院学报, 2012 (1).

6.3 完善老年残疾人口康复服务的相关支撑配套条件

发展和优化老年残疾人康复服务保障，还需要一系列相关支撑配套条件的辅助。这主要包括完善残疾人康复法律法规体系、推动残疾人康复服务保障的社会化、加大社会宣传力度以提升公众助残意识、积极开展残疾预防工作。

6.3.1 完善残疾人康复法律法规体系

加强残疾人康复法律法规和制度建设，依法维护残疾人的合法权益，是残疾人工作的主题，是全社会的义务。随着残疾人保障事业的不断发展，残疾人在道义上将会得到更大的关注和更多的人道主义关怀，但是如果仍然缺乏法制化的保障去维护他们的正当利益，其应有的合法权益不仅在实践中容易被忽视，而且很有可能常常受到侵犯，造成社会的不稳定与不和谐。因此，必须依据中国国情建立法制化的残疾人康复服务体系。推动残疾人的康复服务保障走向制度化与法制化，已成为当今人类社会文明发展进步的一个重要标志，而通过相应的法律来规范残疾人康复服务保障的供给与输送，则成为残疾人康复事业的基本要求。

由于优良的宪政传统和法治文化，发达国家的残疾人康复服务保障基本上都是建立在政府权力基础上的有法律保障的社会化、制度化的体系，从而有力地保证了残疾人康复服务保障的有法可依和健康运行，这已经成为一种国际惯例。以欧美为代表的发达国家，在残疾人康复服务保障方面都制定了比较全面的法律法规体系，而且随着社会的发展仍在进行不断的修正和完善。在德国，社会法典第 1 卷第 10 条最早把残疾人康复作为法律上的概念确定下来，在社会法的意义上界定了"使残疾人或者受到残疾威胁的人参与到社会"。社会法典第 1 卷第 29 条第 3 项明确规定了一般社会康复待遇。[①] 相比较而言，目前中国的残疾人康复服务保障立法虽然已经取得了一定程度的进步，但基本上还没有形成一个完整的体系，已有的法律也存在着比较笼统而缺乏相应的细化单行

---

① 丛晓峰，李沂靖，唐斌尧. 国外社区康复的现状及启示. 理论学刊，2002（6）.

法规的问题。总体立法滞后,与建立健全社会主义市场经济体制下新型康复保障制度的要求极不适应,因此必须推动残疾人康复服务保障工作法制化,加大立法力度。

中国宪法、选举法、刑法、刑事诉讼法、民法通则、婚姻法、继承法、劳动法、义务教育法、建筑法等重要法律中均有关于残疾人权利以及对残疾人的特别保护措施的规定。但是同先进国家相比,中国相关法律对涉及残疾人的规定不配套,有的只是原则性规定,操作性不强,当残疾人权利受侵害时,很难以相关法律为依据来维权,很多问题不能得到有效解决。在修订《残疾人保障法》或者制定其他相关法律时,应当注重残疾人的特殊性,进一步完善有关残疾人的法律保障制度。[①]

国家在建立和完善康复服务体系过程中,应加强全国及地方人民代表大会的残疾人康复立法工作,建立起完善的相关法律体系,以切实保障残疾人的权益。应当专门为残疾人建立具体、详细、可实际操作的残疾人康复服务保障法律或法规,以体现社会公平的原则,实现残疾人的社会融合与发展。就立法模式而言,中国既可以依照《残疾人保障法》的方式颁行多部并行的福利法,如针对残疾人的社会保险法、医疗保险法、社会救助法、社区服务法等;也可以在制定综合性的《社会福利法》的基础上,分别制定相关的、适用于残疾人康复项目的配套法规;此外还应与时俱进地继续适时修订《残疾人保障法》,使之更好地发挥针对残疾人群体的法律保障作用;对残疾人社会福利事业的优惠扶持政策,也要适时提升为法律,明确规定其在各地财政支出或者是财政投入中所占的比例,从而在制度设计层面上促进和保证残疾人的康复服务权利得到落实。在法制建设中还应明确个人、社会和国家的责任,明确残疾人康复服务项目的管理与监督机制。另外,2010年度全国残疾人状况监测主要数据报告显示,有需求的残疾人及家庭中仅有7.8%的残疾人家庭接受过法律服务,法律服务的普及率和覆盖面仍然相对较低。政府还要进一步完善残疾人维权工作机制,加强残疾人自我维权的意识,提高政府、司法机关、法律救助机构对残

---

① 林广华. 西欧三国残疾人保障制度的特点及其对中国的启示. 中国发展观察,2008(3).

疾人法律救助和维权服务的意识和能力，依法保障残疾人权益。总之，康复服务法规的系统化、专门化、科学化和规范化，将有力地推动中国残疾人康复服务保障真正走向制度化、社会化并获得健康的发展。

6.3.2 推动残疾人康复服务保障的社会化

中国是一个具有超大规模残疾人口和城乡二元结构的国家。中国的特殊国情决定了残疾人康复服务始终要作为以公共服务为主体的社会福利事业来办。[①] 因此，残疾人康复事业是一项系统化、社会化的工程，必须由政府主导、社会广泛参与、充分调动和利用一切可以利用的社会资源，才能实现低投入、广覆盖、"人人享有康复服务"的目标。

（一）明确政府的主体责任

现代意义上的社会福利从诞生之日起就是政府行为。救助弱势群体、保障其基本生活是现代政府的基本责任。[②] 而且随着市场经济体制的逐步完善，政府的主要职能在于管理公共事务、规范市场秩序、维护社会公平、促进社会稳定。从残疾人保障的发展历程看，任何国家残疾人事业及其相关保障的建立与有效运行都离不开政府的主导作用，更离不开政府强大的财政支持。残疾人是弱势群体的主体，通过开展康复服务保障来支持他们参与正常的社会生活，从而促进他们的社会融合，更是任何一个责任政府的基本职责。世界卫生组织残疾预防与康复专家委员会曾经指出，在发展中国家，着手和启动任何社区康复计划前，都需要政府制定相应的政策，有明确日程的行动计划，有确保所需资金调拨的运行机制，而且在计划发展的各个步骤中承担相应义务。因此应该明确，政府承担着整个残疾人康复服务保障制度建设及其配套资金筹集的主体责任。

一方面，政府应主导包括医疗康复、职业康复、教育康复以及社会康复内容的老年残疾人康复保障框架的逐步建立。政府应既着手于构建康复服务政策体系，又应重视大力提升康复机构的服务能力。特别是应从社会福利社会化原

[①] 中国社会科学院社会政策研究中心课题组. 民办残疾人康复机构发展状况报告. 学习与实践，2008（5）.

[②] 王齐彦，谈志林. 残疾人社会保障研究. 中国民政，2006（7）：23.

则出发,多形式建立托养、托老机构,为老年残疾人提供生活照料、医疗康复服务。对于丧失劳动能力又无法定抚养义务人或法定抚养义务人无抚养能力、无生活来源的重度残疾人,应由国家和集体供养,符合农村五保供养条件的实行五保供养或入住敬老院,城镇的由民政部门定期救济或入住福利院。加大对各类社会福利机构的资助力度,督促各类社会福利机构依据政策接纳符合条件的残疾人。大力扶持福利企业、残疾人职业康复机构的发展。各级政府部门和相关单位都应支持发展残疾人社会福利事业,面向残疾人积极开展多种公益性的社会服务。另一方面,应建立残疾人康复服务的财政资金转移支付制度。解决不同发展水平地区的经费保障问题,应该是各地在推进残疾人"两个体系"建设中不可回避的问题。如果没有有力的财政转移支付制度,就不可能建立起在全国范围内保障水平相当、残疾人普遍受益、人人享有所需要的康复服务体系。① 政府提供的财政支持是康复工作的真正动力源。按照目前的财税体制,地方的康复事业主要由地方财政出资,辅之以市级或国家的专项资金支持,地方经济发展状况决定了政府对农村康复服务的投入。而地区经济发展水平的差异很大导致地方财政可动用的康复服务资源总量的差别很大,加之中央如没有统一政策,地方上对康复事业的投入很大程度上就取决于主要领导人的认识,这两点都会导致各地康复服务政策出现差异性甚至随意性。② 坚持政府的主导作用,应在残疾人生活保障、残疾人医疗康复、残疾人辅助器具配置等康复服务项目上,坚持政府投入为主,这就要求各级财政在残疾人康复方面进行专项投入,并形成规范、持久的投入机制。无论城乡,开展残疾人康复服务工作,首要的条件就是国家财政的支撑。需要将残疾人康复服务工作与经费保障作为同一个问题提上政策议程,尽快建立康复服务经费的财政常规预算制度,并将这部分财政预算与每年的经济增长挂钩,对其比例做出具体规定。

尤其是在当前中国社会保障支出水平整体偏低的情况下,重视和强调加大

---

① 中国残联"两建办"调研组. 江苏省残疾人社会保障体系和服务体系建设调研报告. 中国残疾人,2009(8).
② 中国社会科学院社会政策研究中心课题组. 民办残疾人康复机构发展状况报告. 学习与实践,2008(5).

残疾人康复投入的政府责任具有重要的现实意义。中国1998年以前中央财政用于社会保障支出的投入很少,如1997年仅为财政支出的1.5%,相当于GDP的0.2%。2002年虽然总量有所增加,但"抚恤和社会福利救济费""社会保障补助支出"与"中央专用基金"方面的支出总额为1 716.5亿元,占财政支出的比重仅为7.8%,占GDP比重为1.68%。中国2008年财政支出中用于社会保障支出的比例仅为10.87%。相形之下,发达国家社会保障支出占中央财政的比例在40%以上,其次是中等水平的发展中国家,均在30%以上,低收入的发展中国家斯里兰卡,其相应水平也在12%以上。中国2010年人均GDP接近4 000美元,接近1980年的乌拉圭的经济水平,而乌拉圭社会保障支出占中央财政比例达到47.67%,两者相差甚远。通过上述比较,可以看出目前中国财政用于社会保障的支出水平还很低,财政用于残疾人康复事业的份额也必然相应低下。从发达国家的经验看,残疾人是社会保障的重点保障对象,虽然这一群体与总人口相比,所占比例并不大,但是这一群体并没有被忽略。相反,随着社会的进步和文明程度的提高,福利国家对残疾人的观念也从"医疗模式"向"社会模式"转变,残疾人社会保障项目逐渐增多,待遇水平也不断提高,残疾人社会保障支出所占比重也呈现明显增加趋势。从20世纪90年代经济合作与发展组织(OECD)的残疾人社会保障支出水平来看,残疾人福利受益支出占GDP的比重,从1990年的1.22%上升到1999年的1.30%;所有与残疾人相关的福利项目支出占GDP的比重达到2.42%,其中瑞典达到4.66%,在OECD国家中排在第一位,其次是荷兰,为4.64%,波兰排在第三位,达到4.6%。残疾人社会保障支出占社会公共支出的比重平均值达到11%,波兰和挪威甚至达到或超过20%。[①] 因此,坚持政府在残疾人康复经费保障方面的主导作用对于中国而言极为必要。

(二)合理界定社会责任

在当前中国社会经济发展水平还不是很高的情况下,坚持政府推进残疾人康复事业的主导责任不等于政府把残疾人康复保障全部包下来。残疾人事业的

---

① 杨立雄,兰花. 中国残疾人社会保障制度. 北京:人民出版社,2011.

发展在一定程度上还必须依靠社会和民间的力量，走社会化服务的道路。残疾人作为社会的有机组成部分总是生活在社会之中，而他们由于生理、心理或智力等方面的原因，难以维持与健全人一样的正常社会生活。全社会对于残疾人具有不可推卸的接纳义务与保障责任。①

从宏观角度来看，社会对于残疾人康复保障的责任和义务，首先可以通过发展残疾人慈善事业和组建非政府组织来实现，充分发挥非营利组织在残疾人福利中的促进作用，引导非营利组织积极开展残疾人康复服务。充分发挥慈善机构、社会公益组织、民间团体等的作用，深入实施爱心助残工程、青年志愿者助残等多种形式的活动。② 其次，要加强社区建设，推进残疾人社区康复。应坚持以政府为主导、社区为依托、有关部门密切配合、社会各界共同参与的残疾人社区福利的基本工作原则，形成推进社区残疾人工作的合力，并发挥社区居委会的自治作用，逐步建立符合社区发展需求的社区残疾人工作机制。就微观角度而言，可以从完善社会化筹资机制、拓展多元化的康复服务提供机构、丰富多元化的康复服务人才队伍、形成多层次的合作协调机制等方面助力推进。

一是完善社会化筹资机制。中国经济发展水平较低，人民生活水平不高，加上残疾人家庭困难，制约了残疾人社区康复服务的发展。残疾人社区康复筹资困难，常常陷入"无源之水"的尴尬境地。从投资的成本效益看，残疾人社区康复成本比专业医学康复成本低且效益高，是一项值得投入的公益事业。③ 首先，各级政府应明确在这项事业上的筹资责任，否则残疾人社区康复将处于无法牵动或者无力延续的状态。社区康复费用应纳入中央和地方财政预算，建立健全相关财务会计制度，明确责任主体、资金来源及去向，做到信息公开、公示，加强内外部监管，保证社区康复服务能够获得必要的资金支持。在此基础之上，还要考虑各种实现筹资社会化的方式，比如寻求各类基金会支持、组织社会公众募捐、积极动员慈善组织和企事业单位为社区康复服务注资和筹

---

① 王齐彦，谈志林. 残疾人社会保障研究. 中国民政，2006（7）：24.
② 齐心，厉才茂，陈晓芬，郭勇. 北京市残疾人社会保障研究报告. 人口与发展，2008（3）.
③ 何镜清. 社区康复的理论与实践. 中国康复，2003（3）.

款、申请有关国际组织的援助、从福利和体育彩票收益中提取一部分比例资金专门用于社区康复服务，等等。在残疾人有高端康复服务需求的情况下，可根据残疾人个人和家庭的支付能力收取费用并提供相应服务。此外，可设立残疾人康复基金，规范以上资金的管理与运作，探索保值增值机制。同时，有必要成立专门的组织、选用专门人员负责社会化筹资事宜，以保证社会化筹资渠道的长期稳定性。

二是拓展多元化的康复服务提供机构。从服务提供机构看，综合医院康复医学科、专门的康复中心、社区康复站是康复服务的提供机构。综合医院康复医学科负责急性期、亚急性期功能障碍者的康复，专门的康复中心负责恢复期及后期功能障碍者的康复，社区康复站主要承担患者回归家庭、社会以后的保持性训练以及部分未得到及时康复的后期病例。除了以上几种公办残疾人康复事业之外，民办残疾人服务机构是残疾人康复不可或缺的重要补充。民办残疾人服务机构在减轻政府负担、消化社会矛盾、促进社会稳定、解除残疾人家庭后顾之忧等方面发挥着重要的作用。[1] 目前，民办机构与公办机构在为不同年龄段残疾人群提供康复服务上已经形成阶段衔接的良好态势，民办机构在精神残疾领域的康复服务更是取得了十分可喜的进展。可以说，民办机构无论在服务类型、服务方式、服务人群上都已经形成了一定的行业规模，但是，政府却没有把民办机构当作一个行业来对待，而是视其为一个单独的服务实体，为公办机构做补充的小机构。因而，对于民办机构没有系统的政策，现行政策的基本方向只能算作为公办机构做补充的补充性政策。事实证明，民办机构已经超越了为公办机构做积极补充的阶段，正在成长为残疾人康复服务行业一支不可小视的独立的社会队伍。[2] 特别是在建设服务型政府的背景下，重视发展非营利组织，支持社会力量兴办残疾人康复服务业，已经成为大势所趋。因而，可以适当采取民办公助、公办民营、购买服务等方式鼓励社会力量举办残疾人康复服务机构。这样的运作方式，既能使广大残疾人的利益得到保障，又能够节

---

[1] 北京市残联.民办康复服务机构的定位、管理与发展.中国残疾人，2005（9）.
[2] 中国社会科学院社会政策研究中心课题组.民办残疾人康复机构发展状况报告.学习与实践，2008（5）.

省人力、物力,吸收社会资源为残疾人服务。①

三是丰富多元化的康复服务人才队伍。康复服务人才队伍可以有"广义"和"狭义"两种概念。狭义的概念指的是康复服务的专业技术队伍。即有专业教育背景与从业资质,在康复一线工作的医学、康复学、心理学、教育学、社会工作者等专业人士。各级残联康复部的管理人员也属此类,不过他们不是专业技术人员,而是专业管理人员。广义的概念还要包括半专业以及受过一定培训从事康复服务具体工作的人员队伍。后者不仅包括乡村康复协调员,而且应该包括在基层社区直接做康复服务的技术人员(康复训练师),以及协助康复工作的残疾人家属、亲友和志愿者们。只有他们介入了康复服务,才能真正实现"康复在社区,服务进家庭"。② 从服务提供人员来看,医院康复医学科与专门的康复中心的服务提供有赖于职业康复师的培养,而中国职业康复师数量远远不足以满足残疾人的康复服务需求。因此,在专业资源紧缺的背景下寻找"社会化、多元化"社区康复服务的提供主体是迫切之需。社区康复服务提供主体除了社区医生外,还包括残疾人家属、有志于社区康复事业的社会工作志愿者等。专业机构的康复师是康复服务提供的技术支柱,为整个社区康复服务体系提供技术支持;社区医生是社区康复服务的主要提供者和协调者,针对特定的残疾人个体提供专业服务,在由社区康复人员、残疾人家庭、社会各方力量参与的社区康复服务体系中起协调作用;经培训后掌握专业知识的康复人员则是残疾人社会康复广泛发展的载体。目前,中国社区康复人员紧缺,残疾人自身作为人力资源大可发挥其应有的价值,通过让残疾人承担一些康复项目,如康复按摩等,参与政策制定,或成为工作人员。这一举措在弥补人员不足的同时,顺便解决一部分残疾人的就业问题,还能提高残疾人的自信心和价值感。目前中国不少地区在各乡镇政府、街道办事处残联设有残疾人工作协管员

---

① 中国残联"两建办"调研组.江苏省残疾人社会保障体系和服务体系建设调研报告.中国残疾人,2009(8).

② 中国社会科学院社会政策研究中心.北京市农村地区残疾人康复服务现状与政策研究,中国社会学网,2008年9月10日.

一职,这一做法值得进一步完善和推广。① 从长远来看,还应该逐步培养职业化的社会工作者,以推进残疾人社区保障工作的专业化和规范化。目前中国的服务人员多为非专业人员,承担照顾责任的多为老人的子女和部分受过简单培训的人员,社区中基本没有专业社会工作人员,志愿者为数不多,因此必须加强老年残疾人社会工作队伍建设,实施老年社会工作者的专业化、职业化。

四是形成多层次的合作协调机制。虽然各国有各自的康复模式,但政府参与是必不可少的。残疾人康复事业是政府发展计划和战略的组成部分,发展残疾人康复事业时具体各责任部门应有明确的分工。应注重以政府为主导,形成分工合作的多部门管理协调机制,加强对社区康复的倡导和指导。充分发挥各级政府残疾人工作协调机构的作用,特别是民政部门、卫生部门、劳动与社会保障部门、教育部门等在各自功能范围内,各司其职,加强协作,形成完善的工作机制,各部门统筹规划,分类指导,共同发展残疾人社区康复事业。② 残联作为代表残疾人利益的部门,是残疾人康复工作的主要倡导者;民政部门管辖范围内的社会福利涵盖了残疾人福利的内容;卫生部门组织、管理下的卫生体系,尤其是社区卫生服务体系,是提供社区康复服务的重要载体;劳动和社会保障部门的社会保障工作涉及残疾人医疗、就业以及最低生活保障等事项。因此,残疾人社区康复的组织与实施,"预防、医疗与康复"的结合离不开残联、劳动和社会保障部门、卫生部门、民政部门的共同推进。"多部门合作"是残疾人社区康复的必要基础,残联可作为残疾人康复工作的龙头,劳动和社会保障部门、卫生部门和民政部门可分别在医疗保险与康复服务的衔接、医疗和康复服务提供主体的管理、社区福利的提供等方面分别起到相应作用。只有在多部门共同合作、相互协调的基础上,才能真正立足于社区、动员社会化主体参与残疾人康复的工作,并对此项事业的开展进行指导和支持。此外,残联应加强与康复人员的沟通,为其工作提供便利,帮助收集残疾人康复相关数据,推进信息服务网络建设,提升服务,保证辅具供应,积极开展维权活动,

---

① 袁晶. 关于完善我国社区康复服务的思考. 辽宁医学院学报, 2012 (1).
② 丛晓峰,李沂靖,唐斌尧. 国外社区康复的现状及启示. 理论学刊, 2002 (6).

帮助他们更好地融入社会等。在国家层面，则应更注重各地区的统筹与均衡发展，在政策上给予欠发达地区适当倾斜和扶持，以弥补各地人力、财力之不足。在国际层面，应加强社区康复的国际交流与合作。社区康复服务计划的启动本身就是世界卫生组织努力的成果。此外，联合国的其他组织，如开发计划署、国际劳工组织、粮农组织、教科文组织，以及残疾人国际等其他非政府组织，都为推动社区康复的发展做出了重要贡献。在经济全球化的大背景下，通过加强国际合作与交流，特别是加强与联合国有关组织及其他非政府组织的合作，借鉴国外先进范例和获得国际组织援助，也是推进中国社区康复发展的重要手段。

6.3.3 加大社会宣传力度提升公众助残意识

残疾人是社会上最困难的弱势群体，在参与社会生产和社会生活过程中面临着巨大的制度排斥和观念排斥，要确保其融入社会，就必须为之建立良好的社会环境，包括良好的政策支持与社会助残意识、公共媒介等。由于种种偏见和陈腐观念的影响，社会上还不同程度地存在着排斥残疾人的现象。在本质上，排斥残疾人是一种不人道的社会现象，它既损害残疾人的合法权益，阻碍残疾人平等参与社会生活，又腐蚀排斥者的思想，使他们的偏见和错误观念更加固化，不利于整个社会的文明进步。当人们过分强调残疾人与健全人的不同、将残疾人视为一个特殊的少数群体、把残疾的经验视为少数群体的特殊经验时，这种不正常的价值取向极易导致社会尤其是政府部门采用特殊、少数的分析视角来看待和认识残疾人问题，从而阻碍、恶化残疾人的社会融合，甚至引起更深程度的社会排斥。当前，部分社会公众对残疾人的关注程度不够，帮残、助残、扶残意识非常淡薄，尚未形成社会助残的良好氛围，有些人甚至根本没有残疾人康复的概念。同时，家庭作为残疾人最亲密的社会组织和赖以生存的地方对残疾人的关心也很不够。由于经济条件有限，加上受传统观念的影响，家人对残疾人持有不同程度的歧视态度，视残疾人为累赘，不肯接纳，更谈不上关爱。上述情况造成残疾人对自身的认识不足，主人翁意识缺乏。许多残疾人内心十分自卑，抱着过一天少一天的态度，没有康复的意识和勇气，不敢走出家门光明正大地到康复机构进行康复训练。①

在舆论宣传过程中,务必使全社会充分认识到,残疾人作为合法公民享有与其他公民平等的权利,残疾人与其他人具有同等的价值。造成残疾人问题的主要原因不是残疾本身,而是外界存在的障碍,使残疾人在社会生活中处于某种不利地位,使残疾人权利的实现和能力的发挥受到限制。他们在参与社会活动过程中,尤其是在行动和交流方面存在的障碍,使他们不能平等地享受社会资源,不能充分发展个人才能或无法使其才能得到充分发挥。② 残疾是人类社会进步的代价,如果从人类个体的生命历程来看,每个人都存在残疾风险。在人口老龄化持续推进的大背景下,随着医疗技术的进步和生活水平的提高,越来越多的人会因寿命延长而经历老年阶段。衰老是人类不可抗拒的宿命与规律。人们在老年期受各种慢性疾病的影响,将经历一个渐进的失去生活能力的过程,更多的人会在残疾的状态中度过余生。加之由于先天性或发展性方面的疾病,或者严重的意外伤害而可能导致的残疾,在人类的生命历程中,残疾成为大众的普同经验,只是个人遭遇残疾的时间有所不同。③

为此,必须高举人道主义的理论旗帜以引导正确的残疾观,加大媒体宣传力度,营造良好的社会助残氛围。通过大众传媒的宣传,努力改变人民固有的传统观念,打破残疾人与健全人之间的不平等的社会关系。必须承认维护残疾人合法权益是国家和社会的责任和义务;必须深刻认识到残疾人也是社会财富的创造者,残疾可以通过一定的条件得到一定程度上的补偿;必须深刻认识到残疾绝不仅仅是少数社会群体的特殊经验,社会以及政策制定者不应再将残疾视为个别、特殊的问题,而应将残疾看作是每个人"自己"都可能面对的普同性风险问题;必须深刻认识到理解、尊重、关心和帮助残疾人,以助残为荣,是时代进步与社会文明的基本标志。残疾人在法律面前享有与非残疾人平等的权利,有权享受人格尊严和自由发展所必需的各种权利;有权工作、自由选择

---

① 袁晶. 关于完善我国社区康复服务的思考. 辽宁医学院学报, 2012 (1).
② 林广华. 西欧三国残疾人保障制度的特点及其对中国的启示. 中国发展观察, 2008 (3).
③ Irving K. Zola. Toward the Necessary Universalizing of Disability Policy. The Milbank Quarterly, 1989 (67).

职业,有同工同酬的权利,不应受任何歧视;有权享受公正、合适的工作条件;有权享受康复服务保障;有权自由参加社会文化生活,分享科学进步及其产生的福利。政府和社会应当根据残疾人的需要,考虑到残疾人的性别和年龄差异,向残疾人提供各种辅助器具和设备,提供个性化的、有针对性的专业化服务;应当创造条件确保物质环境和信息通信等非物质环境的无障碍;还应当消除制度结构和态度认识上的各种偏见及歧视,发展全纳的社会文化,提升社会亲和力,向残疾人敞开胸怀,使残疾人能够充分参与社区生活、学校教育和工作,促进残疾人基本人权的充分实现。[1]

6.3.4 积极开展残疾预防工作

目前,世界上有超过 10 亿的残疾人口。[2] 而中国就有 8 502 万残疾人[3],每年新增 100 多万残疾人。随着中国人口老龄化加剧,慢性病与意外伤害发病率增加,中国的残疾人口规模将会持续增大。中国依然面临着较大的残疾发生风险和残疾人口规模,需要采取有效措施减少残疾的发生,延缓和防止已有残疾的发展以及残障的发生。实施全国性的残疾预防行动刻不容缓、势在必行。[4] 残疾是人类社会发展不得不付出的一种代价。这就需要全社会而不仅由少数残疾人承担由此带来的压力和挑战。对残疾预防的关注实际上表达了人们对自身发展的关切,也表达了人们对经济社会发展如何更加科学、和谐而减少冲动、盲目的思考和责任。残疾并不是注定要发生的,也并不是不可控制的,现代科学技术的发展为残疾预防提供了强有力的技术支撑。世界卫生组织指出:利用现有的技术可以使至少 50% 的残疾得以控制或者使其延迟发生。[5] 无论如何,面对由于多种因素而日益加大的残疾风险我们不能掉以轻心,必须通过积极有效的策略和务实研究,控制残疾的发生、发展,从而促进人类自身发展和社会进步。

---

[1] 郑雄飞. 残疾理念发展及"残疾模式"的剖析与整合. 新疆社科论坛,2009 (1).
[2] 世界卫生组织. 世界残疾报告(概要). 中国康复理论与实践,2011 (6).
[3] 残疾人研究编辑部. 残联发布中国最新残疾人口数据. 残疾人研究,2012 (1).
[4] 中共中央国务院关于促进残疾人事业发展的意见,北京:华夏出版社,2008.
[5] 世界卫生组织. 残疾预防与康复:世界卫生组织残疾预防与康复专家委员会报告,技术报告第 668 号. WHO,日内瓦,1981.

自 20 世纪 90 年代以来,中国实施了一系列残疾预防政策行动。通过完善相关法律法规、制定残疾预防规划、开展残疾预防活动,残疾预防工作已经取得了一定成效。这主要表现为,残疾人口规模得到一定程度控制;致残性传染病已基本得到控制或接近消灭;营养不良和微量元素缺乏正在不断得到矫正;通过出生缺陷干预,减少了先天性残疾的发生;通过开展积极的康复医疗,减少了残疾和残障的发生;通过综合试点初步取得系统残疾预防经验等。目前,残疾预防工作还有一些重要问题亟待解决①;比如全民对残疾预防的认识仍有待提高,广大居民仍然缺乏防残助残的意识;政府相关部门缺乏系统的残疾预防工作方针和国家层面的残疾预防行动计划;政府各部门之间协调不够,很多好的残疾预防策略和措施难于落实;残疾预防和康复工作发展不平衡,城乡之间、不同地区之间存在着巨大的差异;出台了不少残疾预防政策,但政府和社会用于残疾预防的资源不足;部分残疾的致残原因不明,如何有效预防存在着技术上的困难。

为此,中国残疾预防的重点工作首先应是拟订和实施国家残疾预防行动计划。这是减少和控制残疾发生、提高中国人口素质的客观需要,也是党中央、国务院在构建社会主义和谐社会、深入贯彻落实科学发展观过程中的重大战略部署(中央 7 号文件、国务院 19 号文件精神),是当前和今后一个时期残疾人事业的重大任务之一。残疾预防是一项复杂的社会系统工程,为了保证所编制的国家残疾预防行动计划的科学性、有效性和可行性,必须有政府多部门的参与和协作。建立健全残疾预防法律法规,在制定和修订优生优育、安全生产、药品管理、交通管理、环境保护等相关法规时将残疾预防内容纳入其中。同时要组织开展残疾预防综合试点,选择残疾预防的若干重点领域对具体的预防策略、措施手段、部门分工、组织协调等内容进行深入细致的探索和总结,以完善国家残疾预防行动计划,并在试点成熟后,逐步推广至全国实施。②

其次是积极健全残疾预防体系。根据世界卫生组织的技术报告和各国残疾预防的实践经验,世界卫生组织提出了残疾的三级预防框架,可将残疾预防从

---

①② 崔斌,陈功,郑晓瑛. 中国残疾预防的转折机会和预期分析. 人口与发展,2012 (1).

层面上分为一级预防、二级预防和三级预防[①]。一级预防的目的主要是预防致残性疾病和伤害的发生,二级预防主要是在发生病伤后预防残疾的发生,这两级预防主要是降低全人群的残疾发生风险,三级预防是在残疾发生后预防残障的发生。按照国际规范要求与国内实际情况,中国今后残疾预防的关键,是加强一级预防,不断完善二级、三级预防,以形成整体合一、高度集成的残疾预防体系,为国际残疾预防起示范作用。残疾的综合预防包括一级预防、二级预防和三级预防。残疾的三级预防,主要是指通过康复功能训练、假肢矫形器及辅助功能用品用具使用、康复咨询、支持性医疗及护理、必要的矫形替代性及补偿性手术等措施防止残疾后出现残障。[②]

再次是制定和颁布国家残疾人残疾分类和分级标准。当前,中国有关部门涉及残疾、伤残评定标准和待遇的规定多达十几个,评定的方法和程序也不统一。应根据国家标准化管理委员会下达的国家标准拟订计划,由中国残疾人联合会牵头,在1987年、2006年两次全国残疾人大样本抽样调查残疾评定标准的基础上,借鉴国际功能、残疾和健康分类(ICF)标准,组织全国各领域医学专家历时数年制定这一国家残疾分级和评定标准。标准的制定有利于残疾评定工作的标准化、制度化。

最后应制定和实施残疾预防和残疾人康复条例及无障碍建设条例。残疾预防并康复是改变、修复残疾人生命形态的根本途径,是残疾人权利实现的真实体现和实现参与共享的重要保障,也是各级政府履行公共服务职责的重要载体。残疾预防及残疾人康复工作是一个宏大的系统工程,需要国家统筹,建立起由政府残疾人工作委员会各相关部门组成的专门委员会,调动社会各方面力量共同推动。残疾预防包括多方面的行动,如初级保健、产前产后的幼儿保健、营养教育、传染病免疫运动、防治地方病措施、执行安全条例、在不同环境中防止发生事故的方案,也包括改造工作场所以防止职业残疾和疾病,预防

---

① World Health Organization. Disability Prevention and Rehabilitation: Report of the WHO Expert Committee on Disability Prevention and Rehabilitation. World Health Organization Technical Report Series 668. Geneva: World Health Organization, 1981.

② 中共中央国务院关于促进残疾人事业发展的意见,北京:华夏出版社,2008.

由于环境污染或武装冲突而造成的残疾。① 而无障碍环境建设是方便残疾人、老年人、伤病人、妇女、儿童等特殊群体和全社会成员出行、参与社会生活的重要条件。制定出台无障碍建设条例，对于预防由于外在环境等因素导致的残疾，具有十分重要的意义。

6.4 小　　结

在国际残疾人康复服务理念的发展演进过程中，慈善救济理念、医疗模式理念、社会模式理念、社会适应理念、肯定性模式理念、公民权利理念等康复服务理念逐渐显现出来。随着残疾人康复事业的深入发展与相关国际文件的陆续颁布，残疾人权利保障理念日益成为国际社会公认的有益于残疾人康复的先进理念。中国政府所提倡和高举的促进残疾人"平等·参与·共享"的理论旗帜，与国际社会所推动的残疾人权利保障理念在本质上是一致的。因此，中国应在致力于促进残疾人权利保障的理念指导下构建与发展老年残疾人康复服务模式体系。

通过总结和借鉴英美韩日等发达国家残疾人康复服务保障的发展经验，中国老年残疾人康复服务模式应是一个"以需求满足为基础的全面康复保障"模式。全面康复的新模式在包含传统医疗康复、教育康复、职业康复的基础上，更加注重常被忽视的社会康复内容。一方面，以需求满足为基础的全面康复保障模式应为残疾人提供医疗护理、辅助器具、康复训练等专项医疗康复保障满足其特殊性需求，通过增进残疾人群体的自身能力，弥补和消减残疾人在参与社会生活方面相对于健全人的弱势；另一方面，应通过全面康复保障模式，把残疾人纳入基本生活保障、生活服务、无障碍设施、信息无障碍、文化服务等一般性康复保障特别是社会康复项目中满足其一般性需求，从而消弭社会环境的障碍与排斥，确保残疾人能与健全人一样平等地享受公民权赋予的社会待遇，促进残疾人群的社会融入。中国老年残疾人康复服务体系的构建与发展不

---

① 崔斌，陈功，郑晓瑛. 中国残疾预防的转折机会和预期分析. 人口与发展，2012 (1).

是通过从无到有的探索来创造一个全新的完全独立的制度系统，而是应在已有康复保障基本框架的基础上进行系统内容的充实与完善，从而形成一个多层次复合型的康复服务体系，进而突出对老年残疾人全面康复服务需求的满足，以促进老年残疾人权利保障的实现。

  发展和优化老年残疾人康复服务保障，还需要一系列相关支撑配套条件的辅助。诸如，完善残疾人康复法律法规体系以依法维护残疾人的合法权益，通过明确政府与其他参与主体的责任划分以推动残疾人康复服务保障的社会化，加大社会宣传力度、提升公众助残意识以构建残健共融的和谐社会，积极开展残疾预防工作以消解残疾风险和延缓防止已有残疾的发展及残障的发生。

7. 研究结论与研究展望

7.1 基本结论

本研究通过对中国老年残疾人口群体状况、老年残疾人口康复服务需求、老年残疾人口的康复服务利用状况、影响老年残疾人口康复服务供给的相关因素以及优化老年残疾人口康复服务的路径与对策等一系列分析探讨，得出以下几个方面的基本结论。

7.1.1 关于老年残疾人口群体状况

就数量方面而言，中国老年残疾人口的"二抽"调查推算规模与理论预测规模都很庞大。根据第二次全国残疾人抽样调查数据推算，2006年60岁及以上的老年残疾人口约为4 416万人。预测表明，到2050年，老年残疾人口规模将达到1.03亿人，其中高龄老年残疾人口的规模约为4 473万。

从老年残疾人口不同特征子群体状况来看，分年龄、分性别、分残疾类别、分残疾等级、分城乡、分地区老年残疾人口的异质性比较明显。老年残疾人口集中于中低龄群体；女性老年残疾人口的数量及比重明显高于男性；农村老年残疾人口是残疾老年群体的主体；全国老年残疾人口规模较大的前六位省（区、市）份包括河南省、山东省、四川省、广东省、江苏省和河北省，上海、广西、北京的老年残疾人口占残疾总人口的比例分列前三位；老年残疾人口以中、轻度残疾为主；残疾老年群体的残疾类别主要集中在听力残疾、肢体残疾、视力残疾和多重残疾。

老年残疾人口由于活动和参与障碍难以融入社会生活，迫切需要康复服务的支持与扶助。老年残疾人口在身体移动、理解与交流、与人相处、生活活动、社会参与、生活自理方面，存在轻度障碍、中度障碍、重度与极重度等不同程度的障碍。其中，肢体残疾、智力残疾、精神残疾、多重老年残疾人口存在身体移动障碍；听力残疾、言语残疾、智力残疾、精神残疾与多重老年残疾人口存在理解与交流障碍、与人相处障碍；视力残疾、听力残疾、言语残疾、肢体残疾、智力残疾、精神残疾与多重老年残疾人口存在生活活动障碍、社会参与障碍及生活自理障碍。

7.1.2 关于老年残疾人口康复服务需求

从老年残疾人口整体的康复服务需求情况来看，老年残疾人口与残疾儿童、劳动年龄段残疾人口的康复服务需求有着明显的区分；在某种程度上残疾特征与需求特征之间的联系更为紧密；老年残疾人口的康复服务需求表现出全方位、集中性的特点。虽然老年残疾人口整体的康复服务需求涵盖了医疗康复项目、职业康复项目、教育康复项目和社会康复项目四个类型，但仍以医疗康复服务需求为首，医疗康复与社会康复服务需求为主，职业康复与教育康复服务需求则较低。

从老年残疾人口不同特征子群体的康复服务需求情况来看，分年龄、分性别、分残疾类别、分城乡与分地区老年残疾人口的康复服务需求以医疗康复服务需求为首，社会康复服务需求次之，职业康复与教育康复服务需求较低，但康复服务需求存在比较明显的类别化差异。分年龄老年残疾人口的康复服务需求差异主要表现在，分年龄老年残疾人口的需求偏好、对具体项目的需求程度、在各需求项目中的地位等方面。分性别老年残疾人口的康复服务需求差异主要表现在，分性别老年残疾人口对具体项目的需求程度、在各需求项目中的地位等方面。分残疾类别老年人口的康复服务需求差异主要表现在，分残疾类别老年人口的需求偏好、对具体项目的需求程度、在各需求项目中的地位等方面。分城乡老年残疾人口的康复服务需求差异主要表现在，分城乡老年残疾人口的需求偏好、对具体项目的需求程度等方面。分地区老年残疾人口的康复服务需求差异主要表现在，分地区老年残疾人口的需求偏好、对具体项目的需求程度等方面。

7.1.3 关于老年残疾人口的康复服务利用状况

从老年残疾人口整体的康复服务利用状况来看，老年残疾人口接受康复服务的内容虽然包含了医疗康复项目、职业康复项目、教育康复项目和社会康复项目四个类型，但仍以医疗康复为主，社会康复次之，职业康复与教育康复则较少。从与老年残疾人口密切相关的主要康复服务需求的满足状况来看，医疗服务与救助、贫困救助与扶持、康复训练与服务、生活服务、辅助器具方面的供给占需求的比例均不足 1/2，即存在一半以上的有康复服务需求的老年残疾人口不能分享到康复服务供给，老年残疾人口的主要康复服务需求没有得到充分满足。从康复服务类型方面来看，相比之下，老年残疾人口整体的医疗康复需求满足程度相对较高，而社会康复的需求满足程度相对较差。

从老年残疾人口不同特征子群体的康复服务利用状况来看，分残疾类别、分年龄、分性别老年残疾人口接受康复服务的内容以医疗康复为主，社会康复次之，职业康复与教育康复则较少。从分年龄老年残疾人口方面来看，存在 48% 以上的有康复服务需求的老年残疾人口不能分享到康复服务供给；相比之下，老年残疾人口医疗康复的需求满足程度相对较高，而社会康复的需求满足程度相对较差。从需求偏好的满足情况来看，针对分年龄老年残疾人口的康复服务供给与主要需求的偏好之间存在明显的不匹配，相关人群的实际康复服务需求没有得到充分满足。从分性别老年残疾人口方面来看，存在 49% 以上的有康复服务需求的老年残疾人口不能分享到康复服务供给；相比之下，老年残疾人口医疗康复的需求满足程度相对较高，而社会康复的需求满足程度相对较差。同时，分性别老年残疾人口在具体项目中的需求主体角色没有与供给针对的重点对象相匹配，其实际康复服务需求没有得到充分满足。从分残疾类别老年人口方面来看，存在 33% 以上的有康复服务需求的老年残疾人口不能分享到康复服务供给；相比之下，老年残疾人口医疗康复的需求满足程度相对较高，而社会康复的需求满足程度相对较差。从需求偏好的满足情况来看，针对各残疾类别老年人口的服务供给与主要需求的偏好之间存在明显的不匹配；同时，分残疾类别老年人口在具体项目中的需求主体角色没有与供给所针对的重点对象相匹配，相关群体的实际康复服务需求没有得到充分满足。

7.1.4 关于影响老年残疾人口康复服务供给的相关因素

老年残疾人口的非制度性康复服务供给主要来源于家庭与社区两大方面。从来自老年残疾人口家庭方面的供给看,老年残疾人口的家庭结构脆弱严重制约家庭的康复服务供给能力;同时,老年残疾人口的婚姻状况不佳严重制约家庭的康复服务供给能力;另外,老年残疾人口的家庭收入贫困严重制约家庭的康复服务供给能力。从来自老年残疾人口社区方面的供给看,社区康复服务设施薄弱、社区康复服务人员匮乏、社区康复经费投入不足、社区服务机构的可及性较差、农村社区康复未能有效融入社区卫生体系、城乡社区康复发展不均衡、人们对社区康复存在认识上的偏差等因素严重制约了社区为残疾老年群体提供康复服务的水平和效果。

从康复服务保障制度供给来看,康复服务政策支持不足与康复机构服务能力薄弱制约针对老年残疾人口的康复服务保障制度供给能力。一方面,就康复服务政策安排支持不足而言,残疾人社会救助既存在整体标准偏低与投入严重不足的宏观问题,又存在医疗救助、康复救助、最低生活保障等单项制度功能尚不完善的微观问题;同时,残疾人社会保险整体覆盖率偏低与医疗保险制度功能尚不完善并存。另一方面,由于残疾人康复机构数量少、康复服务机构建设缺乏规范、康复人才缺乏、康复服务水平低下、康复机构功能定位不明确、残疾人服务机构管理方式落后等原因,残疾人康复机构的服务能力依然薄弱。

7.1.5 关于优化老年残疾人口康复服务的路径与对策

从慈善救济理念、医疗模式理念、社会模式理念、社会适应理念、肯定性模式理念到公民权利理念,随着残疾人康复事业的深入发展与相关国际文件的陆续颁布,残疾人权利保障理念日益成为国际社会公认的有益于残疾人康复的先进理念。中国应在致力于促进残疾人权利保障的理念指导下构建与发展老年残疾人康复服务模式体系。

通过总结和借鉴英美韩日等发达国家残疾人康复服务保障的有益经验,中国老年残疾人康复服务模式应是一个"以需求满足为基础的全面康复保障"模式。全面康复的新模式在包含传统医疗康复、教育康复、职业康复的基础上,更加注重常被忽视的社会康复内容。一方面,以需求满足为基础的全面康复保障模式应为残疾人提供医疗护理、辅助器具、康复训练等专项医疗康复保障满足其特殊性需求,通过增进残疾人群体的自身能力,弥补残疾人在参与社会生活方面相对于健全人的弱势;另一方面,应通过全面康复保障模式,把残疾人纳入基本生活保障、生活服务、无障碍设施、信息无障碍、文化服务等一般性康复保障特别是社会康复项目中满足其一般性需求,从而消弭社会环境的障碍与排斥,促进残疾人群的社会融入。中国老年残疾人康复服务体系的构建与发展不是创造一个全新的完全独立的制度系统,而是应在已有康复保障基本框架的基础上进行系统内容的充实与完善,从而形成一个多层次复合型的康复服务体系,进而突出对老年残疾人全面康复服务需求的满足以促进老年残疾人权利保障的实现。

发展和优化老年残疾人康复服务保障,还需要一系列相关支撑配套条件的辅助。诸如,完善残疾人康复法律法规体系以依法维护残疾人的合法权益、通过明确政府与其他参与主体的责任划分以推动残疾人康复服务保障的社会化、加大社会宣传力度提升公众助残意识以构建残健共融的和谐社会、积极开展残疾预防工作以消解残疾风险和延缓防止已有残疾的发展及残障的发生。

7.2 研究创新与未来展望

7.2.1 创新之处

本研究在以下方面进行了尝试性探索。

首先,老年残疾人康复服务属于老年人福利服务和残疾人福利服务两个范畴的交集,以往相关的专项系统性深入研究不多。现有的大量研究文献表明,国外针对老年人福利服务相关问题的探讨已经比较丰富,以残疾人福利服务为对象的研究起步较早,业已奠定了一定的理论基础。但是关于老年残疾人康复服务的专项研究被淹没在老年人福利服务和残疾人福利服务的整体研究之中没有得到突出。国内开展残疾人保障方面的研究相对较晚,但也开始受到理论界的关注。因此,目前关注老年人福利服务的文献极为丰富,关注残疾人福利服务的文献逐渐增多,但关于老年残疾人康复服务方面的研究尚处于初步探索阶段。

其次，限于数据缺乏等原因，以往全面系统反映老年残疾人康复服务需求方面的研究不多，而关于老年残疾人不同特征子群体康复服务需求的分析则更为有限。现有研究大多把老年残疾人视为统一的均质性群体，因此注重于老年残疾人口整体康复服务需求的研究而忽视其不同特征子群体康复服务需求的研究。需求具有类别化的特征，表现为群体具有某些相同指向的需求；同时需求还具有差异化的特征，表现为若干个体或群体与另外一些个体或群体具有某些不同指向的需求。本研究据此对老年残疾人口整体的康复服务需求和老年残疾人口不同特征子群体的康复服务需求进行了分析探索。

最后，尝试引入并通过演绎福利三角理论，使之应用于本研究。福利三角理论认为，家庭与代表国家的福利制度构成福利三角的稳定的组合要素。在诸多学者特别是约翰逊的推动下，福利三角理论的发展与应用已经超出了原有的内涵；社会的各个部门都可以贡献福利，组合成为一个社会的整体福利。在中国，家庭一直以来都是为残疾人提供基本康复服务重要的社会单位；康复服务保障制度日益成为提供残疾人康复服务的重要一极；社区对于生活其中的残疾人而言正扮演着除家庭以外更为切实的康复服务提供者的角色。本研究在充分考虑中国老年残疾人口所处实际环境的基础上，结合福利三角理论，从原初的"家庭、市场和国家"演绎出"家庭、社区和康复服务保障制度"的新福利三角分析框架。利用符合实际的分析框架，可以从以家庭和社区为代表的非制度性康复服务供给与康复服务保障制度供给方面，进一步深入理解和分析影响老年残疾人口康复服务供给的相关因素，从而使本研究的系统分析更充实丰满。

7.2.2 未来展望

首先，本研究是在主要利用第二次全国残疾人抽样调查数据、2007—2010年度全国残疾人状况监测主要数据等相关资料的基础上开展研究的，限于作者的数据分析处理能力，带有普查特点的残疾人数据难免会对研究分析的深度产生影响，对于第二次全国残疾人抽样数据及相关资料的进一步深入理解和合理应用是未来开展研究的重要方面之一。

其次，通过第二次全国残疾人抽样调查数据等资料分析而得的老年残疾人康复服务需求具有宏观特征，若想全面反映该群体的微观个体需求特征、具体的拓展性需求及延伸性需求，还需要结合面向残疾人的实地调研和深度访谈加以完善质性分析的深度。如何搜集和获取老年残疾人群康复服务需求的第一手资料，进而与现有文献资料相结合，进一步增加论证的充实性，成为开展后续研究需要考虑的关键问题。

此外，老年残疾人口康复服务问题所涉及的研究内容非常广泛，本研究仅就其中的老年残疾人口康复服务需求及康复服务利用等基本问题进行了探讨，实属冰山一角。如农村老年残疾人社区康复发展问题、康复服务保障的财政责任具体分担问题、康复人才的发展建设问题、基层康复协调员的管理与激励机制问题等，均是发展和完善老年残疾人康复服务保障的重要方面，本研究并没有详细触及，有待于后续研究进一步探索。

参 考 文 献

一、中文图书

[1] 蔡禾,周林刚. 关注弱势城市残疾人群体研究. 北京：社会科学文献出版社,2008.

[2] 邓朴方. 人道主义的呼唤（第1辑）（1983—1995）. 北京：华夏出版社,2006.

[3] 邓朴方. 人道主义的呼唤（第2辑）（1996—2000）. 北京：华夏出版社,2006.

[4] 邓朴方. 人道主义的呼唤（第3辑）（2001—2005）. 北京：华夏出版社,2006.

[5] 第二次全国残疾人抽样调查办公室,北京大学人口研究所. 第二次全国残疾人抽样调查数据分析报告. 北京：华夏出版社,2008.

[6] 第二次全国残疾人抽样调查办公室. 第二次全国残疾人抽样调查主要数据手册. 北京：华夏出版社,2007.

[7] 丁启文. 人性·人道·人权. 北京：华夏出版社,2008.

[8] 定藤丈弘,佐藤久夫,北野诚一. 现代の障害者福祉. 有斐阁,1996.

[9] 葛忠明,藏渝梨. 中国残疾人研究（第1辑）. 济南：山东大学出版社,2008.

[10] 哈特利·迪安,岳经纶,温卓毅,庄文嘉. 社会政策学十讲. 上海：格致出版社,2009.

[11] 韩克庆,郑杭生. 转型期中国社会福利研究. 北京：中国人民大学

出版社，2011.

[12] 胡永善，戴红. 社区康复. 北京：人民卫生出版社，2006.

[13] 励建安. 社区康复护理. 南京：东南大学出版社，2006.

[14] 李迎生，厉才茂. 残疾人社会保障理论与实践研究. 北京：华夏出版社，2008.

[15] 李迎生，郑杭生. 转型时期的社会政策问题与选择. 北京：中国人民大学出版社，2007.

[16] 联合国开发计划署驻华代表处，联合国人权事务高级专员办公室，中国残疾人联合会，中国国际经济技术交流中心委托编写. 残疾人权益保障——国际立法与实践. 北京：华夏出版社，2003.

[17] 刘翠霄. 各国残疾人权益保障比较研究. 北京：中国社会科学出版社，1994.

[18] 罗志坤，吕军，虞慧炯. 上海市残疾人康复事业创新实践. 上海：复旦大学出版社，2008.

[19] 尚珂，梁土坤. 新形势下的中国残疾人就业问题研究. 北京：中国劳动社会保障出版社，2011.

[20] 宋卓平. 残疾人社会保障研究. 广州：广东人民出版社，2004.

[21] 宋卓平，张兴杰. 广州市农村残疾人及残疾人事业调查研究. 广州：华南理工大学出版社，2009.

[22] 谭兵. 香港、澳门、内地社会援助比较研究. 北京：北京大学出版社，2009.

[23] 唐钧，李敬. 广东省残疾人社会服务体系研究. 北京：研究出版社，2010.

[24] 童泽. 人道主义与残疾人发展. 北京：中国社会出版社，2008.

[25] 王希. 原则与妥协：美国宪法的精神与实践. 北京：北京大学出版社，2000.

[26] 王云龙，陈界，胡鹏. 福利国家：欧洲再现代化的经历与经验. 北京：北京大学出版社，2010.

[27] 邬沧萍等. 社会老年学. 北京：中国人民大学出版社，1999.

[28] 相自成. 权益保障的中国模式：残疾人权益保障问题研究. 北京：华夏出版社，2011.

[29] 杨立雄. 社会救助研究. 北京：经济日报出版社，2008.

[30] 杨立雄，兰花. 中国残疾人社会保障制度. 北京：人民出版社，2011.

[31] [英] 迈克尔·奥利弗. 残疾人社会工作. 北京：华夏出版社，1990.

[32] [英] 内维尔·哈里斯. 社会保障法. 北京：北京大学出版社，2006.

[33] 于学军. 中国人口老化的经济学研究. 北京：中国人口出版社，1995.

[34] 郑功成. 社会保障概论. 上海：复旦大学出版社，2005.

[35] 郑功成. 社会保障学. 北京：商务印书馆，2003.

[36] 郑功成. 中国残疾人事业发展报告. 北京：人民出版社，2011.

[37] 郑功成. 中国社会保障制度变迁与评估. 北京：中国人民大学出版社，2003.

[38] 郑晓瑛，孙喜斌，刘民. 中国残疾预防对策研究. 北京：华夏出版社，2008.

[39] 周弘. 国外社会福利制度. 北京：中国社会出版社，2005.

[40] 周林刚. 社会支持与激发权能：以城市残障人福利实践为视角. 北京：社会科学文献出版社，2009.

二、中文期刊

[1] 埃尔斯·纽温休森，戴红. 国际残损、残疾及残障的分类. 中国康复医学杂志，1991 (1).

[2] 保障残疾人权益 共建和谐社会. 中国民政，2007 (6).

[3] 本刊记者. 残疾预防国际学术研讨会暨第四届中国残疾人事业发展论坛在北大举行. 人口与发展, 2011 (1).

[4] 残疾, 包括预防、管理和康复. 中国康复理论与实践, 2005 (7).

[5] 残疾人保障法: 强化保障残疾人权益. 中国人大, 2009 (4).

[6] "残疾人口与发展国际论坛"未名湖倡议 关爱 参与 行动. 中国残疾人, 2008 (1).

[7] 残疾人权益保障立法: 新的视角和背景. 中国残疾人, 2007 (1).

[8] 残疾预防国际学术研讨会暨第四届中国残疾人事业发展论坛"残疾预防"未名湖倡议. 残疾人研究, 2011 (1).

[9] 陈福侠, 张福娟. 残疾老人社区危机干预的个案特征. 中国组织工程研究与临床康复, 2007 (17).

[10] 陈军. 论健全和完善残疾人权益保障法律和制度. 江海纵横, 2011 (2).

[11] 陈漭, 冯利辉. 残疾社会模式与社区工作浅析. 中国残疾人, 2010 (4).

[12] 陈三军, 陈功, 郑晓瑛. 中国残疾人口调查与数据. 国际生殖健康/计划生育杂志, 2011 (3).

[13] 陈三军, 周律, 陈功. 中国肢体残疾人口生存率现状分析. 残疾人研究, 2011 (2).

[14] 陈泗才, 刘钦刚. 残疾老人使用适应性设备的问题. 国外医学. 物理医学与康复学分册, 1994 (3).

[15] 陈仲武. 预防残疾增进健康. 中国康复医学杂志, 1996 (4).

[16] 程凯. 加强残疾预防是发展残疾人事业的一项重大任务. 残疾人研究, 2011 (1).

[17] 仇雨临, 梁金刚. 我国老年残疾人口生活护理及康复体系构建研究. 西北大学学报 (哲学社会科学版), 2011 (6).

[18] 初山泰弘. 残疾康复与相关职业. 中国康复理论与实践，2001（4）.

[19] 崔斌，陈功，李宁，郑晓瑛. 我国残疾预防政策分析. 残疾人研究，2011（1）.

[20] 崔斌，陈功，郑晓瑛. 中国残疾人口致残原因分析. 人口与发展，2009（5）.

[21] 崔斌，陈功，郑晓瑛. 中国残疾预防的转折机会和预期分析. 人口与发展，2012（1）.

[22] 崔斌，郑晓瑛，陈功. 先天性残疾与获得性残疾预防策略的比较性研究. 人口学刊，2010（3）.

[23] 代金芳，王声湧，董杉，王畅，赵国香，董晓梅. 我国因工伤导致残疾的现况及预防策略. 残疾人研究，2011（3）.

[24] 戴卫东. 我国重度老年残疾人状况及其社会保障. 中国卫生事业管理，2010（3）.

[25] 第二次全国残疾人抽样调查残疾标准. 中国残疾人，2006（5）.

[26] 丁伯坦. 我国主要残疾评定标准分析. 中国康复理论与实践，2004（6）.

[27] 丁杰，武继磊. 我国区域残疾现患率与人类发展指数相关性研究. 人口与发展，2008（5）.

[28] 丁品，单述刚，王培生. 关于《国际功能、残疾和健康分类》及其对康复服务和研究潜在影响的讨论. 国外医学. 物理医学与康复学分册，2005（4）.

[29] 丁志宏. 我国老年残疾人口：现状与特征. 人口研究，2008（4）.

[30] 董清，郝利华，李超英，马洪路. 康复医院残疾患者医疗欠费状况的研究. 中国康复，2005（6）.

[31] 董兴业. 精神残疾的概念与社会服务. 中国残疾人，2008（1）.

[32] 董兆文. 我国智力残疾的状况分析. 中国社会医学，1993（6）.

[33] 杜华. 关于残疾预防的利兹堡宣言. 中国康复, 1988 (4).

[34] 杜鹏, 杨慧. 中国老年残疾人口状况与康复需求. 首都医科大学学报, 2008 (3).

[35] 杜鹏, 尹尚菁. 中国老年人残疾与生活不能自理状况比较研究. 残疾人研究, 2011 (2).

[36] 冯朝柱. 江苏省残疾老年女性状况调查与救助机制研究. 南京人口管理干部学院学报, 2008 (3).

[37] 冯朝柱. 江苏省残疾老年女性状况与社会支持机制研究. 人口与发展, 2009 (4).

[38] 冯朝柱. 我国老年残疾女性现状与救助机制探索. 南京人口管理干部学院学报, 2008 (1).

[39] 辅助器具让社区里的残疾人和老年人更好地生活. 社区, 2007 (7).

[40] 高树河, 张蔚成, 冯士娟, 邵臣, 杨淑琴. "两化"模拟康复训练对精神残疾效果的研究. 中国伤残医学, 1994 (1).

[41] 高圆圆. 对精神残疾群体回归社会的思考. 黑龙江社会科学, 2009 (5).

[42] 高圆圆. 我国残疾妇女社会支持网的解构与重构. 残疾人研究, 2011 (3).

[43] 葛忠明, 李锦绣. 不同视角下的残疾预防及其组织体系建设. 残疾人研究, 2011 (3).

[44] 根据规划到2015年全国残疾人均享有康复服务. 中国民康医学, 2008 (18).

[45] 顾越, 张冬, 王丽华. 辅助具在肢体残疾患者中的应用. 现代康复, 2001 (19).

[46] 桂世勋. 中国残疾老人发展趋势及残疾状况研究. 中国人口科学, 1999 (1).

［47］郭春宁. 新医改框架下对残疾预防和残疾人康复工作的思考. 中国康复理论与实践，2010（11）.

［48］郭来. 残疾老人，如何解除晚年之忧. 老同志之友，2008（11）.

［49］郭利云，甘雨兰. 护理人员与残疾患者心理沟通的现状分析及对策. 中国民康医学，2007（7）.

［50］郭薇. 残疾预防：中国跨世纪的挑战. 民主与科学，1996（5）.

［51］郭未，解韬. 中国听力残疾人口的婚姻状况及其影响因素分析. 中国人口科学，2009（3）.

［52］郭叶英，楼伟菊. 社区视力残疾者定向行走训练的效果分析. 护理与康复，2011（10）.

［53］韩同伟. 康复医学：从生理、心理、社会三个维度看健康与残疾——访中国康复研究中心北京博爱医院丁伯坦教授. 中国医药导报，2010（23）.

［54］何静杰. 国际功能、残疾和健康分类认识一种新的国际分类系统. 中国临床康复，2005（20）.

［55］何侃.《世界残疾报告》对我国残疾人事业发展的启示. 南京特教学院学报，2012（1）.

［56］何侃. 中国给力残疾预防——残疾预防国际学术研讨会暨第四届中国残疾人事业发展论坛综述. 南京特教学院学报，2010（4）.

［57］何苗，戴倩倩. 灾后重建工作中残疾人权益保障问题探究. 长沙理工大学学报（社会科学版），2009（3）.

［58］何文科. 贫困山区残疾人权益维护的基本策略. 科技信息（科学教研），2007（33）.

［59］洪伟，张南平，陈惠玲，戴小娟，周展凤. 老年肢体残疾患者抑郁状态分析. 实用老年医学，2009（5）.

［60］洪雅蓉. 视力残疾病人的家庭康复护理. 中华护理杂志，1997（7）.

[61] 胡春菊. 老年残疾病人的心理护理. 中国社区医师（综合版），2007（8）.

[62] 胡菁霄，谢德利，周丽萍. 老年视力残疾原因及康复需求. 中国康复，1996（1）.

[63] 胡孝英. 重视社会心理因素 减轻精神残疾. 安庆医学，2001（1）.

[64] 黄翠清. 美国的社会残疾保障福利项目 SSI 和 SSDI. 中国卫生事业管理，2001（10）.

[65] 黄进喜. 完善我省残疾人权益保障机制. 人民政坛，2005（12）.

[66] 黄松波，王茂斌. 国际残损、残疾和残障分类进展. 中国康复医学杂志，2001（6）.

[67] 江传曾，邵红梅. 武汉城市圈残疾人口生存现状及发展对策探讨. 人口与发展，2011（3）.

[68] 姜爱华，李薪莉. 国外残疾津贴制度及启示. 社会福利，2011（7）.

[69] 蒋美华，赵子廉. 残疾女性的生存境遇及其相关对策思考——以河南省为例. 社会工作（理论），2009（3）.

[70] 接栋正. 上海市残疾人基本特征与残疾状况分析. 南京人口管理干部学院学报，2008（3）.

[71] 解垩. 残疾与劳动力市场——中国城镇男性的证据. 管理世界，2011（4）.

[72] 孔同. 上海：老年痴呆症患者通过申请可享残疾福利. 老同志之友，2009（20）.

[73] 黎建飞. 残疾人权益保障法制建设的几个问题. 中国发展观察，2010（7）.

[74] 李红芳. 中国老年残疾女性现状及其增权途径探析. 法制与社会，2008（35）.

[75] 李红芳，郭华茹. 我国女性残疾老人的增权问题研究. 江苏工业学

院学报（社会科学版），2009（1）.

[76] 李佳. 行为障碍残疾者功能补偿制度构建——健全我国监护制度. 肇庆学院学报，2007（1）.

[77] 李韧. 甘肃省女性残疾人口现状与分析. 甘肃社会科学，1991（6）.

[78] 李荣时. 我国老年残疾人口状况分析. 人口与计划生育，1993（2）.

[79] 李惜雯，彭济根. 残疾人口系统的分析. 西安交通大学学报，1996（10）.

[80] 李惜雯，周义仓. 中国残疾人口与残疾率预测. 预测，1994（3）.

[81] 李莹. 我国精神残疾人群的需求与社会政策分析. 社会保障研究，2012（1）.

[82] 李芸，朱乐信，李传琦. 家庭干预对精神分裂症患者社会功能及残疾康复作用的研究. 中华护理杂志，1996（12）.

[83] 连金法. 社会公平：残疾人权益保障的基础. 中国残疾人，2007（8）.

[84] 林榕. 中国男女残疾寿命研究. 中国公共卫生学报，1991（4）.

[85] 刘梦琴. 老年残疾问题及其社会政策思考——基于第二次残疾人抽样调查广东数据分析. 南方人口，2010（4）.

[86] 刘贤. 区域残疾妇女脱贫目标与模式初探. 中国残疾人，1995（2）.

[87] 刘志超，刘春英，李翔. 湖北省智力残疾现状分析及预防对策. 医学与哲学（临床决策论坛版），2008（4）.

[88] 刘祖莉，杨晓铭. 老年人五类残疾及其预防. 重庆医学，1996（5）.

[89] 陆如山，韩秀霞. WHO关注残疾人群的康复服务. 国外医学情报，2005（9）.

[90] 栾承，刘民. 我国肢体残疾预防策略的探讨. 中国康复医学杂志，2008（4）.

[91] 罗思. 标准使残疾人和老年人生活更轻松. 中国标准化，2006（8）.

[92] 马少芳，曹卫华. 中国老年人无残疾期望寿命研究. 海峡预防医学杂志，1999（3）.

[93] 梅运彬，王国英. 残疾观的演变：欧洲的例证与启示. 兰州学刊，2008（4）.

[94] 孟家眉，项曼君. 北京市老年人群中残疾的流行病学调查. 中国老年学杂志，1993（5）.

[95] 欧阳璨，赵梦冉，邓轶伦，曾玲. 残疾人士公共参与状况调查报告——基于广州市海珠区的研究. 广州广播电视大学学报，2010（2）.

[96] 培康. 残疾的预防. 中国康复医学杂志，1989（6）.

[97] 彭宅文. 残疾、社会排斥与社会保障政策的干预. 中国人民大学学报，2008（1）.

[98] 戚旭波. 解决孤残独居残疾人家政服务问题迫在眉睫. 中国残疾人，2005（10）.

[99] 邱登科，朱学军，沈斌. 老年性白内障视力残疾调查. 福建医科大学学报，1989（3）.

[100] 邱红，刘莹. 吉林省老年人口残疾现状分析. 医学与社会，2008（8）.

[101] 邱卓英. 《国际功能、残疾和健康分类》及在抽样调查中的应用. 中国残疾人，2006（7）.

[102] 邱卓英. 国际社会有关残疾发展的重要文件——世界卫生组织、世界银行共同发布首份《世界残疾报告》. 中国康复理论与实践，2011（6）.

[103] 邱卓英，陈迪，祝捷. 构建基于ICF的功能和残疾评定的理论和方法. 中国康复理论与实践，2010（7）.

[104] 邱卓英，李多. 现代残疾康复理念、政策与社区康复体系研究. 中国康复理论与实践，2011（7）.

[105] 邱卓英，李建军. 国际社会有关残疾与康复的理念和发展战略的研

究. 中国康复理论与实践, 2007 (2).

[106] 邱卓英, 李智玲. 现代残疾康复理念与发展策略研究. 社会保障研究, 2008 (1).

[107] 邱卓英, 刘智渊, 刘凤娥, 陈艳, 陈新民, 张爱民, 谢家禄, 李晓轩. 国际残疾统计比较研究. 中国康复理论与实践, 2005 (11).

[108] 邱卓英, 王朴, 王博.《国际功能、残疾和健康分类》的发展和应用进展. 中国康复理论与实践, 2008 (1).

[109] 邱卓英, 吴弦光, 丁伯坦, 孙喜斌, 李胜利, 颜华, 田宝, 黄悦勤, 陈迪, 荀芳. 残疾分类分级标准相关问题研究. 中国康复理论与实践, 2007 (7).

[110] 邱卓英, 荀芳, 张爱民, 邱卓英. 世界卫生组织残疾与康复行动计划 (2006—2011年). 中国康复理论与实践, 2007 (2).

[111] 邱卓英, 张爱民. 一种新的国际残疾分类系统——ICF. 中国残疾人, 2004 (2).

[112] 邱卓英.《国际功能、残疾和健康分类》研究总论. 中国康复理论与实践, 2003 (1).

[113] 邱卓英.《国际功能、残疾和健康分类》在残疾人事务中的应用. 中国康复理论与实践, 2003 (9).

[114] 邱卓英. 发展现代信息技术为残疾人士服务. 中国康复理论与实践, 2002 (10).

[115] 邱卓英. 国际残疾调查统计标准与方法研究. 中国康复理论与实践, 2004 (3).

[116] 邱卓英. 国际残疾调查与统计的主要方法研究. 中国康复理论与实践, 2004 (6).

[117] 邱卓英. 国际社会有关残疾普查与统计政策研究. 中国康复理论与实践, 2004 (2).

[118] 邱卓英. 新世纪国际社会残疾康复指导性文件——学习第五十八届世界卫生大会通过的《残疾,包括预防、管理和康复》. 中国康复理论与实践, 2005 (7).

[119] 邱卓英. 以权利为本解决残疾问题. 中国残疾人, 2004 (5).

[120] 人民日报评论员. 保障残疾人权益的新起点. 中国残疾人, 2008 (6).

[121] 任建华. 残疾病人的康复护理研究. 现代康复, 1999 (4).

[122] 阮航. 吉林省言语残疾状况及康复建议. 中国现代医生, 2009 (14).

[123] 沈调英,杜亚平,陈怡强,陈正平,秦军,朱锦炎. 农村社区人群精神残疾因素调查. 浙江预防医学, 2004 (9).

[124]《世界残疾报告》《社区康复指南》在中国正式发布. 中国残疾人, 2012 (1).

[125] 世界残疾报告(概要). 中国康复理论与实践, 2011 (6).

[126] 宋宝安,姜丽. 东北三省农村残疾人口的婚姻状况及其影响因素分析. 兰州学刊, 2012 (1).

[127] 孙葆忱,张士元,狄亚. 我国老年视力残疾的康复问题. 眼科, 1992.

[128] 孙树菡,毛艾琳. 构建预防—治疗—融合三位一体的残疾预防康复体系. 残疾人研究, 2011 (2).

[129] 孙喜斌,于丽玫,曲成毅,梁巍,王琦,魏志云. 中国听力残疾构成特点及康复对策. 中国听力语言康复科学杂志, 2008 (2).

[130] 孙永杰,耿薇. 某省城、乡躯体残疾率及康复治疗状况调查研究. 中华全科医学, 2011 (6).

[131] 唐钧. 成年精神和智力残疾者生活保障:公益信托和保险. 残疾人研究, 2012 (2).

[132] 万书玉. 社区残疾人群心理健康与社会支持状况调查. 中共南京市委党校南京市行政学院学报，2007（1）.

[133] 汪海萍. 以社会模式的残疾观推进智障人士的社会融合. 中国特殊教育，2006（9）.

[134] 王大伟. 上海市残疾老人：现状与分析. 南京人口管理干部学院学报，2009（3）.

[135] 王姣艳. 联合国残疾人权益保障的相关文件及评述. 南京特教学院学报，2006（4）.

[136] 王连聪，胡菁霄. 老年残疾的致病原因及康复. 中国康复，1994（4）.

[137] 王娜，李萌，田宝，邱卓英. 智力落后的概念与国际功能、残疾与健康分类框架应用. 中国康复理论与实践，2004（6）.

[138] 王瑞华，赫林，巫妙春，赵瑛，黄河. 肢体残疾的社区康复. 中国康复理论与实践，2002（10）.

[139] 王瑞梓，姚引妹. 中国残疾人口的现状与对策. 南方人口，1990（2）.

[140] 王晓峰，冯玉双. 残疾人口致残原因及干预防控的社会对策. 医学与社会，2009（11）.

[141] 王艺园，刘春燕. 保障残疾人权益：细节入手. 中国人大，2012（11）.

[142] 我国首次发布《残疾人残疾分类和分级》国家标准. 大众标准化，2011（4）.

[143] 吴秀丽，廖昌园，张向霞，吴宜娟，范存欣. 残疾人士的健康、心理和生活状况调查分析. 疾病控制杂志，1999（4）.

[144] 香港地区推动残疾人士照顾服务. 社会工作上半月（实务），2009（1）.

[145] 肖萍. 社会工作视野下城市残疾居民的福利促进——以南京白下区残疾居民福利调查为例. 学海, 2009 (6).

[146] 谢德利. 康复护理在残疾预防和康复中的作用. 中国康复理论与实践, 1997 (2).

[147] 谢晖. 平等机会视角下的残疾人权益保障. 经济与社会发展, 2009 (4).

[148] 熊妮娜, 叶奇, 施继良. 2006 年中国老年人残疾状况分析. 残疾人研究, 2011 (3).

[149] 徐卫平, 陶太珍, 金海华, 王萍. 龙柏社区残疾人群健康状况和卫生服务需求调查分析. 中国全科医学, 2011 (14).

[150] 徐卫平, 陶太珍, 金海华, 王萍, 韦利君. "送康复服务上门"服务模式对社区残疾人群康复效果的评价研究. 中国全科医学, 2012 (10).

[151] 薛梦觉. 精神残疾心理社会问题和社区康复工作模式. 健康心理学杂志, 1996 (1).

[152] 杨俊秀. 全面助推残疾人工作 全力保障残疾人权益——天津市河东残联十件实事温暖人心. 环渤海经济瞭望, 2011 (4).

[153] 杨晓慧, 王宁利. 中国视力残疾人群现状分析. 残疾人研究, 2011 (1).

[154] 杨秀丽, 朱小明. 残疾康复信息资源共建共享体系建设研究. 中华医学图书情报杂志, 2009 (6).

[155] 伊莉斯·肖耐西, 张可平. 残疾预防更为重要. 中国残疾人, 2003 (3).

[156] 于丽玫, 孙喜斌, 魏志云, 王琦, 曲成毅. 全国老年听力残疾人群现状调查研究. 中国听力语言康复科学杂志, 2008 (3).

[157] 于先葵. 改善残疾人民生 保障残疾人权益. 老区建设, 2012 (5).

[158] 余充冲, 范小琴. 残疾人口的人口学研究. 西北人口, 1992 (3).

[159] 俞立农, 张晖, 马丽. 残疾病人的护理. 国外医学. 护理学分册, 2004 (3).

[160] 雨林. 丹麦在残疾领域的社会保障. 现代特殊教育, 2010 (4).

[161] 禹玲玲. 残疾人残疾分类和分级国家标准发布. 中国残疾人, 2011 (5).

[162] 郁贝红, 蔡素容. 老年残疾问题现状调查. 中国老年学杂志, 2008 (19).

[163] 张恩和. 加强残疾预防是全社会共同责任. 中国残疾人, 2010 (1).

[164] 张洁, 孙巧云, 乔松. 国际新残疾分类标准的形成与特点. 淮海医药, 2004 (5).

[165] 张金峰, 杨健. 中国老年残疾人口异质性分析. 石家庄经济学院学报, 2010 (1).

[166] 张军喜, 柴健, 马颖辉, 蒋丽芳, 李培全. 河南省残疾妇女状况调查. 郑州大学学报 (医学版), 2009 (2).

[167] 张蕾, 郑晓瑛, 陈功. 中国居民残疾患病现状及其影响因素分析. 中国公共卫生, 2012 (4).

[168] 张敏杰. 农村高龄残疾女性生存状态调查. 中国残疾人, 2010 (6).

[169] 张唯伟, 肖家翔. 贵州省老年人视力残疾抽样调查分析. 中华老年医学杂志, 1996 (5).

[170] 张雯雯, 李琯诚, 翟静波, 曲成毅. 山西省视力残疾现状及康复需求调查. 中国康复理论与实践, 2010 (2).

[171] 张秀玲, 张少军. 运用社会工作理念为精神残疾人士服务. 社会福利, 2010 (5).

[172] 张长杰. 残疾妇女康复的有关问题. 国外医学. 物理医学与康复学分册, 2002 (2).

[173] 张志强. 在基层康复中开展残疾普查工作. 中国康复医学杂志,

1988（2）．

[174] 赵春燕，张福娟．肢体残疾患者社区康复的个案研究．中国特殊教育，2007（3）．

[175] 赵燕潮．中国残联发布我国最新残疾人口数据 全国残疾人口逾 8 500 万．中国残疾人，2012（4）．

[176] 赵燕潮．中国残联发布我国最新残疾人口数据．残疾人研究，2012（1）．

[177] 赵志航，郭雪萍，田宝．国内外智力残疾状况与康复研究．中国康复理论与实践，2010（3）．

[178] 郑雄飞．残疾理念发展及"残疾模式"的剖析与整合．新疆社科论坛，2009（1）．

[179] 郑远远，孙葆忱，崔彤彤，鹿庆，陈建东．老年视力残疾患者的视觉康复．中国康复，2001（3）．

[180] 中国妇女残疾发生率．卫生软科学，1994（5）．

[181] 周德禄．社区支助残疾人口发展的优势及对策研究．社会科学家，2005（5）．

[182] 周彦丹．我国加强出生缺陷和残疾预防．医药世界，2005（9）．

[183] 朱慧．老年残疾患者的心理康复护理．中国疗养医学，2006（3）．

三、英文图书

[1] Barnes，C. Disabled People in Britain and Discrimination. Calgary：Calgary University Press，1991.

[2] Bickenbach，Jerome E. Physical Disability and Social Policy. Toronto：University of Toronto Press，1993.

[3] Coleridge，P.（1993），Disability，Liberation and Development，Oxfam，UK.

[4] ESCAP（1997），Production and Distribution of Assistive Devices for

People with Disabilities, Economic and Social Commission for Asia and the Pacific, United Nations, ST/ESCAP/1774.

[5] European Community, Community charter of fundamental social rights, EU: European Community, 1989.

[6] European Union. The Commission Communication on Equality of Opportunity for People with Disabilities: A New European Community Strategy. Brussels, 1996.

[7] Evers, A & H. Wintersberger (eds.) 1988, Shifts in the Welfare Mix: Their Impact on Work, Social Services and Welfare Policies. Eurosocial, Vienna.

[8] Gordon, D. et al., Poverty and social exclusion in Britain, York: Joseph Rowntree Foundation, 2000.

[9] Heinicke-Motsch, K. and S. Sygall (2004) (eds), Building and Inclusive Development Community: A Manual on Including People with Disabilities in International Development Programs, Mobility International USA.

[10] Hellander, E. (1983), Prejudice and Dignity: An Introduction to Community-Based Rehabilitation, United Nations Development Programme.

[11] Hyman, M. The Extra Costs of Disabled Living. Sponsored by the Disablement Income Group Charitable Trust, published by the National Fund for Research into Crippling Diseases. Horsham, Surrey, 1977.

[12] John Pierson, Tackling Social Exclusion, New York: Routledge, 2001.

[13] Johnson, N. 1999, Mixed Economies of Welfare: A Comparative Perspective. London; NewYork: PrenticeHall Europe.

[14] Jordan, B., a theory of Poverty and social exclusion, UK: PolityPress, 1996.

[15] Marshall, T. H., Class, citizens and social development, New-York: Anehor Books, 1965.

[16] Matt Barnes, Social exclusion in Great Britain: an Empirical Investigation and Comparison with the EU, Ashgate: Ashgate Publishing Company, 2005.

[17] Moldier. Understanding Disability: From Theory to Practice. London: Macmillan, 1996.

[18] Murray, C. J. L. and A. D. Lopez, 1994. "Quantifying Disability: Data, Methods, and Results," Murray, C. J. L. and A. D. Lopez, eds. Global Comparative Assessments in the Health Sector: Disease Burden, Expenditures and Intervention Packages. World Health Organization, Geneva.

[19] OECD (2003), Transforming Disability into Ability. Policies To Promote Work and Income Security for Disabled People. Organisation for Economic Co-Operation and Development, Paris, France.

[20] Percy, S. L. Disability, Civil Rights, and Public Policy. Tuscaloosa: The University of Alabama Press, 1989.

[21] Peter Abrahamson, "Social Exclusion: concepts and Debates", In Nick Manning, Nataliya Tikhonova (eds.), Pover-ty and Social Exclusion in the New Russia, Aldershot: Ashgate Publishing Limited, 2004, p. 97.

[22] Pfeiffer, D., (2000), The Conceptualization of Disability, in Altman and Barnartt (eds).

[23] Rioux, Marcia. Enabling the Well-Being of Persons with Disabilities. Toronto: Roeher Institute, 1998.

[24] Rose, R. 1986. Common Goals but Different Roles: the State's Cont-ribution to the Welfare Mix. In Rose, R. and Shiratori, R. (Ed.) The Welfare State East and West. Oxford: Oxford University Press.

[25] Ruud J. A. Muffels, Panos Tsakloglou, David G. Mayes, Social Exclusion in European Welfare States, Cheltenham: Edward Elgar, 2002, p. 312.

[26] SAHRC (2002), Towards a Barrier-Free Society, South Africa Human Rights Commission, November.

[27] Samuels, B., V. Fusco. Social Security and SSI Disability. N. Y: Practising Law Institute, 2002.

[28] Saraeeno. C., The importance of the concept of social exclusion, In Beck, Maesen, L, V, D. & Walker, A. (Ed), The social quality of Europe, Bristol: Poliey Press, 1997.

[29] Sen, A. (1999). Development as Freedom, Oxford University Press, Oxford, 1999.

[30] Silver, H. Three paradigms of social exclusion. In Rodgers, G.; Gore, C. & Figueiredo, J. B. (Ed). Social exclusion: rhetoric, reality, responses. Geneva: International Institute for Labour Studies, 1995.

[31] Sophie Mitra1, Disability and Social Safety Nets in Developing Countries, Social Protection Discussion Paper Series, Social Protection Unit, Human Development Network, The World Bank, 2005.

[32] Szymendera (2004), Public Disability in the United States, in Honeycutt and Mitra (eds).

[33] Tania Burchardt, Julian Le Grand, David Piachaud, "Degrees of Exclusion: Developing a dynamic, Multidimensional Measure", in Phil Agulnik et al., Understanding Social exclusion, Oxford: Oxford University Press, 2002.

[34] United Nations. Overview of International Legal Frameworks for Disability Legislation. NewYork, 1998, p. 95.

[35] United Nations Social Development Division. Asian and Pacific Decade of Disabled Persons, 1993—2002. April 1993.

[36] United Nations. The Standard Rules on the Equalization of Opportunities for Persons with Disabilities. New York, 1994.

[37] Walker, A. The Strategy of inequality. In Walker, A. & Walker, C. (Ed). Britain divided: the growth of social exclusion in 1980s and 1990s. London: CPAG, 1997.

[38] Wiman, Ronald. 1996. The Disability Dimension: Manual on Inclusive Planning in Development Action. New York: The United Nations.

[39] World Bank. 1994. Averting the Old Age Crisis: Policies to Protect the Old and Promote Growth. A World Bank Policy Research Report. Oxford University Press.

[40] World Health Organization (WHO). 2001. International Classification of Functioning, Disability and Health, Final Draft Full Version. New York: World Health Organization.

[41] Yeo, R. (2001), Chronic Poverty and Disability, Background paper 4, Chronic Poverty Research Centre, U. K..

[42] Zayatz, Tim (1999), Social Security Disability Insurance Program Worker Experience. Actuarial Study 114, Social Security Administration, USA..

[43] Zeitzer, I. (2002). The challenges of disability pension policy: Three western European case studies of the battle against the numbers. In E. Fultz & M. Ruck (Eds.), Reforming worker protections: disability pensions in transformation. New York: International Labour Organization.

四、英文期刊

[1] Agree EM, Freedman VA. A comparison of assistive technology and

personal care in alleviating disability and unmet need. The Gerontologist, 2003, 43: 335－344. PMID: 12810897.

[2] Al Mahdy H. Rehabilitation and community services in Iran. Clinician in Management, 2002, 11: 57－60.

[3] Algera M, Francke AL, Kerkstra A, van der Zee J. An evaluation of the new home-care needs assessment policy in the Netherlands. Health & Social Care in the Community, 2003, 11: 232－241. doi: 10. 1046/j. 1365－2524. 2003. 00424. x PMID: 12823428.

[4] Andrich R, Caracciolo A. Analysing the cost of individual assistive technology programmes. Disability and Rehabilitation. Assistive Technology, 2007, 2: 207－234. doi: 10. 1080/17483100701325035 PMID: 19263539.

[5] Atwal A et al. Multidisciplinary perceptions of the role of nurses and healthcare assistants in rehabilitation of older adults in acute health care. Journal of Clinical Nursing, 2006, 15: 1418 － 1425. doi: 10. 1111/j. 1365－2702. 2005. 01451. x PMID: 17038103.

[6] Ayanian JZ et al. Unmet health needs of uninsured adults in the United States. JAMA: Journal of the American Medical Association, 2000, 284: 2061－2069. doi: 10. 1001/jama. 284. 16. 2061 PMID: 11042754.

[7] Battams S, Baum F. What policies and policy processes are needed to ensure that people with psychiatric disabilities have access to appropriate housing? Social Science & Medicine (1982), 2010, 70: 1026 － 1034. doi: 10. 1016/j. socscimed. 2009. 12. 007 PMID: 20116916.

[8] Beatty PW et al. Access to health care services among people with chronic or disabling conditions: patterns and predictors. Archives of Physical Medicine and Rehabilitation, 2003, 84: 1417－1425. doi: 10. 1016/S0003－9993（03）00268－5 PMID: 14586907.

[9] Bedfordshire Community Health Services Nothing about us without us: involving families in early support. Community Practitioner: the journal of the Community Practitioners'& Health Visitors'Association, 2009, 82: 26—29. PMID: 19552112.

[10] Beswick AD et al. Complex interventions to improve physical function and maintain independent living in elderly people: a systematic review and meta-analysis. Lancet, 2008, 371: 725—735. doi: 10.1016/S0140—6736 (08) 60342—6 PMID: 18313501.

[11] Bickenbach JE et al. Models of disablement, universalism and the international classification of impairments, disabilities and handicaps. Social Science & Medicine (1982), 1999, 48: 1173—1187. doi: 10.1016/S0277—9536 (98) 00441—9 PMID: 10220018.

[12] Bigby C, Ozanne E, Gordon M. Facilitating transition: elements of successful case management practice for older parents of adults with intellectual disability. Journal of Gerontological Social Work, 2002, 37: 25—43. doi: 10.1300/J083v37n03_04.

[13] Bo W et al. The demand for rehabilitation therapists in Beijing health organizations over the next five years. Disability and Rehabilitation, 2008, 30: 375—380. doi: 10.1080/09638280701336496 PMID: 17852203.

[14] Boling PA. Care transitions and home health care. Clinics in Geriatric Medicine, 2009, 25: 135—148, viii. doi: 10.1016/j.cger.2008.11.005 PMID: 19217498.

[15] Boling PA. Care transitions and home health care. Clinics in Geriatric Medicine, 2009, 25: 135—148, viii. doi: 10.1016/j.cger.2008.11.005 PMID: 19217498.

[16] Bowers B et al. Improving primary care for persons with disabili-

ties: the nature of expertise. Disability & Society, 2003, 18: 443 — 455. doi: 10. 1080/0968759032000080995.

[17] Buntin MB. Access to postacute rehabilitation. Archives of Physical Medicine and Rehabilitation, 2007, 88: 1488—1493. doi: 10. 1016/j. apmr. 2007. 07. 023 PMID: 17964894.

[18] Chatterjee S et al. Evaluation of a community-based rehabilitation model for chronic schizophrenia in rural India. The British Journal of Psychiatry: the journal of mental science, 2003, 182: 57—62. doi: 10. 1192/bjp. 182. 1. 57 PMID: 12509319.

[19] Chevarley FM et al. Health, preventive health care, and health care access among women with disabilities in the 1994—1995 National Health Interview Survey, Supplement on Disability. Women's Health Issues: official publication of the Jacobs Institute of Women's Health, 2006, 16: 297—312. doi: 10. 1016/j. whi. 2006. 10. 002 PMID: 17188213.

[20] Chino N et al. Current status of rehabilitation medicine in Asia: a report from new millennium Asian symposium on rehabilitation medicine. Journal of Rehabilitation Medicine: official journal of the UEMS European Board of Physical and Rehabilitation Medicine, 2002, 34: 1—4. doi: 10. 1080/165019702317242631 PMID: 11900256.

[21] Chipps JA, Simpson B, Brysiewicz P. The effectiveness of cultural-competence training for health professionals in community-based rehabilitation: a systematic review of literature. Worldviews on Evidence-Based Nursing/Sigma Theta Tau International, Honor Society of Nursing, 2008, 5: 85—94. doi: 10. 1111/j. 1741—6787. 2008. 00117. x PMID: 18559021.

[22] Choi JH et al. Multimodal early rehabilitation and predictors of outcome in survivors of severe traumatic brain injury. The Journal of Trauma,

2008, 65: 1028 — 1035. doi: 10. 1097/TA. 0b013e31815eba9b PMID: 19001970.

[23] Chu LW, Chi I. Nursing homes in China. Journal of the American Medical Directors Association, 2008, 9: 237—243. doi: 10. 1016/j. jamda. 2008. 01. 008 PMID: 18457798.

[24] Cooper SA et al. Improving the health of people with intellectual disabilities: outcomes of a health screening programme after 1 year. Journal of Intellectual Disability Research: JIDR, 2006, 50: 667—677. doi: 10. 1111/j. 1365—2788. 2006. 00824. x PMID: 16901294.

[25] Cornielje H, Velema JP, Finkenflügel H. Community based rehabilitation programmes: monitoring and evaluation in order to measure results. Leprosy Review, 2008, 79: 36—49. PMID: 18540236.

[26] Corrigan PW, McCracken SG. Training teams to deliver better psychiatric rehabilitation programs. Psychiatric Services (Washington, DC), 1999, 50: 43—45. PMID: 9890577.

[27] Cote A. Gate keeping: urgent need for reform to ensure fair and effective access to social protection entitlements. Disability Monitor Initiative-Middle East Journal, 2009, 1: 18—20.

[28] Dahlberg L, Demack S, Bambra C. Age and gender of informal carers: a population-based study in the UK. Health & Social Care in the Community, 2007, 15: 439—445. doi: 10. 1111/j. 1365—2524. 2007. 00702. x PMID: 17685989.

[29] De Angelis C, Bunker S, Schoo A. Exploring the barriers and enablers to attendance at rural cardiac rehabilitation programs. The Australian Journal of Rural Health, 2008, 16: 137—142. doi: 10. 1111/j. 1440—1584. 2008. 00963. x PMID: 18471183.

[30] Dejong G et al. The organization and financing of health services for persons with disabilities. The Milbank Quarterly, 2002, 80: 261－301. doi: 10. 1111/1468－0009. t01－1－00004 PMID: 12101873.

[31] Dejong G et al. The organization and financing of health services for persons with disabilities. The Milbank Quarterly, 2002, 80: 261－301. doi: 10. 1111/1468－0009. t01－1－00004 PMID: 12101873.

[32] Drainoni M-L et al. Cross-disability experiences of barriers to health-care access: consumer perspectives. Journal of Disability Policy Studies, 2006, 17: 101－115. doi: 10. 1177/10442073060170020101.

[33] Drum CE et al. Guidelines and criteria for the implementation of community-based health promotion programs for individuals with disabilities. American Journal of Health Promotion: AJHP, 2009, b24: 93 － 101, ii. doi: 10. 4278/ajhp. 090303－CIT－94 PMID: 19928482.

[34] Drum CE et al. Recognizing and responding to the health disparities of people with disabilities. Californian Journal of Health Promotion, 2005, 3: 29－42.

[35] Durkin M. The epidemiology of developmental disabilities in low-income countries. Mental Retardation and Developmental Disabilities Research Reviews, 2002, 8: 206 － 211. doi: 10. 1002/mrdd. 10039 PMID: 12216065.

[36] Durvasula S, Beange H. Health inequalities in people with intellectual disability: strategies for improvement. Health Promotion Journal of Australia, 2001, 11: 27－31.

[37] Eldar R. Integrated institution-community rehabilitation in developed countries: a proposal. Disability and Rehabilitation, 2000, 22: 266－274. doi: 10. 1080/096382800296728 PMID: 10864129.

[38] Elrod CS, DeJong G. Determinants of utilization of physical rehabilitation services for persons with chronic and disabling conditions: an exploratory study. Archives of Physical Medicine and Rehabilitation, 2008, 89: 114—120. doi: 10. 1016/j. apmr. 2007. 08. 122 PMID: 18164340.

[39] Fisher K, Jing L. Chinese disability independent living policy. Disability & Society, 2008, 23: 171—185. doi: 10. 1080/09687590701841216.

[40] Foster M et al. Personalised social care for adults with disabilities: a problematic concept for frontline practice. Health & Social Care in the Community, 2006, 14: 125—135. doi: 10. 1111/j. 1365—2524. 2006. 00602. x PMID: 16460362.

[41] Goudge J et al. Affordability, availability and acceptability barriers to health care for the chronically ill: longitudinal case studies from South Africa. BMC Health Services Research, 2009, 9: 75—doi: 10. 1186/1472—6963—9—75 PMID: 19426533.

[42] Grassman EJ, Whitaker A, Larsson AT. Family as failure? The role of informal help-givers to disabled people in Sweden. Scandinavian Journal of Disability Research, 2009, 11: 35—49. doi: 10. 1080/15017410802253518.

[43] Gutenbrunner C, Ward AB, Chamberlain MA. White book on Physical and Rehabilitation Medicine in Europe. Journal of Rehabilitation Medicine: official journal of the UEMS European Board of Physical and Rehabilitation Medicine, 2007, 45: Suppl6—47. PMID: 17206318.

[44] Gwatkin DR, Bhuiya A, Victora CG. Making health systems more equitable. Lancet, 2004, 364: 1273 — 1280. doi: 10. 1016/S0140 — 6736 (04) 17145—6 PMID: 15464189.

[45] Hartley S et al. Community-based rehabilitation: opportunity and challenge. Lancet, 2009, 374: 1803 — 1804. doi: 10. 1016/S0140 — 6736

(09) 62036—5 PMID: 19944850.

[46] Heller T, Caldwell J, Factor A. Aging family caregivers: policies and practices. Mental Retardation and Developmental Disabilities Research Reviews, 2007, 13: 136—142. doi: 10. 1002/mrdd. 20138 PMID: 17563896.

[47] Iezzoni LI. Quality of care for Medicare beneficiaries with disabilities under the age of 65 years. Expert Review of Pharmaeconomics & Outcomes Research, 2006, a6: 261—273. doi: 10. 1586/14737167. 6. 3. 261 PMID: 20528520.

[48] Iyengar KP et al. Targeted early rehabilitation at home after total hip and knee joint replacement: Does it work? Disability and Rehabilitation, 2007, 29: 495—502. doi: 10. 1080/09638280600841471 PMID: 17364804.

[49] Jamoom EW et al. The effect of caregiving on preventive care for people with disabilities. Disability and Health Journal, 2008, 1: 51—57. doi: 10. 1016/j. dhjo. 2007. 11. 005 PMID: 21122711.

[50] Jensen PM et al. Factors associated with oral health-related quality of life in community-dwelling elderly persons with disabilities. Journal of the American Geriatrics Society, 2008, 56: 711—717. doi: 10. 1111/j. 1532—5415. 2008. 01631. x PMID: 18284537.

[51] Johnson K et al. Screened out: women with disabilities and preventive health. Scandinavian Journal of Disability Research, 2006, 8: 150—160. doi: 10. 1080/15017410600802201.

[52] K Graham S, Cameron ID. A survey of rehabilitation services in Australia. Australian Health Review: a publication of the Australian Hospital Association, 2008, 32: 392—399. doi: 10. 1071/AH080392 PMID: 18666866.

[53] Kaplan C. Special issues in contraception: caring for women with

disabilities. Journal of Midwifery & Women's Health, 2006, 51: 450—456. doi: 10. 1016/j. jmwh. 2006. 07. 009 PMID: 17081935.

[54] Kendall E, Clapton J. Time for a shift in Australian rehabilitation? Disability and Rehabilitation, 2006, 28: 1097 — 1101. doi: 10. 1080/09638280500531784 PMID: 16950740.

[55] Knodel J, Chayovan N. Intergenerational relationships and family care and support for Thai elderly. Ageing International, 2009, 33: 15—27. doi: 10. 1007/s12126—009—9026—7.

[56] Kruk ME, Freedman LP. Assessing health system performance in developing countries: a review of the literature. Health Policy (Amsterdam, Netherlands), 2008, 85: 263—276. PMID: 17931736.

[57] Lamoureux EL et al. The effectiveness of low-vision rehabilitation on participation in daily living and quality of life. Investigative Ophthalmology & Visual Science, 2007, 48: 1476 — 1482. doi: 10. 1167/iovs. 06 — 0610 PMID: 17389474.

[58] Leavitt R. The development of rehabilitation services and suggestions for public policy in developing nations. Pediatric Physical Therapy, 1995, 7: 112—117. doi: 10. 1097/00001577—199500730—00005.

[59] Lee AC, Norton E. Use of telerehabilitation to address sustainability of international service learning in Mexico: pilot case study and lessons learned. HPA Resource, 2009, 9: 1—5.

[60] Lilja M et al. Disability policy in Sweden: policies concerning assistive technology and home modification services. Journal of Disability Policies Studies, 2003, 14: 130—135. doi: 10. 1177/10442073030140030101.

[61] Lilja M, Mansson I, Jahlenius L, Sacco-Peterson M. Disability policy in Sweden. Journal of Disability Policy Studies, 2003, 14: 130—135.

doi: 10. 1177/10442073030140030101.

[62] Lin JD et al. Primary health care for people with an intellectual disability: a mission impossible? Journal of Medical Science, 2005, 25: 109 – 118.

[63] Llewellyn G et al. Development and psychometric properties of the Family Life Interview. Journal of Applied Research in Intellectual Disabilities, 2010, 23: 52 – 62. doi: 10. 1111/j. 1468 – 3148. 2009. 00545.

[64] MacDowell M et al. A national view of rural health workforce issues in the USA. Rural and Remote Health, 2010, 10: 1531 – PMID: 20658893.

[65] Mak AKM, Mackenzie A, Lui MHL. Changing needs of Chinese family caregivers of stroke survivors. Journal of Clinical Nursing, 2007, 16: 971 – 979. doi: 10. 1111/j. 1365 – 2702. 2006. 01754. x PMID: 17462048.

[66] Mansell I, Wilson C. Current perceptions of respite care: experiences of family and informal carers of people with a learning disability. Journal of Intellectual Disabilities: JOID, 2009, 13: 255 – 267. doi: 10. 1177/1744629509356725 PMID: 20048347.

[67] Mansell J. Deinstitutionalisation and community living: progress, problems and priorities. Journal of Intellectual & Developmental Disability, 2006, 31: 65 – 76. doi: 10. 1080/13668250600686726 PMID: 16782591.

[68] Marks BA, Heller T. Bridging the equity gap: health promotion for adults with intellectual and developmental disabilities. The Nursing Clinics of North America, 2003, 38: 205 – 228. doi: 10. 1016/S0029 – 6465（02）00049 – X PMID: 12914305.

[69] McColl MA, Boyce W. Disability advocacy organizations: a descriptive framework. Disability and Rehabilitation, 2003, 25: 380 – 392. doi: 10. 1080/0963828021000058521 PMID: 12745947.

[70] McConkey R. Fair shares? Supporting families caring for adult persons with intellectual disabilities. Journal of Intellectual Disability Research, 2005, 49: 600−612. doi: 10. 1111/j. 1365−2788. 2005. 00697. x PMID: 16011553.

[71] Mcfarlane L, Mclean J. Education and training for direct care workers. Social Work Education, 2003, 22: 385 − 399. doi: 10. 1080/02615470309140.

[72] McPherson B, Brouillette R. A fair hearing for all: providing appropriate amplification in developing countries. Communication Disorders Quarterly, 2004, 25: 219−223. doi: 10. 1177/15257401040250040601.

[73] Meng H et al. Impact of a health promotion nurse intervention on disability and health care costs among elderly adults with heart conditions. The Journal of Rural Health: official journal of the American Rural Health Association and the National Rural Health Care Association, 2007, 23: 322−331. doi: 10. 1111/j. 1748−0361. 2007. 00110. x PMID: 17868239.

[74] Meyer J. A non-institutional society for people with developmental disability in Norway. Journal of Intellectual & Developmental Disability, 2003, 28: 305−308.

[75] Monk J, Wee J. Factors shaping attitudes towards physical disability and availability of rehabilitative support systems for disabled persons in rural Kenya. Asia Pacific Disability and Rehabilitation Journal, 2008, 19: 93−113.

[76] Morris SS et al. Monetary incentives in primary health care and effects on use and coverage of preventive health care interventions in rural Honduras: cluster randomised trial. Lancet, 2004, 364: 2030−2037. doi: 10. 1016/S0140−6736 (04) 17515−6 PMID: 15582060.

[77] Neri MT, Kroll T. Understanding the consequences of access barriers to health care: experiences of adults with disabilities. Disability and Rehabilitation, 2003, 25: 85—96. PMID: 12554383.

[78] Nielsen PR et al. Costs and quality of life for prehabilitation and early rehabilitation after surgery of the lumbar spine. BMC Health Services Research, 2008, 8: 209 — doi: 10. 1186/1472 — 6963 — 8 — 209 PMID: 18842157.

[79] Niemeier JP, Burnett DM, Whitaker DA. Cultural competence in the multidisciplinary rehabilitation setting: are we falling short of meeting needs? Archives of Physical Medicine and Rehabilitation, 2003, 84: 1240—1245. doi: 10. 1016/S0003—9993 (03) 00295—8 PMID: 12917868.

[80] Nualnetre N. Physical therapy roles in community based rehabilitation: a case study in rural areas of north eastern Thailand. Asia Pacific Disability Rehabilitation Journal, 2009, 20: 1—12.

[81] Nunez G. Culture and disabilities. In: Drum CE, Krahn GL, Bersani H. Disability and Public Health, Washington, American Public Health Association, 2009: 65—78.

[82] Ottenbacher KJ, Graham JE. The state-of-the-science: access to postacute care rehabilitation services. A review. Archives of Physical Medicine and Rehabilitation, 2007, 88: 1513 — 1521. doi: 10. 1016/j. apmr. 2007. 06. 761 PMID: 17964898.

[83] Pijl M. Home care allowances: good for many but not for all. Practice: Social Work in Action, 2000, 12: 55—65.

[84] Priestley M et al. Direct payments and disabled people in the UK: supply, demand and devolution. British Journal of Social Work, 2007, 37: 1189—1204. doi: 10. 1093/bjsw/bcl063.

[85] Quinn TJ et al. European Stroke Organisation (ESO) Executive Committee ESO Writing CommitteeEvidence-based stroke rehabilitation: an expanded guidance document from the European Stroke Organisation (ESO) guidelines for management of ischaemic stroke and transient ischaemic attack 2008. Journal of Rehabilitation Medicine: official journal of the UEMS European Board of Physical and Rehabilitation Medicine, 2009, 41: 99—111. doi: 10. 2340/16501977—0301 PMID: 19225703.

[86] Rauch A, Cieza A, Stucki G. How to apply the International Classification of Functioning Disability and health (ICF) for rehabilitation management in clinical practice. European Journal of Physical Rehabilitation Medicine, 2008, 44: 439—442.

[87] Rimmer JH, Rowland JL. Health promotion for people with disabilities: implications for empowering the person and promoting disability-friendly environments. Journal of Lifestyle Medicine, 2008, 2: 409—420. doi: 10. 1177/1559827608317397.

[88] Rimmer JH. Use of the ICF in identifying factors that impact participation in physical activity/rehabilitation among people with disabilities. Disability and Rehabilitation, 2006, 28: 1087—1095. doi: 10. 1080/09638280500493860 PMID: 16950739.

[89] Roelands M, Van Oost P, Depoorter AM. Service use in family caregivers of persons with dementia in Belgium: psychological and social factors. Health & Social Care in the Community, 2008, 16: 42—53. doi: 10. 1111/j. 1365—2524. 2007. 00730. x PMID: 18181814.

[90] Saxena S et al. Resources for mental health: scarcity, inequity, and inefficiency. Lancet, 2007, 370: 878—889. doi: 10. 1016/S0140—6736(07) 61239—2 PMID: 17804062.

[91] Saxena S et al. Resources for mental health: scarcity, inequity, and inefficiency. Lancet, 2007, 370: 878-889. doi: 10. 1016/S0140-6736 (07) 61239-2 PMID: 17804062.

[92] Stucki G, Cieza A, Melvin J. The International Classification of Functioning, Disability and Health (ICF): a unifying model for the conceptual description of the rehabilitation strategy. Journal of Rehabilitation Medicine: official journal of the UEMS European Board of Physical and Rehabilitation Medicine, 2007, 39: 279-285. doi: 10. 2340/16501977-0041 PMID: 17468799.

[93] Turner-Stokes L. Politics, policy and payment-facilitators or barriers to person-centred rehabilitation? Disability and Rehabilitation, 2007, 29: 1575-1582. doi: 10. 1080/09638280701618851 PMID: 17922328.

[94] Tyrell J, Burn A. Evaluating primary care occupational therapy: results from a London primary health care centre. British Journal of Therapy and Rehabilitation, 1996, 3: 380-385.

[95] van Loon J, Knibbe J, Van Hove G. From institutional to community support: consequences for medical care. Journal of Applied Research in Intellectual Disabilities, 2005, 18: 175-180. doi: 10. 1111/j. 1468-3148. 2005. 00246.

[96] World Health Organization International classification of functioning, disability, and health. Geneva, World Health Organization, 2001.

后 记

　　中国政府于 2006 年进行了第二次全国残疾人抽样调查。"二抽"数据及相关资料的公布引发了社会各界的关注，特别是国内学术界开展残疾人理论与政策研究的热情由此进入了一个新的高潮。2007 年，在著名社会保障专家郑功成教授的推动和倡导下，中国人民大学成立了国内首家跨学科组建的残疾人事业发展研究院。值此期间，我有幸进入中国人民大学攻读博士学位，在导师郑功成教授的指导下开始从事残疾人社会保障研究，并将老年问题与残障问题的交叉领域研究列为主攻方向。本书从老龄视角与残疾视角出发、针对老年残疾人口康复服务问题进行了探索性研究，同时它也是对我近几年来有关残疾人问题研究的一个小结。

　　本书的顺利完成，应归功于多位师长和亲友的无尽支持与大力帮助。首先我要向我的导师中国人民大学郑功成教授致以我最诚挚、最深厚的谢意！三年寒窗苦读，教授始终以无私的关切帮助和引领我不断前行，时至今日，教授还时常在百忙之中询问和关注我的学术研究进展。此种培育深情和师者风范深深地触动着我，令我终生难忘！

　　此外我还要特别感谢民政部政策研究中心王齐彦研究员，中国社会科学院社会学研究所王延中研究员，首都经贸大学社会保障系吕学静教授，中国人民大学孙树菡教授、杨立雄副教授；衷心感谢首都经贸大学劳动经济学院张琪教授，中国人民大学社会与人口学院洪大用教授，劳动人事学院潘锦棠教授、仇雨临教授、韩克庆副教授，他们的指点与建议拓宽了我的研究思路与视野，使我受益匪浅。

感谢河北工业大学人文与法律学院全体领导和同事们对我的帮助。特别感谢学校党委宣传部部长陈鸿雁教授对我工作学习和科学研究方面给予的殷切鼓励和大力支持。感谢中国人民大学残疾人事业发展研究院2012年度曾宪梓助残研究基金科研项目的资助，感谢评委会相关专家对本研究的肯定与扶持。

感谢我的学长和好朋友们，戴卫东博士、梅运彬博士、乔庆梅博士、Kim Byung-Cheol 博士、谢永宪博士、姜海涛博士、肖强博士、安中轩博士、李垒博士、杨健博士、远在德国的郭峰及香港的宋丽娟女士，是你们的关注与扶持使我充满信心地一路走来。感谢我的父母，始终如一的默默支持是我最坚强的后盾和开拓进取的不竭动力。

感谢所有给予我帮助的人们，笔下千言书不尽我对你们的感激，我将怀揣着这份厚重的关爱继续奋勇前进。谨以此书献给你们！

张金峰
2014年2月